协同供应链及其突发事件应对机制研究

李宏宽　李忱　著

清华大学出版社
北　京

内容简介

近些年来，由于供应链系统自身的复杂性和多主体性快速增强，使得供应链的协同面临众多威胁，同时频繁发生的突发事件以及快速多变的市场环境，使得供应链日常运营过程中的不确定性因素正在快速增加，因此供应链系统的协同管理以及在受到突发事件的影响后，如何能快速有效地恢复协同状态成为供应链管理研究领域中的重要问题。本书基于协同学、博弈论和运筹学等理论，采用理论分析、模型构建与求解以及数值仿真分析相结合的方法，研究基于 Multi-Agent 技术和期权契约机制的供应链协同管理以及突发事件决策应对问题，并在此过程中对供应链系统内部决策成员具有不同的风险偏好加以考虑。

本书适合从事供应链协同管理及突发事件应对研究的相关人员参考，也可以作为高等学校高年级本科生和研究生的学习参考书，以及教师教学的参考资料。

图书在版编目(CIP)数据

协同供应链及其突发事件应对机制研究/李宏宽，李忱著. —北京：清华大学出版社，2017
ISBN 978-7-302-47372-5

Ⅰ. ①协… Ⅱ. ①李… ②李… Ⅲ. ①供应链管理—研究 Ⅳ. ①F252.1

中国版本图书馆 CIP 数据核字(2017)第 124146 号

责任编辑：刘向威　李　晔
封面设计：文　静
责任校对：李建庄
责任印制：刘海龙

出版发行：清华大学出版社
网　　址：http://www.tup.com.cn，http://www.wqbook.com
地　　址：北京清华大学学研大厦 A 座　　**邮　　编**：100084
社 总 机：010-62770175　　**邮　　购**：010-62786544
投稿与读者服务：010-62776969，c-service@tup.tsinghua.edu.cn
质量反馈：010-62772015，zhiliang@tup.tsinghua.edu.cn
课件下载：http://www.tup.com.cn，010-62795954
印 装 者：北京泽宇印刷有限公司
经　　销：全国新华书店
开　　本：185mm×230mm　　**印　　张**：9.25　　**字　　数**：212 千字
版　　次：2017 年 10 月第 1 版　　**印　　次**：2017 年 10 月第 1 次印刷
印　　数：1～700
定　　价：49.00 元

产品编号：075228-01

前言

近些年，随着物联网时代的到来，以及工业 4.0 战略、“一带一路”等战略在全球范围内的影响不断扩大，供应链的发展也逐渐呈现出新的趋势——组织结构越发复杂化，效率至上的原则被不断强化，同时受全球经济动荡、地缘政治冲突加剧等因素的影响，供应链外部环境的不稳定性越来越突出等。这些新的发展趋势对供应链的协同运作带来了新的挑战，并且其也在很大程度上增加了供应链运作过程中所面对的风险和不确定性。因此，如何实现供应链的协同运作，以及在突发事件下最大程度地降低供应链系统受到的影响，保持供应链系统的协同性和稳定性已成为当前供应链管理中的关键问题。

本书在对国内外已有的相关成果进行广泛研究与分析的基础上，采取理论分析、模型构建与求解以及数值仿真分析相结合的方法，借助协同学、博弈论和运筹学等理论，对基于 Multi-Agent 技术和期权契约机制的供应链协同管理以及突发事件决策应对进行研究，并对供应链系统内部决策成员具有不同的风险偏好加以考虑。最终构建了基于 Multi-Agent 技术的供应链协同管理系统模型，同时验证了期权契约在实现供应链协同及突发事件应对方面的有效性，并提出了基于期权契约的供应链协同策略以及突发事件下的应对策略。

本书的主要研究内容可以概括为以下几个方面：

(1) 基于 Multi-Agent 技术和期权契约机制实现供应链系统不同层面的协同运作。利用 Multi-Agent 技术，以制造商主导型三级供应链系统作为研究对象，在对其业务流程和协同类别分析的基础上，构建了基于 Multi-Agent 技术的供应链协同管理系统模型，并对协同管理系统的协同管理原理及过程进行了分析；利用期权契约机制，分别对制造商主导型和零售商主导型供应链的基本协同进行了研究。首先将供应链系统看作统一的整体，建立供应链集中决策模型，通过对模型的分析与求解得到集中决策下系统的最优决策。随后引入期权契约机制，建立供应链期权契约基本协调模型，通过对模型的分析与求解，得到合理的协同策略，使系统内决策企业在期权契约的激励下选择系统最优产品生产量进行生产，从而实现供应链系统的协同运作。

(2) 基于期权契约机制实现供应链系统对突发事件的有效应对。分别以制造商主导型和零售商主导型供应链作为研究对象，建立突发事件下供应链集中决策模型和基于原期权契约的分散决策模型，分析当突发事件引起市场需求分布发生波动后，供应链系统和原期权契约下决策企业的最优决策所发生的变化，并在此基础之上建立突发事件下供应链基于期权契约的应对模型，证明期权契约对突发事件合理应对的有效性，并得到突发事件下基于期权契约的协调策略。

（3）考虑决策成员风险偏好的供应链基于期权契约实现突发事件的有效应对。通过引入 CvaR 风险测量准则，以零售商主导型供应链为例，研究当制造商具有一定风险偏好时，如何基于期权契约使供应链有效应对突发事件所带来的影响。在 CvaR 风险测量准则下，制造商决策函数发生变化，由最大化其自身收益函数转变为最大化其 CvaR 函数。首先建立考虑风险偏好下基于期权契约的供应链基本协同模型，得到正常情况（没有突发事件发生）下基于期权契约的基本协同策略。然后在此基础上，通过建立突发事件下考虑风险偏好的供应链集中决策模型和基于原期权契约的分散决策模型，得到当突发事件导致市场需求变化时，供应链系统和原期权契约下具有风险偏好的制造商，二者的最优决策所发生的变化。最后在以上分析的基础之上，建立突发事件下考虑风险偏好的供应链基于期权契约的应对模型，证明在考虑决策成员风险偏好的供应链系统内，期权契约对突发事件合理应对的有效性，并得到突发事件下基于期权契约的协调策略。

综上所述，本书围绕供应链系统的协同运作以及突发事件下的有效应对问题展开研究，基于 Multi-Agent 技术和期权契约机制分别构建了合理有效的模型，并通过对模型的分析与求解，给出了相应的协同运作及突发事件应对策略，最终通过数值仿真与分析予以支撑及验证。

本书得到国家自然科学基金项目（编号：61272513）的资助，也是此项目的主要成果之一。

本书适合从事供应链协同管理及突发事件应对研究的相关人员参考，也可以作为高等学校高年级本科生和研究生的学习参考书，以及教师教学的参考资料。

由于作者水平有限，书中的不当和疏漏之处，敬请广大读者不吝指正。

李宏宽

2017 年 6 月

目录

第1章

绪 论

1.1 研究背景和研究意义

1.1.1 研究背景

供应链是围绕核心企业,通过对物流、商流、资金流、信息流的控制,将供应商、制造商、分销商、零售商以及最终用户连成一个统一整体的功能网链结构[1],其并不是一个简单的线性组合,而是一个相互依赖并不断变化的复杂系统。由于现实中的供应链系统由不同的经济实体组成,而经济实体各自有不同的优化目标和私有信息;同时,供应链中存在许多不确定因素,如客户可能会中途改变或取消订单、材料或零部件不能准时到达、生产过程中设备突然发生故障等,这使得供应链系统具有很强的复杂性和动态特性[2]。因此,供应链的协同即成为其成功运行的关键,也在很大程度上决定着整个供应链系统的竞争力和市场立足能力。有效的供应链管理必须使供应链企业间和企业内部的各项行为与活动实现协同,使供应链作为一个整体运行。供应链协同也逐渐得到越来越多领域内研究学者和管理人员的重视,基于各种技术和理论的供应链协同管理方式也在吸引越来越多的学术和行业资源。其中,供应链契约因其低成本性和操作灵活性在供应链协同管理过程中具有广泛的应用;同时,随着物联网新纪元的到来,以及中国制造 2025、工业 4.0 战略的提出,基于 Multi-Agent 技术的供应链协同管理方式也得到了快速发展。

近些年,供应链的发展逐渐呈现出新的趋势。首先,随着产品复杂性的逐渐增高以及经济全球化的不断深入,供应链呈现出明显的全球化和复杂化的趋势。同一供应链内各企业的分布区域越来越分散且产品差异性逐渐增大,如高通(Qualcomm)公司为三星、联想、华为等公司提供手机、平板的中央处理器,从设计、制造到最终封装测试,整个供应链包含了几十家企业,跨越数个国家和地区。其次,为了在目前快速变化的市场竞争中抢占先机,供应链开始呈现出过分注重效率的发展趋势。这主要表现在近些年供应链管理开始越发强调精益生产(Lean Production,LP)、零库存管理(Zero-stock Management,ZS)、准时生产方式(Just In Time,JIT)、供应商管理库存(Vendor Managed Inventory,VMI)等策略,以及为最大限度地降低成本，实现规模效应，生产和分销开始走向集中化的发展道路；同时全球供应链开始逐渐精简供应商，甚至采用单源供应的方式进行生产[3]。最后，随着近年来国内外各种突发事件的频繁发生，供应链所面对的外部环境变得越来越复杂和不稳定。例如2011年日本大地震对全球多个产业的供应链造成严重影响，甚至造成一些厂商被迫停产，美国的福特、通用等多家大型汽车生产商以及日本的索尼、尼康等电子企业均出现元件供应不足，甚至供应链断裂的现象；2013年菲律宾遭受超强台风"海燕"袭扰，交通和运输难以在短时间内恢复正常，造成中国和全球多家食品企业供应链遭受不同程度的破坏。供应链近些年所呈现出的这些发展趋势虽然在某些层面有效地提高了供应链对目前市场需求多样化以及多变化的应对能力，但同时也在更大程度上增加了供应链所面对的风险和不确定因素，而这些风险和不确定因素对企业和供应链的影响是不可轻视的，它不仅可能造成供应中断、需求扰动以及成本上涨等问题，甚至会打破原有协调供应链的正常运作，使供应链上各节点企业的利益受到威胁。因此，最大程度地降低供应链系统受到突发事件的影响，保持供应链系统的协调性和稳定性，已作为供应链管理中的一项关键问题受到越来越多的重视[4]。

为了有效地管理好突发事件下的供应链，使供应链在突发事件下依旧可以保持协同的运作，要求供应链中的各实体及其功能之间的活动必须以高度协同的方式进行合作。Multi-Agent技术和供应链契约机制作为使用最为普遍的供应链协同管理手段之一，已成为目前突发事件下供应链应对管理研究中的两种重要工具。其中，Multi-Agent技术得益于近些年人工智能领域算法和硬件技术的不断完善，其智能化水平得到快速提升，同时凭借对分布式、复杂化系统的适应性优势，Multi-Agent技术在供应链突发事件应对方面的作用越来越大。此外，随着金融工具在供应链管理中的应用也更加普遍，期权契约也随之得到供应链突发事件应对领域中更多管理实践者和学术研究者的关注。在供应链突发事件应对方面，期权契约拥有着自身独特的优点，在期权契约下，商品的供给具有一定的弹性，同时契约执行双方可以借助期权购买量有效地实施风险共担。具体来说，买方根据对自身所面对市场需求的预测，向供方购买一定的初始订购量和期权购买量，通过这种在销售期前由买方向卖方支付一定的期权购买费提前购买一定量期权的方式共同分担市场风险，同时也能使供应链各成员的利益得到合理的分配，避免突发事件对供方和买方造成过大的影响；在销售季节开始后，买方根据自身所面对的实际市场需求，通过再向卖方支付一定量的期权执行费用进行二次补充进货的方式实现供应链系统运作过程中的供给弹性，提高供应链对市场需求的满足度。因此面对当前复杂多变的内外部环境，有必要对供应链系统基于Multi-Agent技术和供应链期权契约机制的突发事件应对管理问题进行研究[5]。

1.1.2 研究意义

本书研究的理论意义在于，随着信息技术的发展，研究者不断基于Multi-Agent技术开展对供应链协同管理的研究，也出现了诸多相关研究成果。本书在已有文献研究的基础上，结合当前研究的不足，提出了基于 Multi-Agent 技术的三级供应链协同管理系统总体架构并进行了各组成部分的具体设计；同时对基于 Multi-Agent 技术的三级供应链协同管理的原理和过程进行了分析。此外针对目前随着“互联网＋”的发展，零售商和制造商均有可能成为整个供应链主导者的情况，本书基于国内外已有研究，打破原有研究更多聚焦于制造商主导的局限性，分别针对制造商主导型和零售商主导型供应链，建立基于期权契约的供应链协同模型和突发事件下基于期权契约的决策应对模型，并对供应链内部决策成员具有不同的风险偏好加以考虑。这使得基于契约和 Multi-Agent 技术的供应链协同及突发事件应对领域的研究内容得到了丰富，同时也给其他学者未来进行进一步的实证和理论的研究提供了基础。

本书研究的实践意义在于，建立基于 Multi-Agent 技术和期权契约机制的供应链协同管理模型，以及突发事件下基于期权契约的供应链应对模型，虽然一些假设条件存在于模型的建立过程中，并且还需要实践中的进一步检验，但其仍然提供给供应链管理决策者一个新的视角审视供应链协同，为决策者进行供应链协同管理提供了更全面的思路及方法支持，同时其也可以为供应链管理决策者面对突发事件时做出快速而有效的应对措施提供重要的决策依据。

1.2 相关研究文献回顾与评述

1.2.1 供应链协同管理研究现状

供应链协同的概念是 20 世纪 90 年代著名的供应链管理专家 David Anderson 首次提出[6]，之后供应链协同引起学术界学者的高度关注和企业管理专家的普遍重视，并一直成为供应链管理领域最为热门和最为重要的研究方向之一。近 20 年来，经过国内外诸多学者和管理实践者的大量实证分析和理论研究，供应链协同理论研究取得了较大的发展，为该理论更深入的研究奠定了良好的基础，同时也促进了供应链理论的发展。以下将从三方面对与本书研究相关的国内外主要研究成果进行梳理和总结。

1. 供应链协同概念的相关研究

供应链协同作为一个宽泛、具有包容性的概念，迄今为止学界还没有对它的概念形成一个共识，不同的学者对其有着不同的理解。供应链协同体现在两个方面：企业组织内部要素及环节之间的协同和成员企业组织间的协同。在非特殊说明的情况下，供应链协同一般是指供应链成员企业间的协同，对供应链协同的研究就是对供应链成员企业之间协同的研究。近些年对供应链协同概念的相关研究如表 1-1 所示[8～12]、[16～28]。

表 1-1 近些年供应链协同概念的相关研究

序号	学　者	供应链协同的概念
1	张敏，吴美安(2003)	供应链协同是指产品或服务从原材料的采购开始，向消费者用户方移动的全过程，通过供应链中各个成员企业的共同努力，创造出较大的供应链整体价值，而不是个体环节价值简单的综合
2	程国平(2003)	供应链协同是指两个或两个以上企业通过公司协议或者联合组织的方式，以实现某种战略目标而形成的网络式联合体
3	凌鸿等(2006)	供应链协同是指以包括供应商企业、分销商企业等战略合作伙伴以及最终消费者客户在内的整个供应链为决策对象，以顾客需求和经济全球化为导向，依靠信息技术加强与上下游成员企业之间的信息资源共享以及业务流程协作运行，实现供应链成员企业共同的战略目标
4	Whipple(2007)	供应链协同是供应链内成员企业为了提高供应链的整体竞争能力而实现的彼此协调和共同努力。预期的协同效益体现在精确预测、扩大销售、信息高度共享、成本显著降低、库存显著减少和客户服务满意度明显提高等核心业务领域
5	马士华，桂华明(2009)	强调供应链成员为了获得更高的收益，或者为了以低成本有效地满足消费者客户需求，实现企业之间的资源整合、组织成员之间的关系协调和供应链业务及其流程的协同运作。目的是为了提升供应链整体竞争能力，获取整体竞争优势
6	Cao，Zhang(2011)	供应链协同可以被定义为一个伙伴关系流程，指两个或多个自治企业为实现共同目标和达成相互收益，彼此之间紧密协作地去计划和执行供应链运作。供应链协同包括独立供应链伙伴之间的信息共享、目标一致性、同步决策、资源共享和激励联盟
7	Kumar，Banerjee(2012)	供应链协同是指在激烈竞争的环境中，具有不同互补能力的两个或多个独立的(企业)外部和(企业)内部成员在合作过程中实现其单独个体所无法实现的愿望和目标
8	Li Hongkuan，Li Chen(2013)	供应链协同是指供应链系统作为一个整体，其内部各节点成员企业基于一定的运行规则和实施策略，通过约定和协议进行责任、风险、利益的分担和共享，从而最终实现供应链系统整体利益的最大化，同时系统内各节点成员企业均有动力接受这一状态
9	肖群，马士华(2016)	引入 CvaR 风险测量准则，考虑了供应链协同过程中成员企业的风险偏好。其认为供应链协同是指在整个供应链系统整体利益实现最大化的同时，在成员企业的置信水平 η 下，成员企业以低于 η 分位数的平均利润最大化为决策目标，均有动力接受这一状态

根据不同的观点，供应链协同被赋予了不同的定义，但归纳近 20 年来国内外学者对于供应链协同概念的研究，其主要分为两种：

第一,供应链协同就是将供应链上分散在不同地点、处于不同价值增值环节的、具有特定优势的节点企业联合起来,以协同机制为前提,以协同技术为支撑,以信息共享为基础,促进节点企业内部和外部协调发展,从而实现供应链系统的"整体最优性",在提高供应链整体竞争力的同时,实现系统整体效益的最大化。

第二,供应链协同就是要求供应链中各节点企业通过公司协议或联合组织等方式结成一种网络式联合体,在这一协同网络中,供应商、制造商、分销商和客户等节点成员可以动态地共享信息并彼此协调,从而实现供应链系统的"整体一致性",步调一致地向着共同目标而发展。

通过对供应链协同相关文献的研究,本书认为协同应同时包括"整体最优性"和"个体受益性"两方面,供应链协同不仅针对整个供应链系统,其在最大化整个供应链系统利益的同时,应实现供应链节点企业效益的提高。因此,本书认为供应链协同是在信任、合作和双赢的基础上,立足于快速变化的市场需求,以供应链系统整体利益最大化,同时提高系统内各节点企业利益为目标,由供应链核心企业主导,应用信息技术、契约机制等协同手段,把供应链系统内成员企业紧密连接在一起,形成具有高竞争力和快速反应力的协同联盟。

2. 基于 Multi-Agent 技术的供应链协同管理相关研究

在 Multi-Agent 系统模型中,Agent 是一个软件实现的对象,存在于一个可执行的环境中,具有主动学习和适应环境的能力,Agent 之间能够进行交互[29]。Agent 具有适应性、自治性和社会性,最适合应用于模块化、分布式、易变、非结构化或复杂化的环境中。因此,Multi-Agent 系统是实现实时交流和决策制定的可行技术。每个 Agent 代表决策制定过程中的一部分,组成决策者紧密联系的网络,以实时响应客户需求[30]。供应链系统与 Multi-Agent 系统具有很多相似之处,见表 1-2[31]。

表 1-2 供应链系统与 Multi-Agent 系统的相似性

供应链系统的特征	Multi-Agent 系统的特征
供应链是由多个完成不同阶段任务的功能实体所组成	Multi-Agent 系统是由多个担当不同角色和具有不同功能的 Agent 所组成
供应链上的每一个实体都有自己的目标、具有完成一定任务的能力,并且遵循一定的业务规则	每一个 Agent 都有自己的目标、资源以及需完成的任务,并且具有用户所表示的决策规则
在供应链中需协调物流、信息流和资金流	Agent 在网络中通过通信与相互作用进行协调
供应链上的实体具有不完全信息,需要在不同实体之间进行信息共享	Agent 能和其他的 Agent 进行通信,且能通过交换信息共享信息和知识
供应链中的知识是分布的,决策必须通过实体之间的相互协商和协调	Agent 是自治的,对所监控的环境做出响应,主动地采取行为,并与人和其他 Agent 相互作用

续表

供应链系统的特征	Multi-Agent 系统的特征
供应链上的成员需要学习和推理，为操作和计划做出个体和联合的决策	Agent 能够根据规则以及在开放的环境中所学到的知识进行推理
供应链的结构具有柔性，即可以采用不同的结构完成不同的策略	Multi-Agent 系统是一个柔性系统，可以采用不同的控制和连接结构
供应链中的任务可以分解成子任务，或将任务综合	Agent 可以将它的任务交付给其他 Agent 或与其他 Agent 相互协调形成较高层次的系统
供应链具有动态性，即实体可以参与供应链也可以离开供应链	Agent 能加入一个 Multi-Agent 系统，也可以退出一个 Multi-Agent 系统

国外学者对 Multi-Agent 技术在供应链协同管理中的应用研究集中在供应链建模和供应链系统构建两方面。供应链管理关注多个决策者的协调一致，所需要的信息基础设施是由一个分布式信息系统支持的。因此，分布式系统模型最适合于描述供应链网络，基于 Agent 之间明确清晰交流的 Multi-Agent 系统便是供应链建模的必然选择。Hinkkanen 等[34]建立了适用于动态环境的 Agent 模型，其中 Agent 不仅描述供应链中的信息流和产品流，而且描述资金流。Lin 和 Shaw[35]提出了一个 Multi-Agent 方法用于对 OFP 建模，对不同供应链构造中的三种需求策略(按订单生产、按库存生产、按订单装配)进行评估，发现有效的信息共享在保持订单执行周期不变的情况下能减少库存成本。Kimbrough 等[36]应用 Agent 建立供应链仿真模型，采用遗传算法寻求最优的订单配置，从而研究如何减小牛鞭效应。Yung 和 Yang[37]应用 Multi-Agent、人工智能和 Internet 优化供应链中的产品和信息流。Lau 等[38]针对分布式项目调度问题描述了一种基于 Multi-Agent 的方法。Yu 和 Zhang[39]对考虑供应链内部成员的喜爱偏好时，如何利用 Multi-Agent 技术实现供应链协同进行了研究，同时给出了“强化学习算法”，Agent 可以通过这种“强化学习算法”学习最优策略，并可反复与代表不同用户偏好的 Agent 进行交互。最终研究的结果表明，“强化学习算法”优于其他学习方法。

除此之外，还有大量的研究集中在如何利用 Agent 进行供应链系统的构建。加拿大多伦多大学在实施企业集成计划中，将集成供应链管理列为其重要项目，他们所开发的供应链集成系统由一组合作的、智能 Agent 组成，每个 Agent 能够完成供应链上的一种或几种功能[40~42]。Barbueeanu 和 Fox[43]为达到 Agent 之间的协调构造了一种 Agent 之间的交流语言和接口。Barbueeanu 等[44]继续此项工作，构造了一个基于 Agent 的供应链模型。在此模型中，所有实体和生产活动都表述为一个个的 Agent，包括购买 Agent、客户 Agent、销售 Agent、计划 Agent、物料 Agent、生产 Agent、调度 Agent、运输 Agent。Fox 等[48]还提出了一个更复杂的框架以支持协调和管理混乱的事件，基于马尔科夫决策过程的理论决策计划被集成到了 Agent 单元中。Swaminathan 等[49]也描述了一个供应链模型框架。采用此框架的供应链模型是由代表各种供应链 Agent(如零售商、制造商、运输商)、它们的要素控制元素(如库存策略)以及它们的交互协议(如消息类型)的软件组件构成的。该模型提出的目的是进行战术层和运作层的集成。Allwood 和 Lee[50]指出应用 Agent 进行仿真建模的研究文献未考虑 Agent 之间存在竞争,从而模型缺乏现实意义。文章提出了一个新的 Agent 结构,以研究竞争供应链网络中的动态行为,从而可用于发现合作伙伴进而指导实践。该 Agent 的显著特点是它能在相互竞争的卖主之间进行选择、能对多个客户订单按优先级进行分派、能管理生产和库存、能根据竞争行为进行定价。Xue 等[51]提出构造供应链(construction supply chain)的概念,分析了其中存在的难题。为解决这些难题和提高构造性能设计了一个基于 Multi-Agent 的框架,该框架基于多目标谈判(Multiattribute negotiation)和多目标效用(Multiattribute utility)理论。该框架将构造供应链中的相关组织和多目标谈判模型集成到 Multi-Agent 系统中,通过 Internet 上进行的多目标谈判机制为供应链构造过程中的协作提供解决办法,此外,文章还进行了原型系统的开发。Kamalendu 和 Karakostas[52]提出了一种基于 Multi-Agent 的协同采购系统和 Web 服务框架(CMPS),其内部信息有两种形式:业务规则和服务描述,通过使用基于规则的推理(RBR)和基于案例的推理(CBR),利用这种混合的信息从而形成适当的服务,以实现供应链系统的整体协同运作。

国内学者也进行了相关的研究。年劲飞和黄道[53]从 Multi-Agent 和单一 Agent 的角度对供应链环境下协商要素进行了分析。在此基础上,结合供应链管理中协商的特点,提出了一个通用协商模型。在该模型中给出了一个灵活的协商协议,并对 Agent 的决策模型进行了分析。蔡勇等[54]在分析制造商与供应商协商系统结构的基础上,给出了制造商与供应商的具体协商策略,分别阐述了制造商与供应商的协商决策机制,并且将 Agent 技术运用到制造商与供应商协商系统中,具体分析了 Agent 系统框架及应用实例。高翔等[55]设计了一个基于 Agent 的供应链仿真模型,给出了模型的类结构图、主要算法实现及消息的部分代码实现,通过实验验证了方法的可行性。林杰等[56]在给多个 Agent 分别赋予生产运作的各种知识,如库存管理、生产计划等之后,通过多个 Agent 协调合作,对供应链中企业的生产运作过程进行仿真。在研究该仿真系统的 Agent 的内部任务、结构、通信机制等实现技术基础上,实现了该系统,并给出了一个供应链仿真的结果。姜金菊和林杰[57]提出了一个基于 Agent 的供应链仿真方法,进而在实践上把 Multi-Agent 技术和仿真技术相结合,并利用 Agent 开发工具 ZEUS 在供应链框架内开发了一个 Multi-Agent 仿真模型进行供应链仿真,利用该 Multi-Agent 模型,通过量化供应链中的信息流和物流,评估分析了所提出的供应链管理策略。蒋国瑞和庞婷[58]提出了一种基于 Multi-Agent 技术的自适应协商方法,使用 Multi-Agent 供应链协同作为约束条件,采用案例推理为主要协商算法,并引入灰色关联度到案例集与目标案例相似度中,将遗传算法应用于相似案例议题权重的优化中。最终通过算例验证该方法可简化案例相似度的计算,提高解决冲突的效率,并加强自适应性,为消解供应链协同过程中的冲突提供最优决策。武玉英等[59]针对随机需求下供应链产销订购冲突问题,构建主从博弈下的 Multi-Agent 协商模型,制造商和零售商分别作为博弈主方和从方，制造商 Agent 和零售商 Agent 运用模拟退火算法寻求模型的最优解。通过算例发现合理的让步策略和收益共享契约，能够提高供应链系统利润并实现双方的互利共赢。孙军艳等[60]分析了轿车供应链各 Agent 的行为特征及网络总体结构，利用 AnyLogic 平台构建了一个以多个制造商为核心的四级轿车供应链网络仿真模型，并对轿车供应链系统的非线性特性、各 Agent 和网络整体的演化规律进行了仿真分析。研究发现供应链系统具有复杂自适应系统的典型特征，运动呈混沌状态，其演化经历了形成、成长、成熟 3 个阶段，不同阶段供应链上节点的竞争策略重点不同。

3. 基于契约机制的供应链协同管理相关研究

在法学领域，契约指的是两方和多方之间为履行相互设定的合法义务而形成的具有法律强制力效用的协议。在现代经济学中，契约的概念含义比法律所使用的概念含义更为广泛，不仅包括具有法律效力的契约，而且包括一些约定俗成的契约。现代经济学中的契约概念，在实践中，对所有的市场交易行为无论是长期的还是短期的，不管是显性的还是隐性的，都视作是一种契约关系存在，并将此存在作为经济行为分析的基本要素[61]。供应链协同中的契约是指供应链中任意节点成员企业之间的相互关系，采用契约的方式进行管理和约束以提高供应链的整体竞争力，预期的供应链协同收益体现在信息的精确与及时共享、信息预测的准确性提高、库存结构的有效优化、成本的有效降低、销售额的显著提升以及提供给客户的服务改善和提高等供应链运作核心业务环节和领域[62]。关于供应链中有关契约的研究文献非常多，从研究内容上进行分类，大致可以包括以下几个方面。

1）最优定价的相关研究

由于双重边际化原因的客观存在，零售商企业确定的零售价格对整个供应链组织运行往往不是最优的。通过引入激励契约改变零售商和供应商之间的博弈结构，使零售商企业制定对整个供应链组织运行最优的零售价格，该类问题的相关研究文献较为丰富。Cachon[63]就供应链契约，即批发价契约、回购契约、收益共享契约、数量弹性契约、返利契约、数量折扣契约中的价格和采购量等参数的确定做了非常详尽的综述。刘琦铀等[64]在低碳视角下考虑公平关切，分别讨论了当零售商不具有公平偏好及具有公平偏好时，不公平分配的制造商向零售商提供定价契约能否实现协同，以及实现协同的契约参数设置等问题。研究发现，制造商和零售商具有的不同公平偏好将对契约的协同效应产生影响。吕璞等[65]研究了高铁企业面对契约和零售双市场的高铁快递运输定价决策问题，分析了高铁企业与快递公司的博弈过程，分别就序贯定价和联合定价两种方式构建模型，分析了两种方式下铁路企业的最优定价决策并进行了比较。研究发现，大多数情况下联合定价给铁路企业带来的收益大于序贯定价，只有当高铁企业对零售市场需求预测的误差大于某一阈值时，序贯定价才优于联合定价。

2）生产能力预留问题

Lariviere 等[66]详细地研究了单一制造商和单一供应商组成的两级供应链中供应商生

产能力预留问题。Erkoc 等[67]研究了在需求未确定前向制造企业预定生产能力,以及在需求确定后针对未订购的预留生产能力制造企业向供应商补偿的契约。马士华等[68]对生产能力预留问题的研究讨论了在设定买入期权和卖出期权后制造企业的最优订货量。制造企业在预留生产能力不足时可及时向供应商企业补货,预留生产能力过剩时要付给供应商企业罚金。

3) 创新投入和激励努力问题

Kim[69]研究了在商品的需求对价格敏感时,制造企业投资支持供应商企业技术创新。Chee 等[70]认为在分销商需要付出促销努力成本下,非线性数量折扣契约可以使供应链实现协调,而收益分享契约、弹性数量契约、回购契约不能。Gilbert 等[71]认为制造商创新投入可以在批发价契约承诺下改善供应链绩效,降低生产成本。Krishnan 等[72]认为回购契约让制造商承担了下游企业库存风险,会降低下游企业的努力水平,并给出了当销售商努力成本可证实、销售商努力不能证实但需求可观察以及销售商努力成本可证实且需求可观察三种情况下的供应链契约协调方法。Cho 等[73]给出在制造商存在创新投入的条件下,借助回购契约、收益分享契约和二部定价契约使供应链实现协调的方法。何彬斌等[74]探讨了集群供应链企业的供应链协同决策,通过建立一个由集群中的制造商和供应商组成的两级供应链,分析了制造商的市场力量对制造商和供应商的 R&D 活动和收益共享契约的影响。结果发现,集群中制造商市场力量过大会降低制造商的创新动力而增加供应商的创新动力,同时双方签订的收益共享契约决定制造商给供应商支付数额的收益共享系数也会降低。

4) 库存协调问题

Ouyang 等[75]构建了以提前期和订货量为变量的库存模型,在原有目标函数中引入了服务水平约束,通过运算得到了最优订货量和最优提前期。边旭等[76]研究了在自随机性需求下由单制造商企业与多销售商企业组成的供应链系统协调问题等。宋海涛等[77]分析了报童问题中效用和最优订购量之间的关系。何勇等[78]研究了易损产品在两个不同销售周期时的库存整合数学模型。丁利军等[81]研究了在两次生产和订购模式下退货与滞销补贴契约在供应链运作中的协调作用。孙会君等[82]为提高供需双方的利润,研究和制定了合适的数量折扣策略。鲁其辉等[83]则研究了供应链补偿契约在实施快速反应策略情况下的内容,发现补偿契约能够使销售企业与供应商企业的收益有不变或者提高两种效用状态,能提高整个供应链整体的收益和效用。蔡建湖等[84]研究了传统模式下供应链的协调与优化问题,以剩余补贴契约为例讨论了供应链契约设计及其应用,在此基础上,分别研究了季中追加生产机会和提前订购策略对供应链成员决策的影响,论证了优化供应链性能的基本思路,寻找实现供应链成员期望利润帕累托改进的最优集,分析了季中生产成本、提前批发价等决策变量对供应链性能的影响。Yohanes 等[85]提出了一种自适应模糊控制方法支持 VMI,该方法利用模糊控制在生产计划、交货计划、预测方法中生成一个自适应平滑常数,从而消除牛鞭效应,并通过数值仿真算例验证了方法的优化效果。Wu[86]在竞争供应链的框架下,研究在双寡头垄断的二对一型供应链中回购契约对零售价格、订货量和批发价格的影响，研究结果表明，无论在垂直整合型供应链中，还是在制造商主导型斯坦伯格博弈型供应链中，回购契约都可以产生更高的利润，同时发现，在理性供应链中的利润会受到限制，而竞争会促使整个供应链利润的增加。肖勇波等[87]考虑一个销售商采购一批产品，并依次运送至多个市场销售的情形，基于一个多周期的动态规划模型，采用随机建模与优化的方法，研究了销售商的最优卸货量和最优初始采购量决策及其结构性质。研究发现，当产品在途中的变质性高度负相关，产品更容易变质，产品变质风险更大，以及市场需求不确定性更低时，制定动态卸货量决策是更为有利可图的。李宏宽等[88]在跨链间同级库存协作机制下，采用收益共享契约研究了多链式集群供应链系统的协调问题，建立了零售商跨链间库存协作机制下的集群式供应链系统分散决策模型、集中决策模型以及收益共享契约模型，并给出了各模型下的最优策略。研究发现，在跨链间同级库存协作机制下，“双重边际化”效应依然存在，但收益共享契约的引入可以有效提高系统内各成员的利润，并实现集群式供应链系统的整体协调。刘志云等[89]研究了由供应商与零售商组成的二级 VMI 供应链协调问题，在供应商存在不公平厌恶的假设下，依据不公平厌恶模型刻画了供应商的不利与有利不公平厌恶，并得到了分散 VMI 供应链情形下供应商的最优策略，以及二级 VMI 供应链在批发价格契约下的协调情况。通过研究发现，在供应商存在不利和有利不公平厌恶的情形下，供应商均存在唯一的最优产品生产量，但分别不高于和不低于传统供应商的最优产品生产量，且分别为不利和有利不公平厌恶系数或分别为零售商势力外生参数的减函数和增函数，同时发现在不利不公平厌恶的情形下，批发价格契约无法使二级 VMI 供应链达到协调，而在有利不公平厌恶的情形下，批发价格契约则可实现协调。此外，刘志云等[90]还进行了损失规避型供应商和风险中性零售商组成的二级 VMI 供应链批发价格契约与协调的理论分析。

4. 基于期权契约的供应链协同管理相关研究

期权来源于金融工程领域，是一种金融衍生工具。期权契约是指期权契约的购买方（零售商）在事发前向提供方（供应商）支付一定的预定费用，也就是期权价格（reservation price），同时在双方约定好的将来某时间段或时间点，零售商再支付一定的执行费用，即期权执行价格，有权向供应商取得事先约定数量的产品，且供应商必须供应相对应的货物[91]。近年来，金融工具和金融工程思想逐渐成熟，期权契约在供应链管理领域中的应用也随之增加。Bessembinder 等[92]将期权契约引入供应链采购管理当中，在供应商和零售商间实现了风险共担。Cachon 等[93]利用固定条款和选择条款的期权契约实现了供应链的整体协调。Cachon 等[94]在信息不对称条件下，以一对一型二级供应链为研究背景，研究了最优批发价契约和期权契约的渠道协调问题。郭琼等[95]在信息不对称条件下，研究了基于期权契约的供应链协调问题，得出期权契约可以使供应链各决策成员利益实现帕累托改善并使整体的收益实现最大化。胡本勇等[96]以单期两级供应链为研究背景，供应商从零售商处购买担保期权，由零售商为其承担一部分风险，在此情况下，零售商会被激励而采取措施提高市场需求，从而使得在引入期权契约机制后，零售商的最优订货量增大，并且整个供应链系统的收益得到提高。陈祥锋等[97]研究了考虑从现货市场的两阶段供应链期权契约模型，证明了在期权市场与现货市场共存的情况下，使用期权契约能提高供应链的整体效率。Gomez Padilla 等[98]研究了单供应商、单零售商和多供应商、单零售商的市场环境，通过建立期权契约绩效模型，得出基于双向期权的契约能够改善供应链绩效。Zhao 等[99]使用合作博弈分析方法建立了基于期权契约的供应商和零售商的决策模型。研究表明，相比于批发价格契约，期权契约可以有效实现供应链整体的协调，同时使供应链各节点企业的利益实现帕累托改善。He[100]在单供应商和单制造商的分散型供应链中，研究了其生产和采购问题，建立期权契约模型，并给出了供应链各成员的最优决策。研究结果表明期权契约对供应链整体利润以及各成员利润均实现了提高。Wang 等[101]对使用看涨期权的供应链风险进行了研究，在计划周期开始时，虽然看涨期权可以有效提高采购商的期望收益，但是后期情况有可能发生反向变化，即看涨期权的引入有可能降低采购商收益。Liang 等[102]以救灾物资供应链为研究背景，给出了定价的合理范围，使得供应链内各企业利润均为正值，并实现帕累托改善。赵映雪[103]研究了批发价格和双向期权组合契约下的零售商最优订购量。研究结果表明，随机需求的概率分布并不影响零售商的最优决策。Zhao 等[104]以单一制造商和单一零售商组成的两级供应链为研究对象，分析了基于双向期权的供应链协调问题，在双向期权契约下，推导了零售商最优订货策略的封闭形式表达式，包括初始订货策略和期权购买策略，同时还分析研究了双向选择对零售商初始订单策略的反馈效应；此外，以整个供应链利益最优化为决策依据，探讨了如何设置双向期权合同以实现供应链的整体协调。田军等[105]将实物期权契约引入到由政府和供应商组成的非盈利性供应链中，通过建立协调机制，提出了基于实物期权契约的应急物资采购模型，并通过实验仿真，对比分析了期权合约带来的政府成本和供应商收益变化，进一步分析了不同价格策略对供需双方的作用效果，以及应急条件下现货市场供应能力和突发灾害发生时间点对供应双方决策的影响。李绩才等[106]假定产品的终端市场需求与生产制造环节均存在随机不确定性，零售商在销售期之前采用双向期权契约向制造商订货。在此基础上，建立了双向期权契约机制下供应链上下游之间的博弈决策模型，研究了制造商的最佳生产计划与零售商的最优订购策略。袁旭梅等[107]研究了期权和回购两种契约下物流服务供应链的协调问题，考虑分包商回购顾客退回和集成商剩余物流能力的问题，在 Stackelberg 主从博弈下建立了基于期权回购契约的决策模型，得出了集成商的最优初始订购量和分包商的最优物流能力投资额。研究发现，期权价、期权执行价格和回购价满足特定条件下可以实现供应链协调。张文杰等[108]研究了基于数量承诺的供应链期权契约问题，分析比较了期权契约与传统契约安排下的供应链最优生产与订货决策，揭示了不同契约安排下影响供应链生产与订货决策的关键因素，并通过算例分析了期权价格参数、供应商产出波动、需求波动对供应链决策及运作绩效的影响。

1.2.2 突发事件下供应链应急管理研究现状

1. 突发事件下供应链协调策略的相关研究

2001年，Clausen等[109]为克服扰动的同时能绝大部分地减少对计划的偏离，首次提出了突发事件情况下应急管理的概念。这个概念的思想提出后，得到了研究人员的关注，相继建立了实时危机处理来应对计划与运营过程中的危机和扰动。随后，应急管理的思想在一些供应链管理的相关问题中也逐渐开始得到了应用。

在早期阶段，突发事件下的应急管理研究主要针对民用航空公司的管理领域。航空业对外部事件非常敏感，一些管理环节上的细微变动就会牵动大量的资金，应急管理可以从管理细节上进行改善，从而为企业带来良好业绩[110~112]。Thengvall等[113]和于刚等[114]将这种运筹管理方法称为"实时运作控制和修复"(Real-time Operations Control and Recovery)，其中包括了4个部分：鲁棒优化、预案管理、实时应急运作和随机模型。Love等[115]和Larsen等[116]提出了应急管理的思想，与Thengvall等的研究有所不同，但是总体的思想是一致的。张鲁民等[117]提出了一种基于情感符号的在线突发事件检测算法框架，首先基于频繁模式挖掘和互信息概念构建情感符号模型，并通过此模型抽取数据流中的情感符号，采用改进Kleinberg算法检测突发期，通过启发式的近邻传播聚类算法检测突发事件并对事件进行合并。研究发现，该算法可有效地挖掘出突发事件。赵卫东等[118]研究了突发事件网络信息传播过程中网民群体的情绪传播机制，提出了突发事件中网民群体间的情绪传播模型，并以著名社会特大事件为例进行了仿真分析。研究发现，模型能够较准确地反映突发事件信息传播过程中的网民群体情绪传播特征及其演化规律。Dusse等[119]将信息可视化应用于突发事件的应急管理中，用于分析和理解在突发事件下产生的大量多维数据，从而有效地提升应急管理对突发事件的应对效果。

近年来，应急管理理论得到了快速发展，不仅在航空领域，在其他领域也取得了一定的效益。应急管理在供应链领域中的研究近些年得到越来越多的关注。雷臻等[120]提出了对供应链突发事件的定义和分类，以及供应链突发事件应急管理的解决框架。丁玲[121]对供应链环境中的突发事件成因与影响因素进行了研究分析，提出一些预测防御措施来应对即将到来的危机。傅克俊等[122]对供应链系统所面对的风险进行了分类，并对风险应对过程进行了研究，提出了供应链系统应急的策略体系，该体系的主要核心是"弹性策略"和"鲁棒性策略"。

具体在供应链的应急管理方面，有些学者从整体上进行讨论，有些学者着重研究其中具体的干扰。Xu等[126]以单供应商与单零售商的供应链系统为研究背景，对需求不确定下供应链集中和分散决策模型进行分析，并给出各情况下的供应链协调策略。Wang[127]研究了多资源多产品策略，在产品需求不确定时，应对突发事件会有更好的表现。许明辉[128]对供应链环境中的应急管理进行了研究。在价格随需求线性的和非线性变动时，生产成本扰动和需求扰动都会引起生产计划的改变，从而引起额外费用的产生。通过对两种类型扰动的讨论，得出基于两种扰动的情况下供应链的最优协调策略。同年，黄欣等[129]研究了当供应链受到突发事件干扰而受损时，针对库存管理采取应急措施，使其能快速恢复到正常状态。Xiao 等[130]针对生产成本扰动的情况，研究了批发策略的设计以应对突发事件所带来的影响，其分别以单零售商和多零售商供应链为研究背景。Wu 等[131]利用外部企业的能力应对突发事件，对两企业间存在的能力共享关系进行讨论，基于能力交易应对突发事件的发生导致其中一个企业的生产能力降低的情况，给出了最优决策方案。姜丽宁等[132]对不同风险态度下的单供应商与单制造商供应链进行了研究，从而应对突发事件的发生导致供应商生产能力被破坏的情况，实现供应链的整体协调。李新军等[133]研究在由两个供应商和一个零售商组成的供应链中，由于突发事件导致供应中断对供应商、零售商以及整条供应链的运作性能的影响。其研究了补贴或者惩罚机制以及收入共享契约对供应链的协调作用，同时引入突发事件相关性指数的概念，把突发事件划分为系统性突发事件和个体性突发事件两个层次，并将系统性突发事件和个体突发事件发生的概率转化为正常供货的概率和突发事件相关性指数这两个参数，分析了与突发事件相关的这两对参数对供应链的运作性能的影响。吴忠和等[134]针对由单一供应商和单一零售商构成的供应链，假设产品的市场需求为零售价格的非线性函数，在零售商成本为私有信息的条件下，研究如何协调供应链应对突发事件；给出了对称信息下供应链协调模型、不对称信息下集权式供应链的优化策略以及分权式供应链的协调机制，同时研究了在突发事件引起零售商成本分布函数扰动情况下，供应链的最优应对策略。彭静等[135]研究双渠道供应链系统应对需求和生产成本双扰动的生产策略和协调机制，其根据不同的扰动条件给出相应的生产调整策略，并提出调整的数量折扣契约以协调突发事件发生时的分散式双渠道供应链系统。崔玉泉等[136]研究了非对称信息下供应链在突发事件下的应急管理和信息价值问题，分析了非对称信息对应急管理的影响以及相应的管理对策，发现非对称信息下的最优生产量不超过对称信息下的最优生产量，这导致供应链系统收益减少并产生了信息价值，同时分析了非对称信息下供应链系统的信息价值规律以及影响因素。

2. 突发事件下基于契约机制的供应链协调策略相关研究

Gao 等[137]对单供应商与单零售商的供应链进行了探讨，零售商所面对的需求随价格线性变化，且生产成本是生产量凸函数，当需求受到突发事件干扰时，给出基于数量折扣契约的应对策略，使供应链系统重新协调。陈剑等[138]以需求依赖于销售商努力水平为前提，提出了突发事件造成市场需求变化时，供应链协调的实现条件，建立了 4 种基本契约下的单供应商与单零售商供应链协调模型。Qi 等[139]以一对一型供应链为研究背景，给出了突发事件下基于批发价格折扣契约的应对策略，研究结果表明，批发价格折扣契约可以有效应对突发事件所带来的影响，维持供应链系统的整体协调。于辉等[140,144]在 Qi 等的研究基础上对基于回购契约和数量折扣契约的突发事件应对问题进行了研究。Xiao 等[145]以需求与零售商促销投资相关的一对二型供应链为研究背景，对突发事件导致投资敏感系数出现变动时，基于批发价格加补贴率契约的协调应对问题进行了研究，并给出了应对策略。Chen 等[146]将研究扩展到多个竞争性零售商的情形。对突发事件下投资敏感系数和市场需求的投资成本弹性同时变动时的供应链协调应对进行了研究。雷东等[147]以市场需求与价格呈线性关系为前提，研究了基于数量折扣契约的突发事件应对问题，突发事件的放上导致市场需求规模和生产成本同时扰动。曹二保等[148]以一对多型供应链为研究背景，研究了基于收益共享契约的突发事件应对问题，突发事件的放上导致市场需求规模和生产成本同时扰动。胡劲松等[149]以三级供应链为研究背景，对基于价格折扣契约的突发事件协调应对进行了研究。滕春贤等[150]在突发事件的应对中引入二次订购数量折扣契约，使其有效增强了供应链系统对突发事件的应对能力。王玉燕[151,152]对闭环供应链进行了分析，研究利用收益共享契约或回购契约应对突发事件。马成等[153]分析了由突发事件导致供应商的成本和零售商的零售价格同时发生变化的情况，研究在该情况下利用期权契约来实现供应链协调。覃艳华等[156]以一对一型闭环供应链为研究背景，建立突发事件致需求波动时基于回馈与惩罚契约的应对模型；研究结果表明，突发事件下原有的契约失效，但是通过对契约参数的合理调节，可以保持供应链系统在突发事件下的持续协调运作，有效应对突发事件所带来的影响。孙在东等[157]研究了回购契约下的简单三级供应链，建立了基于回购契约的突发事件应对模型，突发事件的发生导致需求分布发生变动；研究结果表明，在原有的契约参数下，供应链不再协调，并通过调整模型参数，重新给出了需求变化后的供应链协调条件。吴忠和等[158]以二级供应链系统为研究背景，在市场需求随价格非线性变化且生产成本与生产量的关系为凸函数的条件下，研究了基于数量折扣契约的突发事件应对问题，给出了协调应对策略。在此基础上，吴忠和等[159]以一对多型供应链系统为研究背景，对需求以及需求、生产成本和价格敏感系数受突发事件影响同时扰动时，基于线性数量折扣契约的突发事件应对问题进行了研究。覃艳华等[160]分析了在随机性市场需求的情况下，一个制造商和一个零售商组成的二级供应链，探讨了在该供应链利用期权契约应对突发事件时，期权契约的协调作用，给出了最优应对策略，并通过调整原来的期权契约使其具有抗突发事件性。吴忠和等[161]以一对一型的简单二级供应链系统为研究背景，研究了当突发事件的发生导致产品市场需求分布函数和制造商生产成本同时变动时基于期权契约的协调应对策略；研究结果表明，当市场需求和生产成本的波动符合一定条件时，供应链系统的协调并未受到影响，原有期权契约并未失效，否则视同最优购买量将发生变化，原有协调状态被打破，但通过对期权契约的合理调整，可以有效回复系统的协调状态，实现对突发事件的有效应对。

Zhang 等[162]研究了一对一型供应链在突发事件导致需求中断的情况下，如何利用收益共享契约实现对突发事件的有效应对，从而保持供应链系统的协调运作。

刘浪等[163]研究单零售商、单分销商及单供应商组成的三级供应链在回购契约下是否能协调应对非常规突发事件。将零售价格是内生变量还是外生变量作为区别非常规突发事件与常规突发事的本质特征，建立了非常规突发事件下回购契约应急模型，并对模型进行分析，得出最佳的订货与定价决策，并与无突发事件及常规突发事件下的情况进行对比分析。

肖美丹等[164]为解决突发事件造成市场需求发生变化时供应链通过联合契约实现系统协调的问题，采用收益共享-数量折扣(RS-QD)联合契约，对由一个供应商、一个制造商和一个零售商组成的三级供应链系统应对突发需求的协调问题进行研究。

刘浪等[165]针对零售商为损失厌恶者的二级供应链，考虑突发事件导致商品市场需求和市场价格均随机波动，分别构建应急数量弹性契约的集中和分散决策模型，得出突发事件下供应链系统实现协调的最优决策，并探讨契约弹性幅度、批发价和损失厌恶程度的变化对于零售商最优订货策略和供应链上各成员利润的影响。

3. 突发事件下基于期权契约的供应链协调策略相关研究

期权契约本身的风险投资和风险规避的特点使其在应用于供应链管理中后，可以有效地帮助供应链系统提高供应链资产投资效率的同时规避转移风险[3]。Ritchken 等[166]在产品价格和数量波动带来风险时，将期权契约引入库存管理中，利用期权契约进行了有效应对。Barnes 等[167,168]研究了在零售商面对的市场需求不确定的情况下，引入期权契约可以增加供应链整体收益，同时提高供应链系统柔性。宁钟等[172]在市场需求不确定的情况下，研究建立供应链的期权契约模型，验证了供应商可以通过期权契约影响零售商的订购决策、调整自身收益，从而实现供应链的协调。Kumakiri 等[173]在不同市场需求的情况下，研究比较报童模型与期权契约模型，指出较高的期权执行价格会使得期权契约在一定需求范围内，供应链收益低于报童模型。Li 等[174]研究了非对称信息下单供应商和单零售商供应链系统，在价格和需求扰动时，系统中的零售商可以获得比供应商更准确的需求和价格信息，供应商通过对契约参数的设计最大化自己的收益，验证了期权契约可以有效应对需求扰动。倪文豪等[175]研究了突发事件后供应扰动对供应链的影响。研究表明，现货市场协调不能完全消除扰动带来的负面影响，只能减少供应扰动带来的损失。田军等[176]设计了一个基于能力期权契约的双源应急物资采购模型，通过推导和算例模拟证明，这样的采购机制可以在有效减少政府实物储备量的同时，大大降低缺货风险，同时也合理补偿了灾后供应商因被安排突击生产而增加的成本，有效实现了应急物资供应链的采购协调。刘英等[177]研究了存在现货交易和期权采购的条件下，风险厌恶型供应商和零售商组成的供应链，面临随机需求时的最优定价和订货决策问题。运用均值-方差效用函数刻画了供应商和零售商的风险偏好特征，并在此基础上分析了不同柔性合同下零售商效用最大化的采购组合，以及供应商效用最大化的生产和定价决策。同时，对各种柔性合同下的决策结果进行比较静态分析。

1.3 研究思路与方法

本书的研究采取理论分析、模型构建与求解以及数值仿真分析相结合的方法，在对国内外目前已有的相关成果进行广泛研究与分析的基础上，借助协同学、博弈论和运筹学等理论，对基于 Multi-Agent 技术和期权契约机制的供应链协同管理以及突发事件决策应对进行研究，并对供应链系统内部决策成员具有不同的风险偏好加以考虑。

本书在研究过程中采取的研究线路主要分为两条，如图 1-1 所示：线路其一为利用 Multi-Agent 技术对供应链系统技术层面的协同管理进行研究，首先对供应链系统的协同类别和业务流程进行分析；然后在此基础上，进行基于 Multi-Agent 技术的供应链协同管理系统模型的构建；最后对所构建的 Multi-Agent 供应链协同管理系统的协同管理原理和过程进行深入分析。研究线路其二为借助期权契约机制对供应链系统策略层面的协同管理以及突发事件的应对进行研究，首先对正常情况下利用期权契约机制，通过设定合理的契约参数，激励完全理性的各决策主体从整体利益最大化的角度进行决策，从而实现供应链系统的整体协同进行分析；然后在此基础上，对当突发事件引起市场需求发生波动后，供应链系统以及系统内各成员最优策略的变化进行分析，并依据此变化研究基于期权契约的供应链突发事件有效应对策略，以使突发事件下整个供应链系统的整体利益重新达到最优；同时通过引入 CvaR 风险测量准则，研究当供应链内决策成员具有一定风险偏好时，如何基于期权契约实现供应链协同管理和对突发事件的有效应对；最后利用 MATLAB 软件工具进行数值仿真与分析，对所建立的基于期权契约的协同管理模型以及突发事件下的应对模型进行算例求解与分析，验证模型的有效性并进行参数敏感性分析。

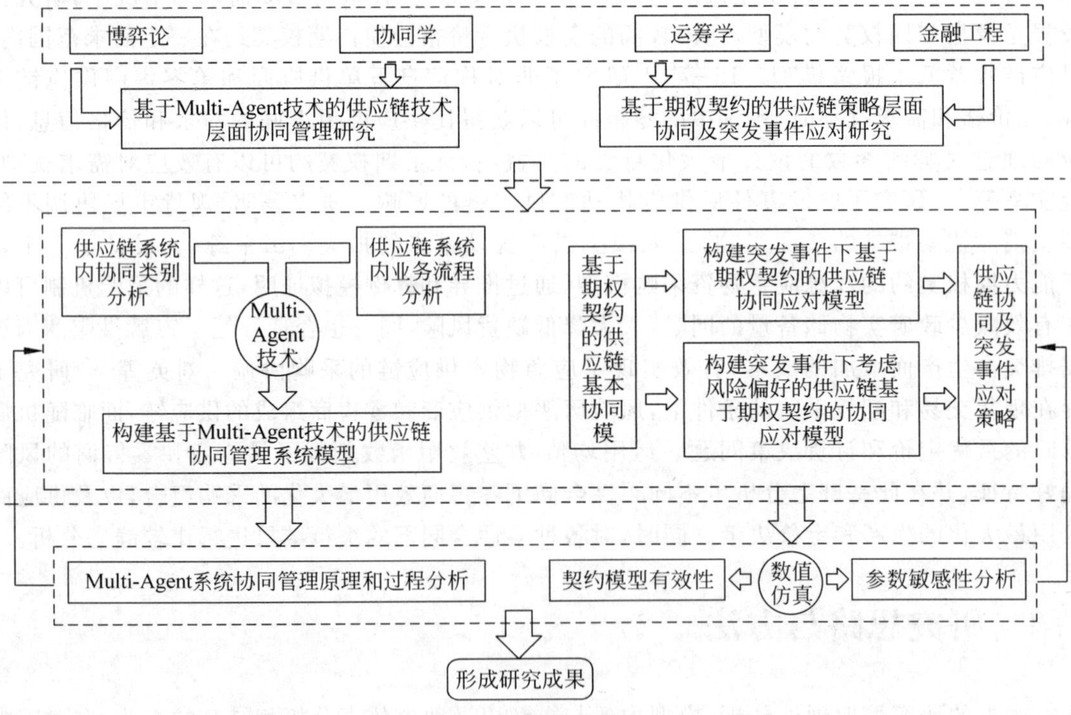

图 1-1 研究技术路线图

1.4　本书内容安排和结构框架

本书利用 Multi-Agent 技术和契约机制，分别针对制造商主导型和零售商主导型供应链建立了协同管理模型和突发事件应对模型，并进行了数值仿真分析。全书共分为 10 章，具体研究内容安排和结构框架如下：

第 1 章绪论。对论文选题的研究背景和研究意义进行了介绍，同时梳理了供应链协同管理和突发事件下供应链应急管理领域的国内外研究现状，最后说明了本书的研究思路与方法并给出了研究内容安排和结构框架。

第 2 章供应链协同管理理论。对协同学、协同管理理论进行介绍。同时从研究对象的性质和特征，以及原理的相似性两个方面对协同学在供应链管理中应用的适用性和有效性进行了论述。在此基础上，分别从战略、策略和技术三个维度对供应链协同管理理论进行了相关论述。

第 3 章 Multi-Agent 技术在供应链协同管理中的应用。首先对 Multi-Agent 技术的相关理论进行了论述，同时分析了 Multi-Agent 协同管理系统的优势及建立过程，并对构建 Multi-Agent 协同管理系统的常用开发平台进行了介绍。

第 4 章基于 Multi-Agent 技术的三级供应链协同管理系统的构建。以制造商主导型三级供应链系统作为研究对象，在对其业务流程和协同类别分析的基础上，进行基于 Multi-Agent 技术的供应链协同管理系统的模型设计，并对协同管理系统的协同管理原理及过程进行了分析。

第 5、6 章建立基于期权契约的零售商主导型和制造商主导型供应链基本协调模型。研究了当整个供应链系统处于正常稳定情况(没有突发事件发生)下时，如何借助期权契约对供应链内部各决策主体的利益目标进行有效协调，从而消除双重边际化效应，实现供应链系统的整体协调。首先分别建立零售商主导型和制造商主导型供应链集中决策模型，并给出集中决策下系统的最优决策，在集中决策状态下，系统可以被看作是处于一种绝对协同的状态，各决策主体作为一个统一的整体，以整个系统的利益最大化为目标进行决策；然后分别建立零售商主导型和制造商主导型供应链期权契约基本协调模型，通过对模型的分析与求解，从而得到合理的契约参数设定，使得系统内各决策主体在期权契约的激励下，选择系统最优期权购买量和初始订购量，使整个系统的利益达到最大化，实现系统的整体协调。

第 7、8 章突发事件下零售商主导型和制造商主导型供应链基于期权契约的应对研究。在第 5、6 章的基础上，研究当突发事件的发生引起市场需求分布变化时，如何基于期权契约实现供应链对突发事件的有效应对。首先分别建立零售商主导型和制造商主导型供应链在突发事件下的集中决策模型，分析当突发事件发生后，系统的最优决策所发生的变化。然后对其分别建立突发事件下基于原期权契约的分散决策模型，分析在突发事件发生后，系统内各决策主体在原期权契约下的决策变化。最后在以上分析的基础之上，分别建立突发事件下零售商主导型和制造商主导型供应链基于期权契约的应对模型，得到突发事件下基于期权契约的协调策略。

第 9 章突发事件下考虑风险偏好的供应链基于期权契约的应对研究。以制造商具有一定风险偏好的零售商主导型供应链系统为例，研究当突发事件的发生引起市场需求分布发生变化时，如何基于期权契约实现供应链系统对突发事件的有效应对。首先对 CvaR 风险测量准则在本书中的应用进行了说明；然后分析了期权契约如何使制造商具有一定风险偏好的零售商主导型供应链实现协调运作，当制造商具有一定风险偏好时，其决策函数发生变化，由最大化其自身收益函数转变为最大化其 CvaR 函数；接着建立考虑制造商风险偏好时突发事件下供应链集中决策模型以及基于原期权契约的突发事件下分散决策模型，分析在突发事件发生后，供应链系统的最优决策以及系统内各决策主体在原期权契约下的决策所发生的变化；最后在以上分析的基础之上建立考虑制造商风险偏好时零售商主导型供应链基于期权契约的突发事件应对模型，得到突发事件下基于期权契约的协调策略。

第 10 章研究结论与研究展望。对全书的总结包括研究成果和创新点，指出了本书在研究过程中存在的一些不足之处，同时也提出了后续研究的展望。

第 2 章

供应链协同管理理论

2.1　协同学和协同管理理论

协同理论在 20 世纪 70 年代由德国的哈肯(H. Haken)提出,最初是应用于激光等物理方面的研究并涉及计算机科学和系统科学,进而由之产生计算机支持的协同工作这一新兴学科[178]。而后,协同理论在管理学方面逐步得以应用,较早的是 2000 年国外著名管理咨询公司(Aberdeen Group)提出协同商务的定义,并随之引发了一次管理思想的变革,协同管理理论由此逐步建立和推广。

2.1.1　协同学理论

协同学在由哈肯等学者从他们的一套激光理论抽象普遍化从而形成一门学科后,其在自然科学和社会科学的很多领域中都得到了广泛的应用。所谓协同学,是指研究如何协调两个或者两个以上不同个体或者资源部门,从而使它们一致地完成某一目标的科学。哈肯把协同定义为系统的各部分之间相互协作,使整个系统形成微个体层次所不存在的新质的结构和特征。哈肯的协同学思想表明,一切开放的自然或社会系统,都可以在特定的条件下呈现出非平衡的有序结构,系统实现协同。

协同学是在系统论、控制论、信息论基础上发展建立起来的,与耗散结构论、突变论合称为“新三论”。其着重研究系统和系统之间相互作用的变化规律。协同学提供了一套新的理解系统运行的理念,它从哲学范畴为管理学的研究和实践提供了方法论上的指导,并带来新的研究视角和层面。协同学同时也是一个科学的定量分析工具,一般采用综合分析的方法处理问题,主要从总体上把握对象,重点研究系统中各要素间如何以协同一致的合作产生整体结构。借助协同学对供应链系统进行分析,是从微观角度出发对宏观情况的探究,从而有助于从微观和宏观两个层面把握供应链系统中各环节的协同能力和状况。

哈肯把协同学的基本原理概括为 3 个,即不稳定性原理、序参量原理和役使原理。不稳定性在新旧结构转换中起重要的媒介作用,由此产生序参量,序参量又导致役使原理。

1. 不稳定性原理

协同学以探究系统结构有序演化规律为出发点，从相变机制中找到不稳定性概念。系统的各种有序演化现象都与不稳定性有关，在旧结构的瓦解和新结构的产生过程中，不稳定性在系统新旧结构演替中充当了媒介。从一定意义上讲，协同学是研究不稳定性的理论。

2. 序参量原理

序参量原理主要运用相变理论中的序参量，替代耗散结构理论中熵的概念，作为刻画有序结构的不同类型和程度的定量化概念和判据，以描述和处理自组织问题。

3. 役使原理

役使原理又称支配原理。在系统自组织过程中，一方的属性支配着另一方的属性，使另一方丧失自己原有的某一属性，而以其属性为自己的新属性；或一方的属性同化了另一方的属性，使对方的属性与自己的属性相同。

协同学的 3 个基本原理存在着密切的内在联系，当系统的控制参量适当改变时，系统可能成为线性不稳定的，有关变量可以划分为稳定和不稳定两种，应用役使原理，可以消去快变量，而在不稳定点上，序参量支配系统行为，使系统发生结构演化[179]。

2.1.2 协同管理理论

随着 20 世纪 60 年代企业多元化发展，美国管理学家安索夫从战略角度提出协同管理的经济学含义，并借用投资收益率分析了协同管理的含义[180]。日本战略学家伊丹广之等[181]从“互补效应”和“协同效应”两个方面对协同管理进行深入分析，从而使协同管理的内涵更加全面系统。波特[182]认为企业的协同管理就是企业各项业务行为间的关联，而企业的竞争优势就是来自于这种关联，利用价值链可以抓住这种协同的机会。Weston[183]在对企业兼并进行研究时提出自己的协同管理理论，认为企业兼并对整个社会是有益的，它主要是通过协同效应体现在效率的改进上，而协同效应主要体现在管理协同效应和营运协同效应两个方面。

由此可见，协同管理是运用协同学的基本思想和方法，研究管理对象的协同规律并实施管理的一种理论体系。其实质是利用各种工具和方法促使多个单元为同一目标，共享资源、共同努力，从而实现协调一致，达到 1+1>2 的效果。具体在企业管理领域，其实质是指企业利用前沿技术所提供的一整套跨企业合作的能力，帮助企业同其关键的交易伙伴们共享业务流程、决策、作业程序和数据等，从而共同开发全新的产品、市场和服务，并提高竞争优势，几乎涵盖了企业间计划和作业的各个方面[184]。

2.2 协同学在供应链管理中的应用

协同学以及在其基础上发展起来的复杂适应系统理论、和谐管理理论等，其不仅是一种理论，更是一种方法体系[185]。虽然这些理论的经典研究多以一般意义上的系统作为研究对象，但是这些理论适用于供应链的一般情况，供应链系统完全可以纳入这些理论体系的研究视野。

2.2.1 研究对象的复杂适应系统特征

协同学将一切研究对象看成是复杂的适应系统，其由用规则描述的、相互作用、相互独立的适应性主体组成，这些独立的行为主体可以自由的、以不可完全预言的方式行动，并不断地学习或积累经验，并根据学到的经验不断变换其规则、改变自身的结构和行为方式，同时彼此之间会通过物质、能量或信息交换等方式相互作用，通过独立的行为主体间的这种相互作用，整个系统将形成一种整体效应或者一种新型的结构。

与之相同的是，供应链是由各自独立的、具有适应性的企业，针对某一产品组成的具有自组织性质的开放系统，动态性、开放性是供应链系统的本质要求。在供应链网络中，每个供应链成员企业就是一个行为主体，这些行为主体具有自主的判断和行为能力、与其他主体之间的交互能力（信息、物质和资金）以及对环境的依存和适应能力。同时，每个成员企业还能根据其他成员企业的行为以及环境变化不断修正自身的行为规则，以便与整个供应链网络和环境相适应，即每个企业具有学习的能力。不难看出，供应链系统其本身即为一个复杂适应系统，它具有复杂适应系统的所有特征、属性和能力[186]。

根据上面的分析可以看出，研究对象的一致性为协同理论在供应链管理中的运用提供了天然的生长土壤，使得二者之间存在结合的可能性和必要性，并使得协同理论在供应链管理中的运用可以产生积极的效果。

2.2.2 供应链管理的协同学属性

供应链作为人工设计的特定系统，现实中需要解决的是该系统的优化问题。协同学中的一些基本原理：不稳定原理、序参量原理、役使原理等，非常有力地揭示了供应链的创生和演化机理，尤其是为供应链系统的优化提供了分析思路和方法。

不稳定原理揭示了供应链系统存在和演变的基础。对供应链而言，原有的孤立成员企业因为环境的变化，必须通过引入外参量即通过结盟形成新的结构；而多个拥有各自核心资源的成员企业，为了各自的生存空间或盈利空间组成供应链，作为一个整体向最终客户提供产品或服务。不稳定原理正是供应链存在和演变的基础。

序参量原理和役使原理为供应链运作的优化提供了思路。供应链的序参量不是唯一的，而是一组，而这组序参量在供应链的不同时期表现强度也不一样，也正是因为这些序参量强度的不一样才推动着供应链的演化，决定着供应链的构建和发展。例如，在供应链各成员企业间的信息充分共享，并存在一个具有绝对控制权的核心企业时，资源配置的规范化与结构化是该阶段的序参量，其对组织中的确定性要素(包括资源与活动)及相对确定的关系进行合理安排和调整优化，使之配合合理、运作有序，从而促进供应链系统的高效运作。而当出现局部优化决策，需要通过合理的利益协调机制使得各企业的目标利益一致化，并建立起值得信赖的战略合作伙伴关系时，契约协同是可供考虑的序参量。当契约的效力显著下降时，作为实现共同利益所必须开展的关系协同、知识协同与共同利益则一同构成了支配供应链发展的序参量[187]。

2.2.3 供应链协同的内在动因分析

供应链协同是供应链竞争力的核心，同时也是整个供应链系统所追求的一种状态。供应链协同的动因由内在部分和外在部分组成，供应链协同的外在动因显而易见，是为了应对竞争加剧和环境动态性强化的局面[188]，而其内在动因也是主要动因包括谋求中间组织效应、追求价值链优势、构造竞争优势群和保持核心文化的竞争力。

1. 谋求中间组织效应

在市场经济条件下，企业之间所发生的关系一般可以归结为两种类型：一是组织外的关系，通过市场交易与其他企业发生联系。处于这种关系中的企业，其相互之间以竞争为手段，采取导致自身利益最大化的行为，这实际上是供应链的分散式管理；二是组织内的关系，不是在市场中交易，而是通过在企业组织内部交易发生联系。例如，总公司与子公司之间发生联系、企业集团内的成员公司之间发生联系等。在这种情况下，企业会根据组织整体(总公司或整个集团)的计划或指令采取能导致整体利益最大化的行动，这实际上是供应链的集中式管理。现实中企业之间还存在一种“中间组织”关系：它们通过技术、资本、人才等方面的交流，既不完全采取导致自身利益最大化的行为，也不完全采取导致共同利益最大化的行为，它们的关系在形式上保留着许多市场交易关系(以价格为决策依据)的特征，但又融入了一些组织内部关系的特征(企业之间关系已带有固定性)[189]。这种“中间组织”关系既具有内部一体化组织的一些控制和协同优势，同时又保持了对市场需求变化应对的灵活性，这实际上就是供应链的协同式管理。

供应链上企业之间协同的内在动因之一正是为了谋求“中间组织效应”，这种“中间组织效应”的实现将对供应链系统起到诸多优化作用。

1) 稳固、强化企业之间的协同关系

市场竞争环境的剧烈变化使企业之间协同的必要性和重要性日益凸现，但是追求自身利益最大化的动机往往会破坏乃至摧毁这种协同关系，为了稳固和强化彼此之间的合作关系，就有必要通过公司协议或联合组织等方式结成具有这种“中间组织”关系的战略协同组织。

2）发挥协同效应

作为协同中的一个企业比作为一个单独运作的企业所能取得的更高盈利能力就是所谓的协同效应。罗伯特·巴泽尔和布拉德利·盖尔认为协同创造价值的方式主要有以下4种[190]：

（1）对资源或业务行为的共享。这里的业务行为主要指通过共享可以实现规模效益的业务行为。例如研究开发活动、采购活动、生产活动以及统一管理销售队伍、市场营销计划或分销渠道等。

（2）市场营销和研究开发的扩散效益。即使不存在对市场营销和研究开发的共享，协同企业群中的企业也经常可以从其他企业在市场营销或研究开发而所付出的努力中获得间接的利益。例如GE在涡轮发动机方面的研究，就对其所在协同供应链中的飞机发动机制造企业有很大帮助。

（3）企业的相似性。技术方面和管理方面的知识和技能，均可为处于相似知识领域的企业共享。

（4）对企业形象的共享。当企业作为一个声誉卓著的协同企业群中的一员时，可以无形中提高其企业形象并使之获利。

3）避免企业组织规模扩大而可能产生的诸多问题

著名战略学家迈克尔·波特[191]认为，从根本上说，竞争优势来源于企业能够向顾客提供相对于其竞争对手更多的价值，而较高的价值源于以低于竞争对手的价格向顾客提供同等的利益，或是提供远超出较高价格的独特利益。企业要做到这一点并形成竞争优势，必须具备一定的规模，但过大的规模也容易产生弊端，例如，由于规模不经济而使获利水平下降；缺乏灵活性；管理效率下滑；从某一行业退出成本较高等。但如果企业参与供应链协同，则既能保证成员企业的基本独立性，从而避免了组织规模扩大可能产生的弊端，同时又可以通过成员企业之间的这种协同效益而获得前面所述的需要扩大规模才能创造出的更高价值。

2. 追求价值链优势

企业的目标是获利，实现这一目标的途径是不断创造价值。而企业创造价值的过程是由一系列互不相同又相互联系的活动组成，包括研究开发、设计、采购、生产、营销、交货以及对产品起辅助作用的各种活动，这些环节的集合就是价值链。而在当前这种市场需求快速变化，同时产品复杂程度不断提高的环境下，一个企业不可能单独从事其产品涉及的所有阶段的活动，它需要供应商提供原材料，销售商销售产品，广告商制作广告。同时，供应商、销售商、广告商也均有自己的价值链，而企业自身价值链与其配套的供应商、销售商、广告商的价值链又会组成一个价值链系统，即产业价值链。企业要获得和保持竞争优势，不仅取决于对自身价值链的认识和组织，更多的是取决于对整个产业价值链的理解与适应[192,193]。

随着社会分工的不断深化和细化，技术创新及其推广速度的加快，市场范围扩展至全球，价值链的增值环节变得越来越多，结构也更加复杂。价值链的不断分解使企业不可能也没有必要从事价值链上所有的价值增值活动。

一件产品在形成过程中所经历的各种价值链环境彼此之间可能有很大的差异，这些差异包括各环节对要素条件的要求差异、利润差异、战略性差异、进入障碍差异等。对要素条件的要求差异指产品在不同阶段的价值链环节对投资、生产规模有不同的要求；利润水平差异指不同价值链环节为企业创造的利润率有很大差别；一件产品的关键环节往往集中在该产品价值链的一两个环节，控制了这些环节就控制了整个价值链，这说明不同价值链环节的战略性有差异；价值链上利润高的环节通常是竞争对手忽略的环节或存在进入障碍的环节，但竞争对手的忽略不会长久，所以一个环节长期利润水平高低取决于进入障碍的高低。进入障碍包括差异化优势、来自专利的保护、转换成本、名声等。

企业需要审视所在产业的价值链以及自身所参与的价值链过程，分析、辨明产业价值链中具有战略重要性以及利润率水平较高的价值链环节是哪些。若二者一致，企业就要保留并强化这些环节，同时把不具有比较优势或非核心的环节外包分离出去，在市场上寻求新的合作伙伴并组成协同关系，共同完成整个价值链的全过程。这样做在保持核心竞争优势的同时又提高了效率，有利于战略目标的顺利实现。但若企业没有控制价值链上具有战略重要性的关键环节和利润水平高的环节，就必须从自身条件出发，强化具有比较优势的环节，加大资金、技术、人力投入，进行创新与变革，使其转变为具有垄断优势的价值增值活动，如获取专利、提高用户转换成本、创造名牌或形成规模经济等，从而提高这些环节的获利水平并形成竞争优势。

同时，价值链优势不仅在于分解，而且也在于不断的整合。在市场竞争激烈、生产能力相对过剩的条件下，市场上会不断分化出许多相对独立的、具有一定比较优势的增值环节。与此同时，企业也可以根据对市场环境和内部条件的分析，设计出新的价值链，对分解的增值环节进行整合。价值链的整合，一是整合竞争对手忽略的环节；二是寻求新的价值链结合方式，二者都可能使企业获得新的竞争优势。而整合不仅可以采用一体化的方式，也可以通过协同方式完成，但由于整合效果的不确定性，同时具有一定的风险，利用供应链协同的方式相比于一体化方式更具有灵活性和较低的退出成本。

3. 构造竞争优势群

面对当今日益复杂的经济环境，企业之间的竞争日益成为全方位的竞争，任何企业要获得持续的成功都不能再简单地依靠一种竞争优势，构造一组动态的竞争优势群系统越来越显示出其必要性和紧迫性[194]。所谓竞争优势群，就是多种具有不同诱因、不同作用空间和可持续性的竞争优势所构成的一种持续演进的竞争优势系统。其构成要随着时间的推移不断发生变化，有的竞争优势逐渐丧失，也有新的竞争优势不断产生。竞争优势群的动态发展包括竞争优势的创造、维持、增强、权衡、创新、衰退和消失等各个环节。

现实中并不是每一个企业都有能力构造必要的竞争优势群系统，就算能自己构造也颇费时日，并有可能错失发展进取的良机。而供应链协同是一种较为便利和低成本的方式，可以使成员企业优势互补，从而共同构造出竞争优势群系统。

典型的竞争优势群包括主导优势和支撑优势。在一个供应链系统中，竞争优势群系统的主导优势一般由供应链核心企业提供，这是一个竞争优势群系统的关键所在。而核心企业在强化主导优势的同时，也要分析、辨明所需的支撑优势，并在市场上寻求具有这些优势的潜在伙伴，使其进入自身供应链系统，与之组成战略联盟，共同构筑竞争优势群。竞争优势群系统建立起来以后，有一个动态发展的过程，协同成员要相互督促维持、强化各自的竞争优势，同时还要共同创造新的竞争优势，必要时会吸收具有新优势的新成员或者清除有碍竞争优势群保持优势的旧成员。

4. 保持核心文化的竞争力

企业文化的形成一般要经历漫长的过程，并且一旦形成之后很难改变。在多元化经营或规模庞大的公司，核心文化有可能被灌输到所有业务领域中，如果公司非主导业务不适应企业核心文化，就会使其效率下降从而影响整个公司的效益。要解决这一矛盾，必须使以上的非关键业务形成与其业务本身相符的文化，但这样又将使核心文化受到干扰，从内影响企业的核心竞争力[195]。在这种情况下，公司就有必要把这些业务分离出来，而供应链协同恰好可以帮助企业解决这一问题，使得公司一方面保持了企业核心文化与核心业务的战略匹配，另一方面又通过协同的方式控制了非主流业务。

2.3　供应链协同管理理论

协同可以粗略地理解为“1＋1＞2”，多个单元共享现有资源，为同一目标共同努力的过程。目前供应链协同已被认为是供应链管理成功与否的最关键部分，其目的在于有效地利用和管理供应链上的所有资源，最大限度地打破个体企业的边界，在实现供应链系统整体利益最大化的同时，提高各节点企业的自身利益[196]。20 世纪 90 年代末，著名供应链专家 Anderson 和 Lee 在其文章《协同供应链：新的前沿》中指出，新一代的供应链战略就是协同供应链，供应链管理的精髓就是供应链协同管理，其观点目前已得到了业界的广泛认同。

随着全球化和信息技术飞速进步的影响，越来越多的企业开始注重供应链的协同管理[197]。通过协同，利用供应链伙伴的能力已经被认为是供应链成功的关键因素之一[198～200]。本书基于对供应链协同概念的深入剖析，如图 2-1 所示，将供应链协同管理分为 3 个层面：战略层面的协同、策略层面的协同和技术层面的协同。同时，随着近些年商业界及学术界对供应链协同管理重视程度及研究深度的提高，各层面的协同管理均产生了多种支撑其实现的工具和方法。

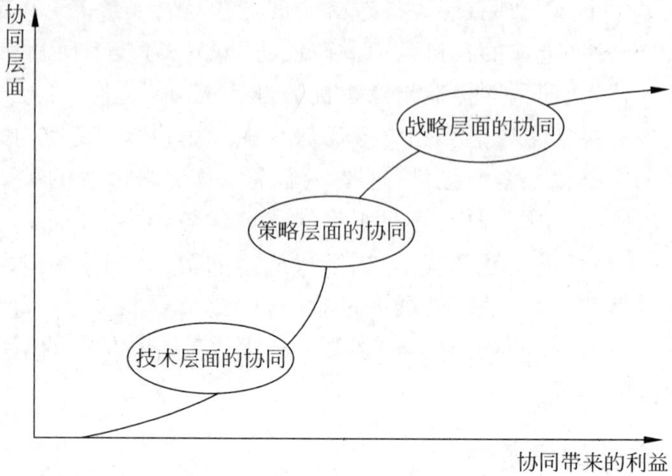

图 2-1 供应链协同层次

2.3.1 战略层面的协同管理

随着供应链协同管理研究的不断深入与完善，战略层面的协同管理得到了越来越多学者的重视，其是供应链协同管理中层面最高的管理模式，也可称为组织层面协同管理。这种协同模式需要供应链节点企业间建立战略合作伙伴关系，协同双方基于高度信任，在其各自长期性的发展战略规划侧面，通过变“合作-博弈”为“合作-整合”，并共享竞争优势和利益，从而实现双方在战略规划方面的协同布局。这不仅包含企业间经营策略、发展模式等方面的有形协同，也包括企业文化、管理模式等方面的无形协同。

同时，战略层面的协同管理也需要协同双方巨额投资，共同承担高额风险，为支持这一协同的实现，需要在采用先进的业务实践和信息技术基础设施方面进行大量投资，以共同实施提前计划系统和一体化应用。此外，战略层面的协同管理在信任的长期性、文化冲突、企业“孤岛”行为、“双赢”伙伴关系等方面还存在许多障碍，如何解决这些问题以更好地实现供应链成员企业间战略层面的协同，仍有待进一步的研究和发掘。

2.3.2 策略层面的协同管理

在供应链协同管理中，策略层面的协同也可称为利益协同。所谓利益协同，即指整个供应链系统的整体利益实现了最优。在供应链协同管理的研究和实践过程中可以发现，在未引入相关协同机制的情况下，供应链节点企业间处于自然博弈状态，整个供应链系统的整体利益无法实现最优，也就是说，策略层面的协同无法在供应链系统内自发形成。其根本原因在于，供应链系统中每一个企业都是一个独立的个体，并不存在上下级的依附关系，通常情况下企业的自身利益依然是其第一决策目标。这就导致在供应链运作的过程中，一旦与企业自身利益相冲突，企业就会选择有利于自己的决策，从而造成整个系统的利益无法实现最优，以致策略层面的协同失效。

因此为实现策略层面的协同，需要为供应链系统引入相应的策略层面协同管理机制，以激励系统内节点企业在决策过程中选择使供应链整体利益实现最大化的决策方案。目前，供应链契约已成为在供应链策略层面协同管理中应用最为广泛且有效的协同工具，本书第5～9章将对基于契约的供应链策略层面协同管理进行更为详细的研究。

2.3.3 技术层面的协同管理

随着计算机网络技术的不断发展和应用，现代化的信息技术已越来越多地应用于社会各个领域并发挥着巨大的作用。供应链的协同运作是建立在各个节点企业间高质量的信息传递和共享的基础之上，因此有效的供应链协同管理离不开信息技术的支撑。供应链技术层面的协同主要指供应链系统借助多样化的信息技术手段来实现供应链成员企业间信息系统的集成，从而进行信息的实时共享与交流，并辅助供应链各节点企业做出更为合理的决策，最终能够更快速地响应终端客户需求。

目前，信息技术已广泛应用于供应链协同管理当中，P&G 使用 mySAP SCM 系统，能够适时掌握公司全球范围内的后勤数据，使之能够通过高级数理规划函数优化业务运营，并为 P&G 与其顾客、合作者进行协作提供了一个信息共享平台。苏宁电器将自身的系统与 Sony、Philips、Samsung 等上游供应链企业的系统实现对接集成，上游厂商可以适时地得到他们的产品在苏宁各大门店的销售状况、即时库存、实时的促销价格和服务反馈，提高了对第一手市场信息的准确把握，便于迅速进行决策和安排生产计划；同时，苏宁电器也通过共享平台获取了上游厂商的生产进度、物料情况和库存数量等信息，以支持后续的销售策略制定。

随着近些年信息技术的飞速发展，各种应用于供应链协同管理的信息技术不断涌现，包括 EDI 技术（Electronic Data Interchange）、Internet/Intranet 技术、RFID 技术（Radio Frequency Identification）等，以及各种协同管理信息系统，如多智能体系统（Multi Agent System，MAS）、电子订货系统（Electronic Ordering System，EOS）、快速反应系统（Quick Response，QR）、有效客户反应系统（Effective Customer Response，ECR）、客户关系管理系统（Customer Relationship Management，CRM）等。其中，多智能体系统（Multi Agent System，MAS）凭借其良好的模块性、易于扩展性和较强的自主性等众多特点，近些年开始得到越来越多学者和行业人员的关注，本书第 3、4 章将对其进行更进一步的研究。

第 3 章

Multi-Agent技术在供应链协同管理中的应用

Multi-Agent 技术最初来源于多智能体仿真软件工具 Swarm，是基于复杂适应系统发展起来的一种支持“自下而上”或称“基于过程”的建模工具集。近 20 年，基于 Swarm 仿真平台的应用研究得到迅速的发展，所涵盖的研究涉及经济学、金融学、政治学、社会学、生物学、生态学、物理学、地理学、军事以及计算机科学等许多领域，Multi-Agent 技术便在此过程中应运而生。

随着工业 4.0 和物联网时代的来临，信息技术在供应链管理领域的应用越来越广泛和深入，同时供应链内部的节点企业分布于各个环节，存在着时间和空间上的差异，作为一个复杂系统，其复杂程度及对协同能力的要求近些年均呈现大幅度上升的趋势[201]。而 Multi-Agent 技术可以充分发挥网络计算的并行性优势，使系统在扩展性、可移植性以及可互操作性上有质的提高，为解决大规模、复杂性系统仿真计算问题提供了有效的技术手段。因此，凭借着 Multi-Agent 技术与供应链协同的天然可结合性，以及近些年人工智能和通信技术的快速发展，基于 Multi-Agent 技术解决供应链协同问题的应用和研究越来越多。

3.1 Agent 技术理论基础

3.1.1 Agent 的定义及特点

Agent 也称智能主体，这种技术是从分布式人工智能(DAI)领域演变而来的，目前国内外对 Agent 的概念并没有统一的意见。1977 年，Hewitt 提出了最早的 Agent 系统——并发 Actor 模型，他认为 Agent 技术是一种处于一定环境下包装的计算机系统，为实现设计目的，能在该环境下灵活、自主地活动[202]。而在 1995 年，Wooldrige 等又给出了 Agent 的两种定义[203]。

(1) 弱定义：Agent 是一个具有自治性、智能性、分布式的软硬件系统。

(2) 强定义：Agent 属于人工智能领域，理所当然应该具备人类的一些特性，如 BDI(即信念、愿望、意图)。

20 世纪 90 年代 Agent 被广泛应用，基于 Agent 的分布性和可建模性，Agent 一方面在解决分布式计算机系统问题时提供了有效途径；另一方面 Agent 技术的可建模性突出，有助于计算机系统建立合理的模型。当前，分布式系统已经成为计算机技术的主流，正是由于 Agent 可以很好地解决分布式问题，大部分研究都称 Agent 为计算机领域的下一个热点问题。在计算机系统中，通常将那些分布式的、自主活动的计算机实体即称为 Agent，它具有以下特点：

(1) 自主性。Agent 自身拥有行为控制机制并且自身具有属于自己的计算资源，即使外部环境没有直接操纵 Agent，也可以根据自身内部的状态以及感知到的外部信息决定和控制自己的行为。这样的 Agent 就像智能个体一样，拥有较强的自主性。

(2) 交互性。Agent 之间甚至 Agent 与人都可以通过 Agent 独有的通信语言灵活交互并有效地协同工作。例如，协同供应链管理系统中，制造商 Agent 需要使用 ACL 通信语言向供应商 Agent 发送原材料需求信息，并相互协调整个供应过程。

(3) 主动反应性。Agent 感知到外部环境后，会主动采取面向目标的行为，对相关事件做出适当的反应。例如，协同供应链管理系统中界面 Agent 能够对用户的操作做出响应并给出结果。

3.1.2 Agent 的基本结构框架

单个 Agent 的基本结构框架如图 3-1 所示，主要包括以下 5 个部分。

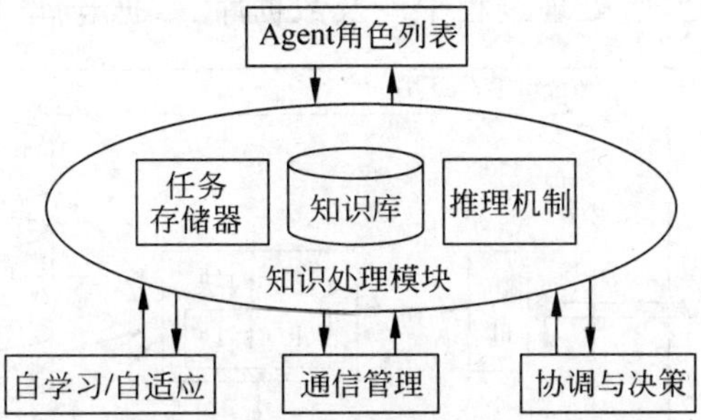

图 3-1 典型的单个 Agent 结构

(1) 角色列表：Agent 在整个系统中所扮演角色(功能)的列表。

(2) 知识处理模块：其中知识库是 Agent 的知识管理系统，主要存储 Agent 自身能力及其所处环境的知识，并对其进行动态维护；任务存储器存放的是 Agent 求解过程中需要和产生的一些动态信息；推理机制则是根据获得的外部信息和所具备的领域知识对问题进行求解的规则。

(3) 自学习/自适应模块：负责对 Agent 的行为进行动态优化。

(4) 协调与决策模块：负责行为决策以及对各模块的工作进行协调。

(5) 通信管理模块：负责 Agent 内部各模块间及 Agent 与外部的信息交互。

在供应链系统的建模过程中，单个Agent可用来表示具有一定智能性质的物理实体，如供应商、生产商和分销商等；或用来表示完成一定任务的功能，如数据管理、状态管理和通信管理等；也可用来表示某一逻辑实体，如订单、生产、物流等，这些Agent具有相似的结构，且行为均是自治的，它们通过协调解决供应链的各种复杂问题，但各Agent所包含的实际内容却会因代表实体的不同而有所差别。

3.1.3 Agent的分类

在Multi-Agent协同管理系统中存在功能各异的Agent，其大体上可以分为功能型Agent与协同型Agent两类。功能型Agent主要负责处理供应链上的物流及其相关活动，包括零售、仓储、制造和原材料供应，其会根据生产运营的研究方法（例如数学规划、统计分析等）对业务流程进行优化，但功能型Agent通常会受到物理位置的约束。协同型Agent是指决策支持性质的Agent，其在供应链系统中扮演合作协调的角色。它们对整个供应链的资源和信息进行控制，在功能型Agent之间分配任务，协作和调整功能型Agent的行为，优化供应链成员间的协同流程。

1. 功能型Agent

功能型Agent内部结构设计如图3-2所示，其核心模块是实现业务功能，用户通过界面在Agent平台环境下将需求反映给Agent核心模块，Agent核心模块接收到用户信息后进行反馈，即对业务流程的处理，处理过程中涉及数据库、数据仓库、网络安全等内容。

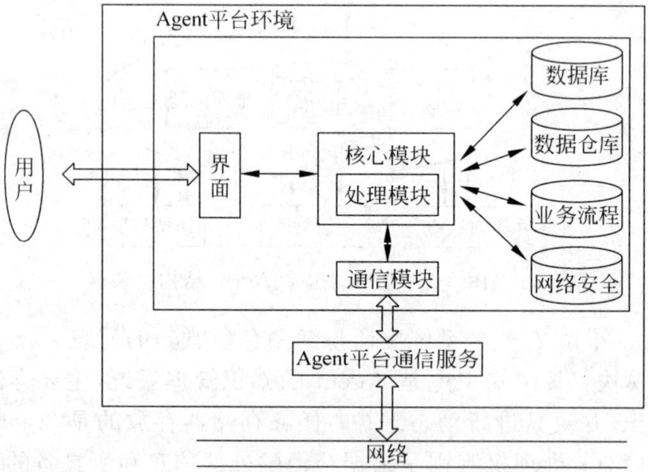

图3-2 功能型Agent内部结构

功能型Agent包括采购Agent、制造Agent、物流Agent、通信Agent、销售Agent等，以下是对典型的功能型Agent的介绍。

1）采购 Agent

采购 Agent 主要管理采购信息，并根据企业自身的需求（如对原材料或最终产品的需求数量、价格、质量等）筛选最合适的上游供应企业。在确定了上游供应企业之后，采购 Agent 与上游供应企业会协商原材料、价格、支付方式和支付日期等各方面问题。如果双方达成一致，则确定上游供应企业并进行采购，否则将对上游供应企业进行重新评估并筛选新的上游供应企业进行协商。对于供应链系统内节点企业来说，采购 Agent 可以有效地帮助他们评估各个上游供应企业的利弊，从而选择最合适的上游供应企业进行合作，同时对其整个采购活动进行协同管理。

采购 Agent 的主要功能包括：

（1）上游供应企业基本资料的管理和评估。

（2）根据库存系统的物料信息自动产生需求信息，从而生成采购计划单。

（3）根据生成的采购计划单进行确认审核，之后将订单输出给确定的上游供应企业。

（4）对采购的物料进行验收并录入收货单。

（5）在采购订单交货、入库、付款等一系列活动完成后及时清理采购订单。

采购 Agent 的业务流程如图 3-3 所示。

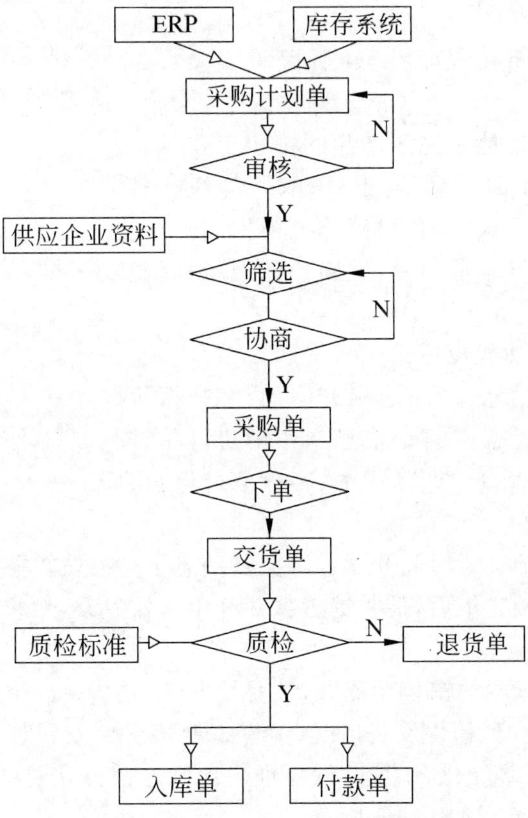

图 3-3　采购 Agent 的业务流程

2）制造 Agent

制造 Agent 主要负责供应链上生产制造流程的相关职能。生产制造是供应链协同管理中尤为重要的一部分，因此相对于供应链上的其他 Agent 而言，制造 Agent 扮演了更加重要的角色。制造 Agent 主要是根据库存物料信息和下游客户需求进行制造资源的分配和生产计划的安排，并且为了快速响应供应链上动态变化的各种因素，制造 Agent 需要将生产制造安排和控制得更富弹性和更为敏捷，同时制造 Agent 也负责对生产运营过程和设备进行持续地监控，一旦出现生产过程异常或是设备故障等突发事件，制造 Agent 会动态调整生产任务并通过协调机制重新组织制造资源。

制造 Agent 的主要功能包括：

（1）根据库存储备情况和订单需求生成生产计划单，生产计划单经过确认审核后，根据现有设备、原材料等生产资源配置情况生成生产指令单，对生产指令单进行审核通过后就可以进行生产制造，生产制造完成后就进入库存并清洁生产计划单。

（2）协调各生产资源的约束性问题，一旦生产过程发生设备故障、下游违约等突发事件，需要动态调整生产计划和资源配置。

生产制造 Agent 业务流程如图 3-4 所示。

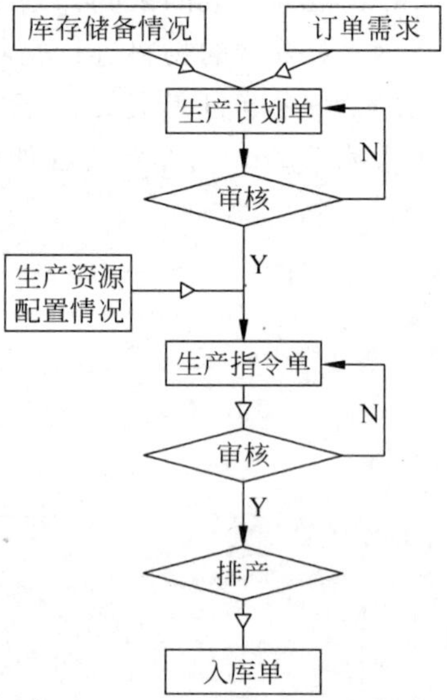

图 3-4　制造 Agent 的业务流程

3）销售 Agent

销售 Agent 的主要职能是完成产品的销售工作，实现用户需求，包括用户订单的收录、需求处理、服务履行等。同时在某些情况下，销售 Agent 也可以兼容根据用户历史购买记录和当前信息进行需求预测，准确快速地把握消费者需求的相关职能。

销售 Agent 的主要功能包括：

（1）根据客户需求信息、产品的相关信息、客户报价、客户要求交货的日期和地点等订单信息制作销售订单，同时考查可供货数量、产品定价、产品成本、客户信誉等自身情况信息以确认销售订单。

（2）根据销售订单的交货时间和地点等交货信息下达发货单并组织物流方发货。

（3）货物送达并交接完毕后，催收销售款并开出销售发票，销售款到账后转给财务部门记录。

（4）除了具有以上基本的销售功能外，某些情况下，销售 Agent 还可以具有对各种销售产品的订货情况、销售情况、销售发货情况、销售收款情况以及销售利益情况等进行汇总与分析，从而多角度预测市场变化，以便后续更准确地制定销售计划单的相关功能。

销售 Agent 的业务流程如图 3-5 所示。

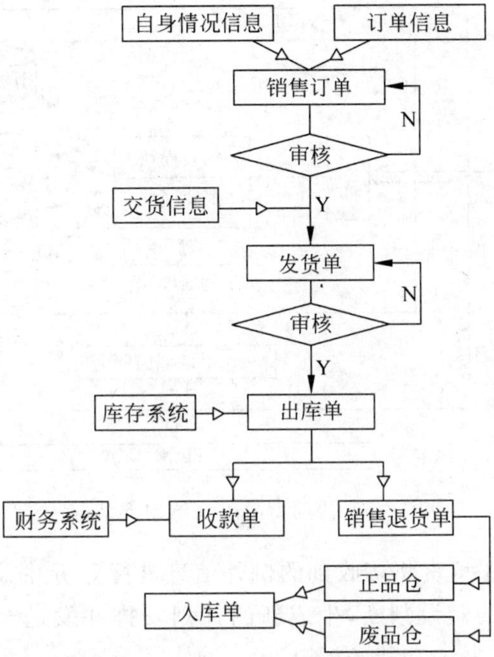

图 3-5　销售 Agent 的业务流程

4）物流 Agent

物流 Agent 负责运营过程中的物流活动，它需要合理地配置运输环节所涉及的各种资源，尽可能达到最快交货速度与最低成本这一目标。某些情况下，物流 Agent 还可兼容负责仓储管理的相关职能，主要包括存货管理和补货决策，尽可能达到最小库存成本与最小风险下的准时交货这一目标。

2. 协同型 Agent

协同型 Agent 内部结构设计如图 3-6 所示，其核心模块是协商合作模块，在本书中即博弈模块。协同型 Agent 根据历史数据、知识库、重要因素及限制集进行博弈协商，最后达到利益最大化的目标[204]。

协同型 Agent 主要包括计划 Agent、优化 Agent、管理 Agent 等，以下是对几种典型的协同型 Agent 的介绍。

1）计划 Agent

计划 Agent 的主要职能是确定协同的具体进程，并对企业或供应链的行为进行评估和监控。计划的目标不仅要符合当前的要求，还需要考虑未来潜在的需求，这就意味着进程计划和例外处理都属于计划 Agent 的职能范围。协同计划包括对于企业或供应链资源可用性的统筹规划，这决定了企业或供应链上可以履行哪些达成的协议，可以一致通过哪些新的

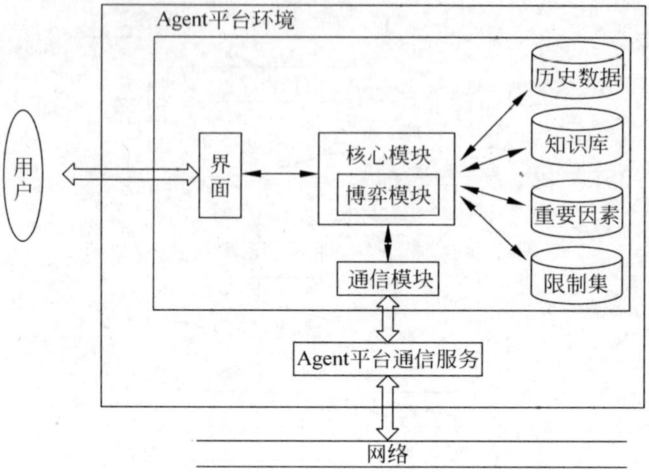

图 3-6 协同型 Agent 的内部结构

协议；此外，计划 Agent 还负责将接收到的例外信息进行分析并做出正确反馈，其对于可能的突发事件执行 what-if 的假设判断，生成新的计划安排并发送至采购 Agent、制造 Agent 或物流 Agent 等其他所涉及的功能 Agent。

2）优化 Agent

优化 Agent 基于用户需求、市场变化、供应链或企业的物理性约束、供应链或企业的能力限制等因素进行供应链或企业在物理结构和业务流程方面的优化。优化 Agent 主要包括三个方面的功能：一是根据 Agent 协议和数据库中的优化模块实现供应链或企业的业务流程和物理结构优化；二是安排供应链成员间解决方案的执行，三是监测企业或供应链在意外情况发生时的运营和服务状况并进行恰当地反应。

3）管理 Agent

管理 Agent 主要负责对企业或供应链系统中某一特定事务进行相应的管理，包括库存管理、数据管理、状态管理和结构管理等。其具体功能会根据管理目标的不同而有较大的变化，但最终目的均为使所管理的目标事务能够最大程度地协同运作，同时对企业或供应链的整体利益产生最大的正向影响。

3.2 Multi-Agent 协同管理系统相关理论

3.2.1 Multi-Agent 协同管理系统的定义

虽然单个 Agent 可以表现出某种智能，但如果多个彼此独立的 Agent 可以通过协调其行为而协同工作，那么即可获取更大的价值，Multi-Agent 协同管理系统便为此而生。

Multi-Agent 系统(Multi-Agent System,MAS)是一种分布式且由多个 Agent 组成的具有自主性的计算机系统[205]。这些 Agent 相互交互并协调工作,从而完成各种目标。系统中 Agent 之间的目标可以是相同的,也可以是不同的,但 Multi-Agent 系统会提供统一的 Agent 模型和框架,以实现多 Agent 之间的交互,从而完成各 Agent 之间的合作、协商、调度、管理及制约。通过这种 Agent 之间的各种交互活动,各 Agent 的目标、策略和规划即得以实现协调,从而联合行动解决问题以实现整个供应链系统的协同运作。

目前,对于 Multi-Agent 系统的研究主要集中在两方面:一是通过 Multi-Agent 技术解决分布式计算机的复杂性;二是借助 Multi-Agent 技术,充分利用不同平台下分布的知识、信息和技术资源,以合作的方式解决问题。利用 Multi-Agent 协同管理技术进行供应链管理即属于第二方面的研究。供应链复杂的多点网状结构与 Multi-Agent 协同管理技术具有天然的可对接性。利用 Multi-Agent 协同管理系统进行供应链管理的最大优点就是可借助各代理 Agent 之间的交互从而实现系统中各节点企业之间的协调,在各 Agent 的共同协调下,动态改变供应商、制造商和销售商之间对供、产、销等各类活动的计划、调度或决策等,从而实现整个供应链系统的协同运作。在这样的系统中,每个 Agent 实现一个或更多个功能,并且每个 Agent 都与其他 Agent 进行协调,实现各 Agent 间的互操作。

3.2.2 Multi-Agent 协同管理系统基本结构

在利用 Agent 进行供应链协同管理系统的构建时,整个供应链可以抽象为多个自治的、分布的 Agent 组建而成的 MAS,而 MAS 的组织结构直接影响基于 Multi-Agent 技术的供应链协同管理得以实现的复杂程度,因而针对供应链系统的特点,选择合适的 MAS 组织结构可简化基于 Multi-Agent 技术的供应链协同管理工作。基于 Multi-Agent 技术的供应链协同管理系统,其组织结构归纳起来有以下 3 种[206~211]。

1. 联邦结构

在联邦结构(Federation structure)中,系统由多个不同的联邦组成,每个联邦又由多个 Agent 组成,不同联邦中的 Agent 间不能直接通信,而需要通过一个称为 Facilitator 的 Agent 传送给其他联邦中的 Facilitator,再传送给目标 Agent,其结构如图 3-7 所示。Facilitator 可在服务的需求方与提供方之间起到桥梁的作用,服务的提供方通过向 Facilitator 注册其能力,当有服务需求者向 Facilitator 查询时,Facilitator 将两者进行匹配,告知服务需求方相关信息,从而实现桥梁的作用。在这种结构中,Agent 通过 Facilitator 进行通信,Agent 之间不能直接进行通信,Agent 不需较多关于其他 Agent 的功能与位置信息,可有效地减少系统中的通信开销,但增加了 Agent 之间协商合作过程中的中间层次。

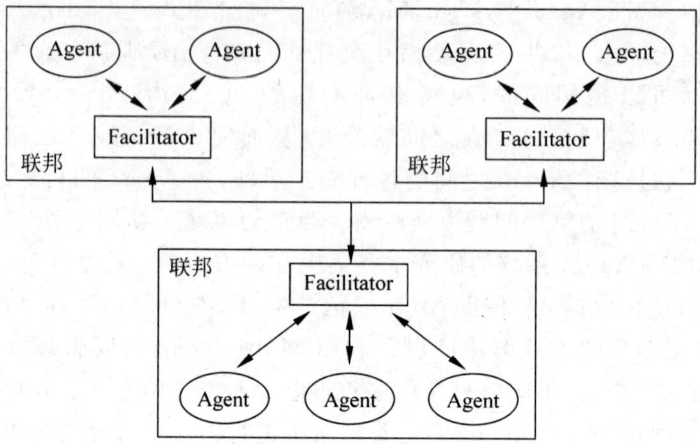

图 3-7 联邦结构

2. 分布自治结构

如图 3-8 所示，在分布自治结构系统中，所有 Agent 都是独立自治的，没有固定的客户/服务器的关系，彼此之间是完全平等的关系，需要时各 Agent 间可直接进行通信、交互和合作，形成一种水平的结构形式。显然分布自治结构具有较大的灵活性，但它需要每个 Agent 都要对环境有较多的知识，随着供应链所涉及的企业、部门数量的增多，系统中 Agent 的数目也大大增加，使得系统通信代价过大。因此当整个供应链系统中 Agent 的数量比较多的时候，以及在动态开放式的大系统中，分布自治结构将很难实现。

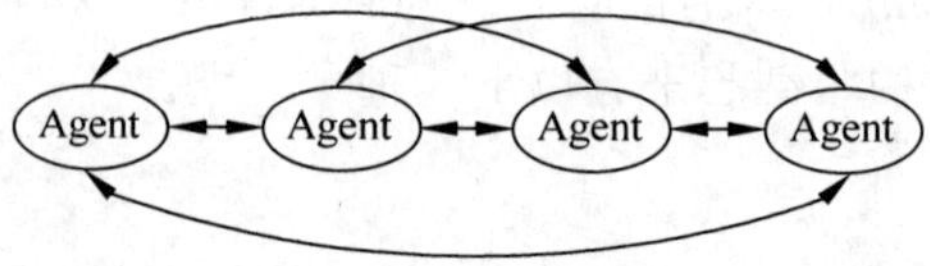

图 3-8 分布式结构

3. 中介式联邦结构

中介式联邦结构与联邦结构有很多相似之处，系统由多个子系统所组成，每一个子系统都有一个特殊的中介 Agent，它可以为子系统内的 Agent 提供整个供应链系统内所有其他 Agent 存在的位置信息。服务的提供 Agent 向中介 Agent 注册其能力信息，当服务的需求 Agent 向中介 Agent 提出查询时，中介 Agent 将能力匹配 Agent 的地址信息传递给服务需求 Agent，让服务方与需求方直接通信，降低了协同合作过程的通信成本，如图 3-9 所示。它与联邦结构最重要的区别是不同的子系统之间的 Agent 可以直接通信。

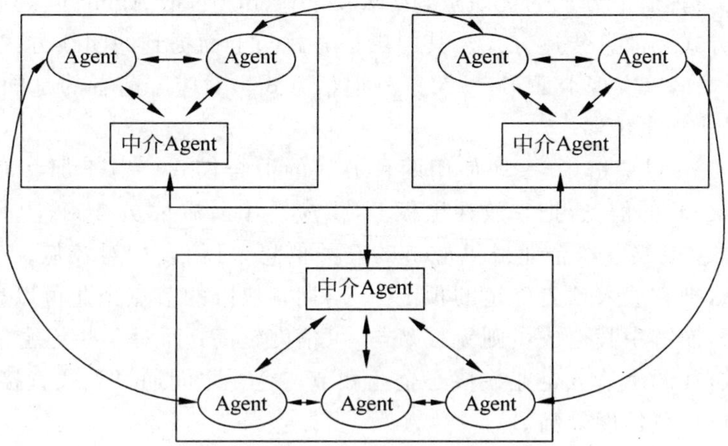

图 3-9 中介式联邦结构

3.2.3 Multi-Agent 协同管理系统内部的通信

在 Multi-Agent 协同管理系统内，为实现供应链决策的最有优化，单一 Agent 的最优决策并不能代表整个供应链系统的优化，还需要考虑一个 Agent 的决策行为对于其他 Agent 以及整个供应链系统的影响。在协同系统中，所有 Agent 都需要相互共享信息、知识和任务，使各 Agent 获取支撑其决策的更多信息，从而做出最优决策。信息、知识和数据的相互共享对整个系统的运作效率影响巨大，从某种角度说，其是 Multi-Agent 系统实现供应链协同运作的基础，因此，Multi-Agent 系统中各个 Agent 间协同交互的最重要环节就是通信，Agent 间通过通信完成数据、信息和知识的共享，从而实现各 Agent 之间的协同运作。

1. Agent 间的通信机制

Agent 间的通信内容可以是“请求”“应答”“询问”“确定”等。在一个具体的 Multi-Agent 系统中，通信的内容还依赖于具体问题的背景和系统的实现。每个 Agent 都可以看作进程的并发系统，传统的进程间通信方式有如下几种[212]：

(1) 私线(Private-Line)方式：即只有调用和被调用的进程可以见到该通信，这种方式是直接通信，保密性好。

(2) 团线(Party-Line)方式：也叫黑板(Blackboard)方式，即把信息放在广泛可取的黑板上，实现广播通信。

(3) 预定点(Reserve-Spot)方式：每次把信息放在同一个预定的位置，该方式实现间接通信且具有保密性。

(4) 多黑板(Multi-Blackboard)方式：这种方式介于团线方式和预定点方式之间，黑板被划分为多个利益群体板块，各利益群体仅注意与其自己相关的黑板区域。

综合上面的 4 种通信方式的优缺点，在 Multi-Agent 中，把 Agent 间的通信方式一般分为两类，即黑板方式和消息传递方式。其中黑板方式与上面提到的团线方式相同，是广播通信；消息传递方式可以实现上面第一、第三种通信方式。对应于前者的是同步消息传递，对应于后者的是异步消息传递。

在 Multi-Agent 供应链中，一般使用两种方式的混合模式。对于那些对供应链中所有节点企业都可以公开的信息，把它放在黑板上，供应链中所有成员查阅，同时供应链中所有成员都可以在黑板上放入本企业或供应链的有关信息，可信度相对较低；对某些节点企业之间的保密信息，把它放入预先确定的预定点上，拥有权限的节点企业可以查阅这些信息并发表自己的观点，而链中其他成员则无权参与，可信度较高；而对一些绝密信息和实时信息则采用私线方式，在两个节点企业或核心企业和节点企业之间通过私线直接联系，这是一种同步信息传输方式，可信度最高。

2. Agent 通信语言的组成

最早研究 Multi-Agent 系统中 Agent 之间通信的是美国国防部，在 20 世纪 70 年代，美国国防部需要开发一个综合的战斗仿真系统，而在此以前美国国防部已经开发出许多独立的战斗仿真系统，如直升机仿真系统、坦克仿真系统等，为了使这些独立的仿真系统协调工作，美国国防部就为这些系统开发出了一些 Agent，然后由各 Agent 协调这些仿真子系统进行工作。这些 Agent 之间的通信使用了美国国防部先进项目研究局(DARPA)重新定义的通信格式，后来这种格式便发展为 Agent 间的通信语言 ACL(Agent Communication Language)。

对 ACL 进行系统的研究并制定相应标准的是 20 世纪 90 年代 ARPA 的知识共享工程 KSE(Knowledge Share Effort)。KSE 工程的目标是使原本孤立的自主式信息系统实现大规模的知识共享，并为此制定了一套 ACL 标准。该标准定义了一套基于声明的通信语言，从而把 Agent 的接口和实现分开，简化 Agent 协作开发。用不同的语言，以不同的方式开发的软件 Agent，只要都遵守 ACL 标准，它们之间就可以进行协作。ACL 由 3 个部分组成，包括公共信息模型、内部知识表达语言、外部通信语言。一个 ACL 消息由一组外部通信语言表达式组成，外部通信语言表达式的参数是内部知识表达语言格式的项或句子，内部知识表达语言的项或句子由公共信息模型中的术语单词组成[213~215]。

1）公共信息模型

公共信息模型是面向一般应用领域的开放字典。字典中的每个单词都由用户理解的语义描述，并说明了该单词在内部知识表达语言中的含义，并且新的应用领域和概念可以很方便地添加到字典中。

2）内部知识表达语言

内部知识表达语言是一种在不同计算机程序(由不同的程序员在不同的时间用不同的语言写成)间知识交换的正规语言，是用于不同 Agent 之间知识交换的形式语言。当一个程序阅读基于内部知识表达语言的一个知识库后，它首先将数据转化为它自己的内部格式，随后所有的计算使用它们的内部格式完成，当该程序需要与另一个程序通信时，它首先将其内部数据结构格式映射为内部知识表达语言，随后以内部知识表达语言进行传递。

3）外部通信语言

如果整个 ACL 均是内部知识表达语言形式的句子，Agent 的通信将是非常高效的，但是许多内部知识表达语言句子的组合会构成上下文语义，这时 ACL 必须提供发送者、接收者、消息时间、消息历史等方面的信息才能避免歧义，为此 ACL 提供了一个外部通信语言解决此问题。

外部通信语言定义了消息格式，同时也是消息和知识的交换协议，为实现多 Agent 间的交互提供了一个标准。用外部通信语言形成的知识共享语句使用公共语义符号解释机制，使 Agent 能够了解与之通信的 Agent 的意图，能够用公共语法解释消息内容，并使用公共语义模型理解消息内容的含义，从而能够相互了解对方的信念、目标和其他心智状态，可以协商完成更为复杂的通信功能。

3. Agent 通信语言的特征

整体来看，可把 Agent 通信语言的特征分为以下 7 类：形式、内容、语义、实现、网络、环境和可靠性，一个能满足这些要求的 Agent 通信语言就会很有价值[216～220]。另外，这些需求之间可能会相互矛盾，例如，一种语言很精确但人们往往很难理解，这就要求语言的设计者要根据实际问题的需要综合平衡这些需求。

1）形式

对于我们来讲，好的 Agent 通信语言应该是语法简单且易于理解的，并且语义精确，易于生成和进行分析。同时语言要在 Agent 之间进行传输就必须转换成传输机制认可的二进制数据流，所以语言的线性或转化为线性格式的容易程度需得到重视。最后 Agent 通信语言最终是要被集成到不同的系统中，因此其语法的可扩展性很重要。

2）内容

Agent 通信语言应该按照层次化的方式进行组织以更好地适应其他系统要求。尤其通信语言同内容语言之间要加以区分：通信语言要表达通信的行为，内容语言要表达应用域中的事实。这种层次化的组织方式在给对语言的理解提供了一个概念框架的同时，也使得语言与应用之间的集成更加容易。

3）语义

尽管通信语言的语义描述和它们的原语经常被限制为自然语言的描述形式，采用形式化程度更好的语义描述形式还是很重要的，这主要因为通信语言是要应用于许多不同的应用场景中的。不同的应用设计者应该对语言、原语及相关的协议有一定的共同理解，并且在应用开发中遵守这些规定。通信语言的语义应该具有任何其他语言必须具有的属性，它的设计应该基于一定的理论，并且不应该是模棱两可的。另外，通信语言应该具有规范的形式，相同的意思应该具有相同的表达方式。由于不同的应用要在不同的时间使用通信语言进行交互，通信语言在语义上应着重处理好时间和空间的问题。

4）实现

Agent 通信语言的实现应该是为用户提供一个高效率、通信速度快且充分利用网络宽带的通信环境。它应该同现有的软件技术相结合，接口要易于使用，网络层的细节应该封装在通信原语中。最后，通信语言应该允许部分实现，因为简单的 Agent 可能只需要部分通信操作。

5）网络

Agent 通信语言应该适应先进的网络技术，应该支持所有基本的联结形式：点对点式、广播式和多点传送方式等。通信语言的原语应该足够丰富，使得高层语言和交互协议可以在这些通信原语的基础上方便地构建。而且，这些构建的高层协议还应该独立于底层使用的具体传输机制。

6）环境

智能 Agent 工作的环境一般是分布、异构和动态的。在这样的环境中，Agent 要建立一个与外界进行通信的渠道，其通信语言必须提供工具处理由于异构和动态带来的一系列问题。通信语言应该支持与其他语言和协议进行的互操作，支持大规模网络系统中的知识发现，并且易于与现有系统实现连接。

7）可靠性

通信语言所支持的 Agent 间通信应该是可靠和安全的。两个 Agent 之间进行私下的交流，应该提供 Agent 授权机制。而且 Agent 不能被假设是完美无缺的，通信语言应该提供合理的机制识别错误信息，并且能够向用户发出错误报告和警告信息。

4. 内部知识表达语言

在 Multi-Agent 协同管理系统内，各 Agent 之间的通信需要统一的内容格式。目前，应用较多的 Agent 内部知识表达语言包括了产品模型数据交换标准（Standard for the Exchange Product model data，STEP）和可扩展标记语言（XML）。STEP 规定了产品设计、开发、制造，甚至产品全部生命周期中所包括的诸如产品形状、解析模型、材料、加工方法、组装分解顺序、检验测试等必要的信息定义和数据交换的外部描述，可在不同 Agent 的应用之间进行信息交换和互操作。XML 语言以其良好的数据存储格式、可扩展性、高度结构化、便于网络传输等特点，已经成为网络通用描述语言。XML 提供了丰富的语法存储数据、携带数据和交换数据，能方便地在独立的平台之间交换数据和针对特定的应用定义自己的标记语言。

5. 外部通信语言

对于 Multi-Agent 协同管理系统，目前最通用的两种外部通信语言是 KQML（Knowledge

Query and Manipulation Language，知识查询和操纵语言）和 FIPA-ACL。

1）KQML 语言

KQML 能通过提供丰富的消息类型及它们的语义去指导消息发送和接收行为，以促进 Agent 间通信的协调。KQML 规范定义了可扩充的行为原语（performative）的集合，这是其核心部分，它们定义了可作用于 Agent 彼此知识库和目标库的各种许可的操作。基于 KQML 的行为原语，可建立 Agent 之间交流的更高层的模型。

（1）基于 KQML 的 Agent 通信体系结构。

基于 KQML 的 Agent 通信体系结构如图 3-10 所示，它是围绕 KQML 路由器和 KQML 功能设施这两种特殊的程序建立的。在具体实现中，通常应该提供 KQML 路由器接口库区 KRIL，以便 Agent 程序与 KQML 路由器之间通信的实现。

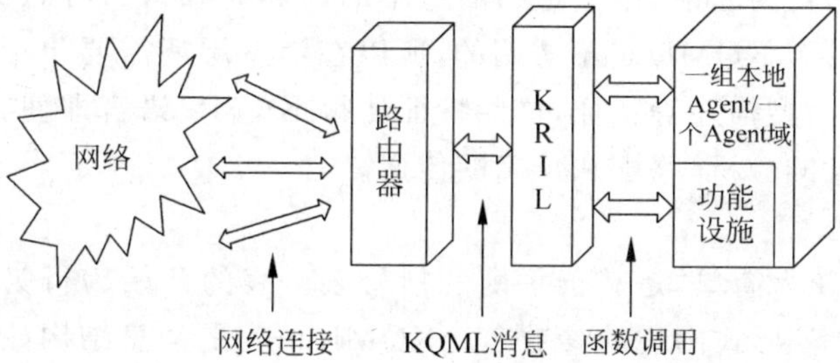

图 3-10 KQML 通信体系结构

路由器为应用程序与网络间的连接提供了接口，它既提供客户方的能力，也提供服务方的能力，可同时管理多个网络连接，并以异步方式处理 KQML 交互。路由器与消息所传递的具体内容无关。每个使用 KQML 语言的 Agent 都通过它自己的路由器与外界建立联系，路由器负责处理与之相连的 Agent 发出和接收的 KQML 消息。由于有路由器的支持，Agent 程序不必修改其内部结构便可异步接收来自于不同 Agent 的 KQML 消息，这对于集成已有的系统具有重要的意义。

在 KQML 体系结构中，为传送目标地址未完全表达的消息，路由器必须依靠功能设施。功能设施是提供网络服务的应用程序，它提供最简单的服务便是维护服务名字注册表，路由器可以利用功能设施帮助它找到信息的目的主机。此外，功能设施还可以直接将消息通过路由器送往服务的提供者，或者是在服务的提供者和需求者之间进行匹配。功能设施本身既可以是使用 KQML 进行通信的 Agent，也可以作为辅助帮助路由器为其提供消息处理。一般情况下，每一组本地的 Agent（或每一个 Agent 域）拥有一个功能设施，但是也可以提供多个功能设施以增加冗余度。在为多个网络中的 Agent 同时提供服务的情况下，通过一组分布的功能设施提供服务（类似于 Internet 的域名服务），则可以获得比集中方式更高的效率。

（2）KQML 结构分析。

在概念上，KQML 是一种层次结构型语言，可以将 KQML 分为三层：内容层、通信层和消息层。

内容层(Content Layer)：它是消息所包含的真正内容，用程序自己的表示语言表示。KQML 可以采用任何形式的表示语言，如 ASCII 字符和二进制数流等。重要的是所有 KQML 语言的具体实现都不关心消息中的内容的具体含义是什么。

通信层(Communication Layer)：它描述了与通信双方有关的一组属性参数，如发送方和接收方的身份、与此次通信相关的唯一标识等。

消息层(Messager Layer)：它构成 KQML 语言的核心部分，由它决定使用 KQML 语言的 Agent 的交互方式。消息层的基本功能是确定传递消息所使用的协议，并由发送方提供一个与内涵相关的行为原语，用于指明消息中的内涵为确认、询问、命令或其他已知的原语类型。通信内容对于 KQML 是不透明的，所以在消息层还需要包括描述内容语言、假设的本体、一些内容的类型描述等特征，这些特征使得 KQML 语言即使在内容不可知的情况下也能够实现对消息的分析、路由和正确的传递。

（3）KQML 语法。

KQML 的语法较为简单，是基于平衡的括号表。表的开始为行为原语的名称，其余部分为一组以"：关键字"形式出现的参数表。KQML 语言的消息结构如下：

```
(ask-one
        :sender Beijing
        :content(geoloc Chongqing(?long?lat))
        :receiver Inforserver
        :reply-with location-lax
        :language standard-prolog
:ontology geo-model3)
```

其中，ask-one 为 KQML 的一条用于询问的预留行为原语，sender、receiver、content、reply-with、language、ontology 为 KQML 预留的行为原语的参数。参数 content 的值是一个表达式，它必须符合参数 language 所指定的语言的语法，其中的常量必须在参数 ontology 指定的概念关系中有定义。Agent 之间多采用异步通信方式，所以利用参数 in-reply-to 和参数 reply-with 匹配发出的询问和收到的回答。ontology 参数指的是 content 参数使用的实体集的名称。

以上所举例子中的消息可以被解释为：Beijing 机场向 inforsevrer 询问有关 Chongqing 机场的地理位置，具体询问的内容采用 standard-prolog 的语法进行描述，在描述中采用术语集 geo-model3 中的术语。inforsevrer 在回答有关询问时，则采用 reply(有答案时)或 sorry(没有答案时)原语进行回答。

常用的预留的行为原语通常可分为以下几类：

- 基本询问原语，evaluate，ask-if，ask-in，ask-one，ask-all 等；

- 简单的询问回答原语,reply,sorry 等;
- 多重询问回答原语,stream-in,stream-all 等;
- 通用信息原语,tell,achieve,cancel,untell,unachieve 等;
- 发生器原语,standby,ready,next,rest,discard,generator 等;
- 能力定义原语,advertise,subscribe,monitor,import,export 等;
- 网络原语,register,unregister,forward,broadcast,route 等。

2) FIPA-ACL 语言

FIPA-ACL 语言是智能物理 Agent 基金会(FIPA)制定的 Agent 通信语言标准。语法上与 KQML 非常类似,在基本的概念和遵守的规则方面,KQML 与 FIPA-ACL 几乎是一样的。这两种语言的不同之处主要在于组成语义描述的层次方面:KQML 为先决条件(preconditions)、后置条件(postconditions)和完成条件(completionconditions);FIPA-ACL 为可行性先决条件(feasibility preconditions)和推理效果(rational effect)。

(1) 基于 FIPA-ACL 的 Agent 通信体系结构。

FIPA 是目前致力于 Agent 技术标准化的重要组织,它规定了 Agent 在体系结构、通信能力、知识表达能力、移动能力、管理和安全等方面的诸多内容。基于 FIPA 规范的 Multi-Agent 管理模型如图 3-11 所示。

图 3-11 基于 FIPA 规范的 Multi-Agent 管理模型

一个 Agent 平台中包括多个 Agent 及这些 Agent 的目录管理,它们都通过消息传输系统与外界其他 Agent 进行消息传输。同时,Agent 直接响应应用程序并反馈结果。此外一个 Agent 平台里有且仅有一个 Agent 管理系统,它负责 Agent 的命名、控制和定位服务,每个 Agent 必须注册到 Agent 管理系统中以便得到一个有效的、唯一的 Agent 标识(AID),Agent 管理系统会维护 AID 目录并且管理 Agent 生命周期。

(2) FIPA-ACL 语法。

FIPA-ACL 消息结构如下所示。

```
(inform
:sender(agent-identifier:name i)
```

```
:receiver(agent-identifier:name j)
:content
      "(price(bid,good))"
:language Prolog
:ontology bid
...
)
```

其中,inform 表示通信动作的类型,sender 表示发送信息者,receiver 表示接收信息者,一个发送方 Agent 可以对应多个接收方 Agent。content 表示发送的消息内容,language 表示消息所使用的语言,ontology 是消息本体,即表示双方都能够理解的消息概念说明和语义描述。此外,ACL 还有很多其他的消息参数,如消息回复对象、会话的协议类型等。

3.2.4 Multi-Agent 协同管理系统内部数据库

1. 数据库

实现 Multi-Agent 系统对供应链的协同管理,还需要建立一个系统内部的专用数据库加以支持,其主要分为动态数据库和静态数据库两类。动态数据库主要负责存储从外界搜集来的原始数据信息,如订单、库存信息、销售信息等与业务流程相关的数据;静态数据库主要负责存储各 Agent 自身的相关的数据以及其他一些支持系统协同决策的相关数据,例如,Agent 伙伴库(partner database)描述了协同环境下 Agent 之间的关系,并对各个 Agent 的能力进行判断,根据伙伴库中的信息进行协同事务安排;资源库(resource database)存储了各个 Agent 具有所有权和使用权的资源列表;模型库(model database)通常存储了多种决策模型,为 Multi-Agent 协同管理系统的决策提供服务支持;任务库(task database)则提供了各 Agent 所面对任务的逻辑描述。

2. 数据仓库

Multi-Agent 供应链协同管理系统中涉及多种数据源,如相似产品信息、相似客户信息、通用模块、各节点企业及各环节的数据等。但不同的数据有不同的格式,这些数据源要有效地集成起来,需要一种有效的技术体系。数据仓库技术即可以满足这一需求[221]。

数据仓库是一种是面向主题的、集成的、不可更新的(稳定性)、随时间不断变化(不同时间)的数据集合,用于支持经营管理过程中的决策制定[222]。在 Multi-Agent 供应链协同管理系统中,数据仓库充当着数据中心的作用,各种数据源都被集成起来集中流向数据仓库,避免了数据逐层流动造成的延误和失真,同时也有利于进行更进一步的数据挖掘。

Multi-Agent 供应链协同管理系统中销售、采购、制造、物流等活动所产生的信息量巨大,大部分的查询信息都以 HTML 形式存储在网页文件中,且原始数据一般不具有统一的规范格式,甚至无法直接将其存储到相关数据库中。因而,首先需使用批量处理的方法将大量协同供应链管理系统中的网页文件下载到本地，然后利用批量转换工具将有价值的数据提取出来并存入数据仓库中[223]。

3.3 Multi-Agent 协同管理系统的优势及其建立过程

3.3.1 Multi-Agent 协同管理系统的优势

供应链本身是由多个相互独立的节点企业组成的复杂网状结构，其本身即为一个典型的复杂系统，并且随着近些年市场需求变化的速度不断加快，其组织结构和运作流程的复杂程度也越来越大。而 Multi-Agent 技术最初即为分析复杂适应系统，解决大规模、复杂系统仿真计算问题而生。因此 Multi-Agent 技术在解决供应链协同问题上具有与生俱来的优势，具体可归纳为以下几点：

(1) 在 Multi-Agent 系统中，每个 Agent 具有独立性和自主性，能够解决给定的子问题，自主地推理和规划并选择适当的策略，并以特定的方式影响环境。

(2) Multi-Agent 系统支持分布式应用，所以具有良好的模块性、易于扩展性并且设计灵活简单，克服了建设一个庞大的系统所造成的管理和扩展的困难，能有效降低系统的总成本。

(3) 在 Multi-Agent 系统的实现过程中，不追求单个庞大复杂的体系，而是按面向对象的方法构造多层次、多元化的 Agent，其结果降低了系统的复杂性，也降低了各个 Agent 问题求解的复杂性。

(4) Multi-Agent 系统是一个讲究协调的系统，各 Agent 通过互相协调去解决大规模的复杂问题；Multi-Agent 系统也是一个集成系统，它采用信息集成技术，将各子系统的信息集成在一起，完成复杂系统的集成。

(5) 在 Multi-Agent 系统中，各 Agent 之间互相通信，彼此协调，并行地求解问题，因此能有效地提高问题求解的能力。

(6) Multi-Agent 技术打破了人工智能领域仅仅使用一个专家系统的限制，在 MAS 环境，各领域的不同专家可能协作求解某一个专家无法解决或无法很好解决的问题，提高了系统解决问题的能力。

(7) Agent 是异质的和分布的，它们可以是不同的个人或组织，采用不同的设计方法和计算机语言开发而成，因而可能是完全异质的和分布的。

(8) 处理是异步的，由于各 Agent 是自治的，每个 Agent 都有自己的进程，按照自己的运行方式异步地进行。

3.3.2 Multi-Agent 协同管理系统建立的步骤

利用 Multi-Agent 技术研究供应链协同管理问题，首先要通过对供应链全局的实际情况进行分析，确定该技术研究供应链问题的适用性。然后根据目标供应链系统的实际情况开始建立基于 Multi-Agent 技术的协同管理系统模型，基于 Multi-Agent 技术进行协同管理系统建模过程中的关键问题主要包含以下 3 点，整个建模过程也主要围绕此 3 点问题展开。

(1) 对供应链系统进行 Agent 抽象。根据实际供应链系统的物理分布和目标要求，将供应链系统中的相应实体或特定功能抽象为 Agent。这里的 Agent 是一个自治的计算实体，即软件 Agent，它能真实地反映出其相对应的供应链系统中实体的自治特性以及行为和状态。

(2) Agent 之间的交互。组成系统的 Agent 为实现自己和系统的特定功能，它们之间需要交换数据、信息和知识并提供服务，所以必须要进行交互。

(3) Agent 的智能。根据研究需要和技术的可行性，使 Agent 具有合适的智能特性。

整个基于 Multi-Agent 技术的协同管理系统模型构建是一种自上而下的建模过程，其基本步骤如图 3-12 所示，分为 Agent 识别、MAS 体系结构的建立和 Agent 模型的建立三个部分。

(1) 识别 Agent。识别系统中所有反映问题域和系统目标的实体，并将其确定为相应的 Agent，解决的关键问题在于抽象粒度和抽象内容。

(2) MAS 体系结构的建立。将系统 Agent 进行集成，解决的主要问题在于 Agent 之间的层次关系和 Agent 之间的交互，其中 Agent 之间的交互包括通信和协调问题。

(3) Agent 模型的建立。主要是确定 Agent 的结构和特征，同时确定其内部状态和行为规则、内部状态指变量等，行为规则则指函数和方法。

在 MAS 模型构建完成后，最后需通过计算机仿真平台验证和确定模型的实用性。Multi-Agent 协同管理系统模型中 Agent 作为一种计算实体而存在，因此所构建出来的模型实质上是一组程序，这种独有的特点为研究人员对系统仿真和应用开发研究提供了有利条件[227]。整个系统仿真过程如图 3-13 所示。

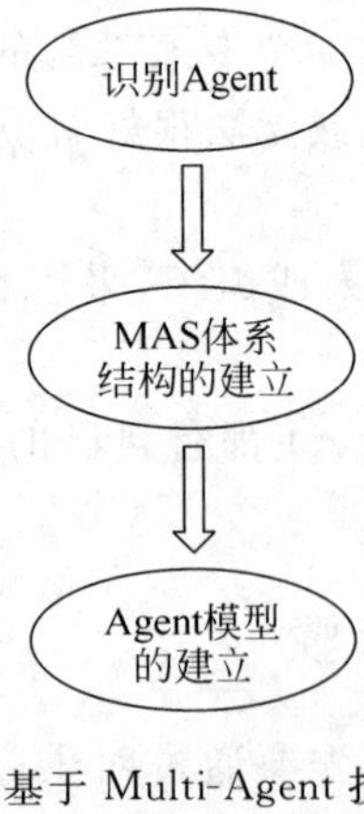

图 3-12 基于 Multi-Agent 技术的协同管理系统模型构建流程

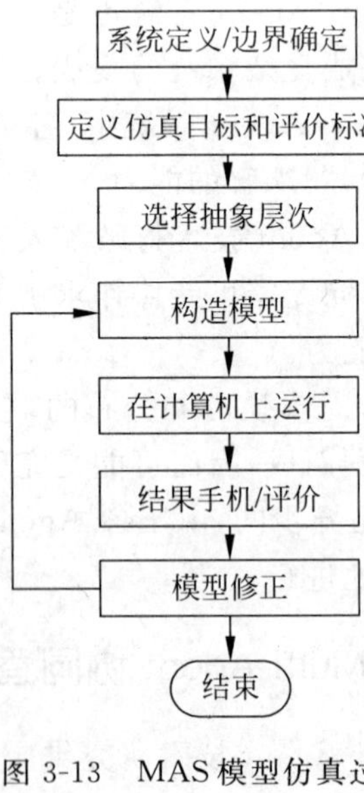

图 3-13 MAS 模型仿真过程

3.4　Multi-Agent 协同管理系统常用开发平台

Multi-Agent 系统有多种开发平台，目前使用最为广泛的是基于 JADE 平台开发 Multi-Agent 系统。JADE(Java Agent Development Framework)是一个遵循 FIPA 规范的、完全由 Java 语言编写的 Multi-Agent 系统开发框架，它能与所有的 Java 开发平台和技术集成，提供多个功能包和图形管理界面。Multi-Agent 之间的信息传递、信息解析、信息编码以及 Agent 的成长周期等都可以在 JADE 平台下实现，因此 JADE 非常适用于 Multi-Agent 协同管理系统的开发。

为了方便 Multi-Agent 系统的开发，JADE 提供了两个重要组成部分：遵循 FIPA 的 Agent 开发平台和开发 Agent 的软件包。其中，JADE 开发平台具有以下特点：

(1) JADE 是分布式的 Agent 开发平台，支持异步编程 Agent，并具有安全性、动态性等特点。同时 JADE 平台提供了一些可以减少系统开发人员编写 Agent 时工作量的编程接口以节约开发时间。

(2) 不同的 Agent 之间都可以随时随地自由发送和接收信息，无论它们是不是在同一容器内。

(3) 系统中的每个 Agent 都遵循 FIPA 标准，并具有唯一的标识。

(4) JADE 提供一系列 GUI 图形工具，包括管理 Agent 远程通信的 RMA 图形控制台、全图形界面的目录服务器(DFGUI)，同时它还提供了多种辅助 Agent 模型，包括用于监视和调试的虚拟 Agent、监控消息传输的监视器 Agent 以及检测 Agent 的生命周期、交换的信息和正在执行行为的内测 Agent 等。

第 4 章

基于Multi-Agent技术的供应链协同管理系统的构建

目前全球经济受 2009 年金融危机的影响依然没有完全走出阴霾，但这场席卷全球的金融危机也让各国重新认识到制造业对国民经济和社会发展的重要性，美国、德国等发达国家均开始重新给予本国制造业更多的关注，并提出相应的制造业振兴和发展计划。通过总结国内外对供应链协同问题以及基于 Multi-Agent 技术的协同管理系统建模及仿真问题的研究现状，本章将针对以制造商为核心企业的三级供应链系统，构建一套完整的基于 Multi-Agent 技术的供应链协同管理系统模型。

4.1 研究对象背景分析

全球金融危机严重拖累了全球经济增长，不论发达国家还是新兴经济体国家至今经济仍难言复苏，世界各国纷纷意识到实体经济尤其是制造业在创造就业、拉动增长等方面的重要作用，欧美发达国家纷纷推行重振本国制造业的相关战略。美国出台了一系列振兴本土制造业“组合拳”，如“重振美国制造业框架”“美国制造业促进法案”“先进制造业伙伴计划”“美国制造业复兴计划”和“先进制造业国家战略计划”等；在欧洲，德国实施了以工业 4.0 为代表的高科技战略计划，通过信息化与工业化的融合提升智能制造水平，是实体物理世界与虚拟网络世界的融合；此外，中国作为世界制造业第一大国，也同步提出了“中国制造 2025”战略，力图实现中国制造业的转型升级，着力扭转“花拳绣腿难敌坚船利炮”的不利局面[228]。因此在当前形势下，对制造商主导型供应链协同问题的研究很有必要。

制造商主导型三级供应链是指围绕核心制造企业，通过有效控制物流、信息流、资金流等，从零部件原材料的供应开始到制成成品，最后由分销商网络将成品送到消费者手里的整个过程。如图 4-1 所示，该过程将供应商、制造商、分销商、消费者连成了一个复杂的功能网链，这是一个典型的复杂系统。

目前在传统的制造商主导型三级供应链协同管理中，成员企业已经对供应链协同管理

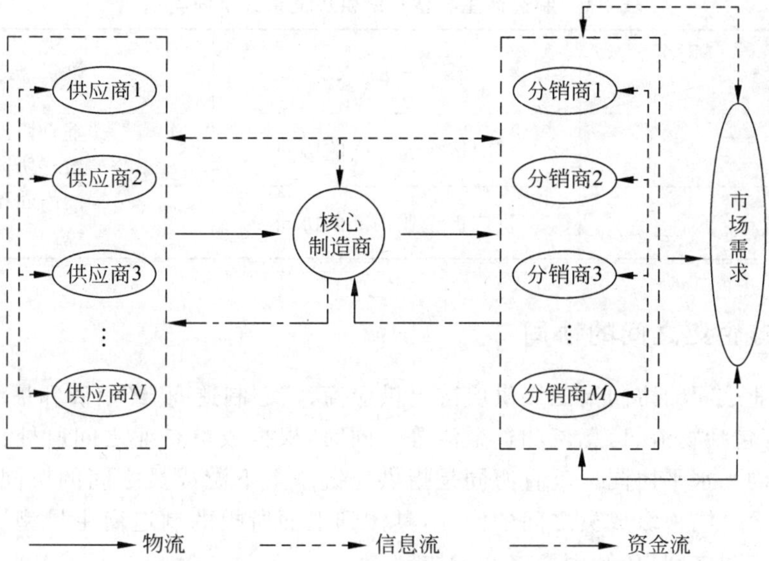

图 4-1　制造商主导型三级供应链系统模型

在生产和销售过程中所起的决定性作用具有一定的认识，但是薄弱环节更多在于成员企业对于供应链系统整体性的理解以及整个供应链系统内部信息的共享和交互还不够完善。制造商主导型三级供应链在实际运行的过程中，各成员企业往往只追求自身利益，而忽略了彼此之间协同带来的供应链整体利益的增长；同时，在制造商主导型三级供应链中，各成员企业之间的信息交互成为了限制整个供应链系统发展的一道障碍，作为制造商主导型三级供应链中的核心企业，制造商往往信息化程度较高，而与其合作的上下游供应商和分销商的信息化程度则可能较差，制造商与供应商和分销商之间不能实现信息系统的实时对接以进行信息交互和共享，这势必会降低供应链运作的协同程度和效率，增加供应链整体的反应时间。鉴于以上所述存在的整体协同和信息交互问题，本书基于 Multi-Agent 技术及相关供应链协同理论，针对制造商主导型三级供应链建立合适的协同管理系统模型。

4.2　供应链协同类别与业务流程分析

4.2.1　供应链协同类别分析

基于前文给出的供应链协同定义，同时综合分析国内外相关研究现状，本书从微观和宏观两个方面对上面所提的制造商主导型三级供应链系统的协同进行类别划分，如表 4-1 所示。

表 4-1 制造商主导型三级供应链系统协同类别

层次 类别	第一层次	第二层次
宏观	供应链企业之间的协同	垂直协同 水平协同
微观	供应链企业内部的协同	部门间协同 部门内协同

1. 供应链企业之间的协同

供应链企业之间的协同指三级供应链上供应商、核心制造商、经销商和最终用户之间的协同，协同内容包括物流、信息流和资金流等。同时，根据成员企业之间所处位置关系又可细分为垂直协同和水平协同。垂直协同是指供应链中上下游成员之间的协同，而水平协同则指的是供应链上同一级成员之间的协同，具体到上面所提的制造商主导型三级供应链系统则是指各供应商之间、各经销商之间的协同。

2. 供应链企业内部的协同

供应链企业内部的协同指三级供应链中各成员内部各项活动的协同，包括销售、生产、物料和库存等各部门之间的协同。同时，还可以进一步划分为各部门之间的协同以及各部门内部的协同。其中，部门间的协同是指供应链成员内部不同功能部门之间的协同，部门内部协同则指供应链成员内部一个功能内部的各项活动之间的协同。

4.2.2 供应链业务流程分析

1. 供应链中成员企业内部信息协同

三级制造商主导型供应链的核心就是制造商。本书以核心制造商为例，分析供应链中成员企业内部的信息共享协同过程。核心制造商内部协同是指在销售、制造和物料之间的信息共享协同，如图 4-2 所示。销售部门接收来自经销商的订单信息、来自物料部门的库存信息和生产部门的生产计划和能力信息确定订单交付日期并按时向外部交付产品。生产部门根据销售部门提供的订单信息和相应的预测信息及物料部门提供的提前期信息下达生产计划，同时将生产计划和能力信息传递给物料部门，以方便其制定采购计划和调整库存。由此可见，通过订单管理、生产、物料之间的信息共享协同可以实现供应链核心企业的内部协同。

2. 供应链成员企业外部协同

供应链企业外部信息共享协同主要包括核心制造商与经销商之间的协同、核心制造商与供应商之间的协同、供应商与经销商之间的协同。其协同过程如图 4-3 所示。

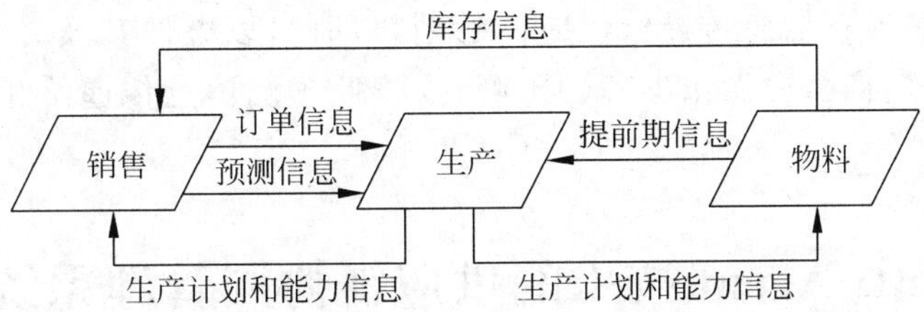

图 4-2 制造商主导型三级供应链系统核心企业内部协同

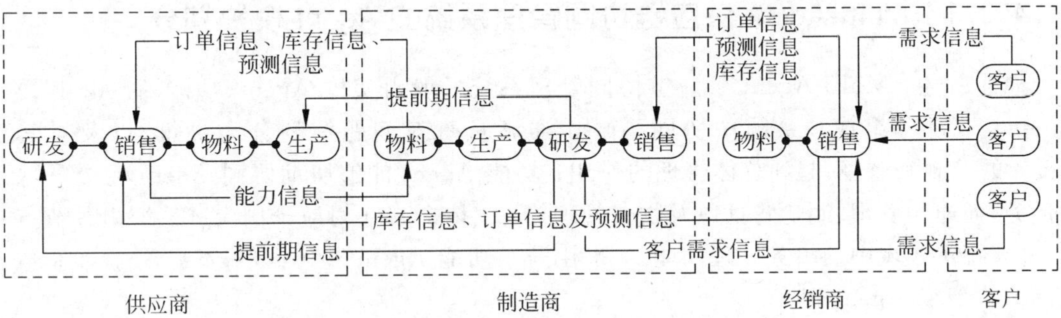

图 4-3 制造商主导型三级供应链系统内企业外部协同

1）核心制造商与经销商之间的信息共享协同过程

核心制造商与经销商之间的协同信息包含有订单信息、客户需求信息、库存信息及分销商对于市场的预测信息等。经销商根据以往的经验对于市场进行预测，并与库存信息及未完成的订单信息一起传递给核心制造商，以便其能适时调整生产计划，减少为需求波动而产生的库存。同时，在与客户达成购车协议之前，经销商首先根据自己的成品车库存水平及核心制造商的库存水平，对客户做相应的承诺，并告知其成品车供应可能存在的问题，以提高客户满意度。除此之外，对于客户的需求还应做相应的调查和分析，并将此类信息传递给核心制造商的研发部门，这样有利于新产品的开发。

2）核心制造商与供应商之间的信息共享协同过程

核心制造商与供应商之间的协同信息包括订单信息、库存信息、预测信息和能力信息等。核心制造商的物料部门会将订单信息、库存信息、预测信息传递给供应商的销售部门，销售部门据此信息做相应的生产计划。与此同时，供应商的销售部门也要将自身能力信息反馈给核心制造商的物料部门，以避免产生缺货损失。在产品研发上，核心制造商的研发部门必须将提前信息传递给供应商的生产部门和研发部门，保持两者之间的产品的同步更新。因此，新产品的并发速度得以提高，加快新产品的量产化。

3）供应商与经销商之间的信息共享协同过程

供应商与分销商之间的协同信息包括库存信息、订单信息、预测信息等。这个协同过程主要涉及的是备件流。经销商根据客户的需求，查询库存信息，如果库存满足需求，则立刻为客户提供产品，如果客户需求超出库存水平，选择具有优先级的客户提供服务。同时，将未满足的订单信息和库存信息传递给供应商的销售部门，以方便其及时进行配货。对于备件的市场需求量，经销商需要做出准确的预测，并将此预测信息传递给相应的供应商，以减少缺货损失。

4.3 基于 Multi-Agent 技术的供应链协同管理系统设计

4.3.1 Multi-Agent 供应链协同管理系统的 Agent 模块划分

如前所述，Multi-Agent 供应链协同管理系统一般由实体 Agent、功能 Agent 和协同 Agent 这 3 部分组成。系统中协同 Agent 通常负责对问题的划分与决策，以及对其他 Agent 的控制和监督，起到总体管理的作用；功能 Agent 能够协助协同 Agent 完成一些系统任务，如通信管理、制造管理以及物流管理等；实体 Agent 对应于供应链系统内各节点企业，具有特定领域中的事务处理功能，一般由若干功能 Agent 和协同 Agent 组成，如制造商 Agent、供应商 Agent 等。

对基于 Multi-Agent 技术的供应链协同管理系统的 Agent 模块进行划分时，为了使其具备 Agent 的特点，应遵循以下规则：

(1) 独立性。划分的 Agent 模块可以单独完成某个任务和活动。

(2) 层次性。任务需要进行多次分解，直到化解为最简单、最易于处理的任务为止。

(3) 次序性。在执行一项任务的过程中，Agent 需要按顺序行动。

本书的三级供应链是一个由供应商、核心制造商、经销商和客户组成的复杂网络系统，针对其建立基于 Multi-Agent 技术的供应链协同管理系统同样也包括了以上三类 Agent。其中实体 Agent 包括协调中心 Agent、供应商 Agent、核心制造商 Agent、分销商 Agent；功能 Agent 包括制造 Agent、物流 Agent、通信 Agent 等；协同 Agent 包括生产计划 Agent、供应计划 Agent、物料计划 Agent、销售计划 Agent、销售分析 Agent、订单管理 Agent、库存管理 Agent、供应商管理 Agent、数据管理 Agent、状态管理 Agent 等。

4.3.2 Multi-Agent 供应链协同管理系统的总体架构设计

本书根据上述三级供应链的实际情况，结合 Multi-Agent 技术的相关理论及规则，构建基于 Multi-Agent 技术的三级供应链协同管理系统模型，如图 4-4 所示。

总体模型中包括若干供应商 Agent、一个核心制造厂 Agent、若干分销商 Agent 和一个协调中心 Agent，它们都是自治的实体 Agent。模型整体上分为两个层级，其中模型顶层为一个协调中心 Agent，里面存储着整个模型中所有实体 Agent 的情况及运行状态信息，用于对各实体 Agent 的全局协调，避免各实体 Agent 在运行中产生冲突，能够协调供应链中各实体 Agent 的信息交换和运作过程，加强了各实体 Agent 间的协作。模型下层由各实体

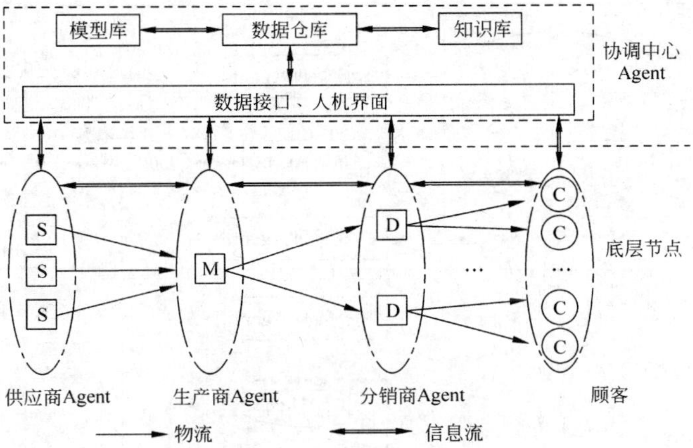

图 4-4 基于 Multi-Agent 的供应链协调总体模型结构

Agent 组成，每个实体 Agent 模块又需要管理其下属的所有功能 Agent，这里实体 Agent 是其内部各功能 Agent 与外部沟通的代表。在此框架结构中，协调中心 Agent 和供应链各节点企业对应的实体 Agent 以及供应链各节点企业对应的实体 Agent 及其内部的各种功能 Agent 之间分别构成了类似于 C/S 的模式。

4.3.3 Multi-Agent 供应链协同管理系统的 Agent 模块设计

根据上面对基于 Multi-Agent 技术的三级供应链协同管理系统总体架构的设计可知，协同管理系统内部包含有协调中心 Agent 模块、供应商 Agent 模块、核心制造商 Agent 模块、经销商 Agent 模块，以下将对 Multi-Agent 协同管理系统内各实体 Agent 模块进行具体的设计工作。

1. 协调中心 Agent 模块设计

协调中心 Agent 负责整个供应链系统中实体 Agent 间的信息共享、协同运作、方案优化等任务，在整条供应链中起着十分重要的作用。参考刘昕露[229]在其论文《基于分布式多 Agent 的供应链协调仿真模型研究》中所给出的协调中心 Agent 模块，并结合所研究的三级供应链的实际情况，本书设计的基于 Multi-Agent 技术的协调中心 Agent 模块结构如图 4-5 所示。

协调中心 Agent 主要由信息存储库及各功能 Agent 和协同 Agent 组成，负责整个供应链中各实体 Agent 间的协调任务，在整条供应链中起着十分重要的作用。信息存储库又包含 3 个子库，分别为模型库、数据仓库和知识库。功能 Agent 包括通信 Agent。协同 Agent 包括构成管理 Agent、运营管理 Agent、数据管理 Agent 和状态管理 Agent。信息存储库及各功能 Agent 和协同 Agent 的具体任务如下所示。

(1) 构成管理 Agent：以 XML 格式的文件完成整个系统网络的节点数据和整个运作

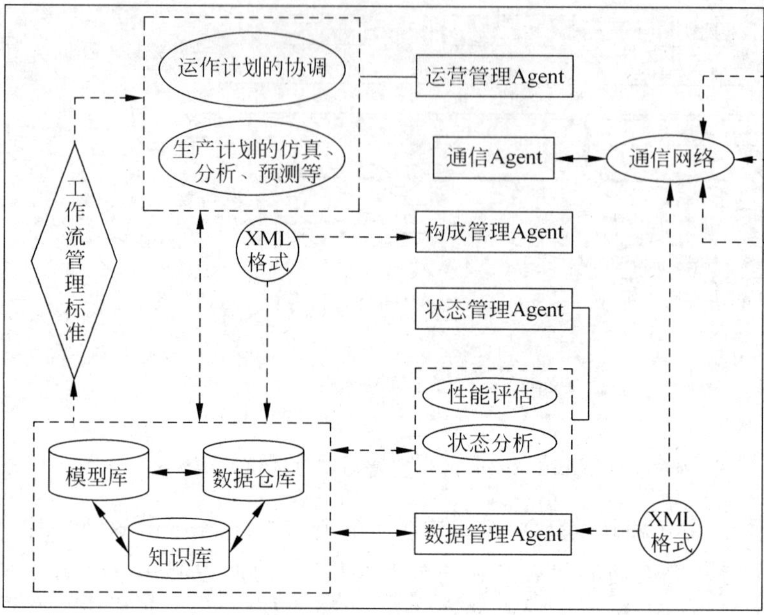

图 4-5 协调中心 Agent 模块结构图

模式的构建任务，并根据系统运行的情况执行对数据节点的转换、修改和增删等操作，以及对运行模式的修改和更新。

(2) 运营管理 Agent：为核心企业提供辅助的生产计划仿真、分析和预测服务，并在协调的状态下借助模型库完成对运作计划的协调任务，所有这些操作得以实现的依据是一个已有工作流管理定义下的序列。

(3) 数据管理 Agent：负责管理来源于外部 Agent 的各种数据，具体为负责接收供应商 Agent、分销商 Agent 和核心制造商 Agent 传来的 XML 格式数据，再将该数据转换为其传输最终目的地的数据存储格式，它的作用是确保传递的数据在进入内部其他 Agent 或信息存储库时与其中的数据格式一致；同时它也负责管理信息存储库的数据，包括数据的收录、发送和更新等。

(4) 状态管理 Agent：通过状态分析来监控整个供应链系统的状态，完成状态管理和性能评估任务。在 Agent 运行过程中使用到的数据均来自于数据仓库。此外，性能评估中还要使用知识库，该库中存储了与每个 Agent 相关的各种知识。

(5) 通信 Agent：通过集成上述提到的 3 个库，用于完成供应链中各 Agent 间的数据传递和数据交互工作，实现模型的信息共享。网络中的信息通信仍然采用 XML 文件作为数据交换格式进行数据传递。

(6) 模型库：通常包括多种决策模型，如销售预测模型、库存预测模型和采购预测与运输模型等，通过这些模型的驱动，以及数据、模型、知识的集成，为供应链的决策支持系统提供服务支持。

(7) 数据仓库：存储着大量的信息，包括 Agent 运行过程中使用到的数据、供应链上各 Agent 实体的数据信息、外部用户的若干数据以及系统使用和维护中产生的数据等，它是协调中心乃至整个供应链模型能够顺利运行的重要信息来源。

(8) 知识库：用来为企业的决策提供支持服务的，是实现高层次集成的条件，尤其在企业数据冗余的情况下，如何利用数据挖掘技术对定性数据加以处理，实现 Agent 的信息集成和知识发现十分重要。

在整个模型的运行过程中，上述信息存储库及各功能 Agent 和协同 Agent 之间的信息并不是孤立的，它们通过各类应用接口，如数据存取接口、模型调用接口和知识推理接口等，实现数据共享、信息交互以及对流程的协同管理等功能。

2. 核心制造商 Agent 模块设计

核心制造商 Agent 模块设计的出发点在于，当它进行生产计划时，可能是为供应链中的一个节点服务，但相关信息可以被传递给其他节点，或是从别的节点接收信息，从而可以得到最优且实时的生产协调处理结果。如果当计划中需要其他信息时，核心制造商 Agent 中的相关功能 Agent 或协同 Agent 可以发出询问，如向协调中心 Agent 询问订货量或是直接从数据仓库中提取相关资料；同时，当用户想了解他们订购的货物什么时候可以到达时，分销商 Agent 又可以向核心制造商 Agent 询问生产和储备等相关信息。本书设计的基于 Multi-Agent 技术的核心制造商 Agent 模块结构如图 4-6 所示。

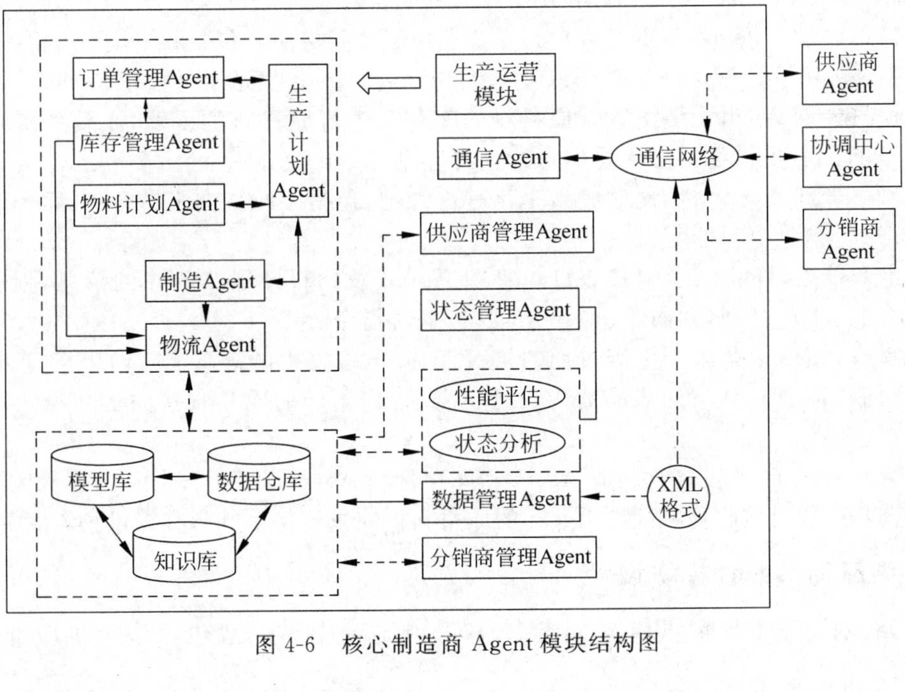

图 4-6　核心制造商 Agent 模块结构图

核心制造商 Agent 由信息存储库、生产运营模块及其他各功能 Agent 和协同 Agent 组成。其中信息存储库同样包含有模型库、数据仓库和知识库这 3 个子库；整个生产运营模块由订单管理 Agent、物料计划 Agent、库存管理 Agent、生产计划 Agent、制造 Agent 和物流 Agent 组成；而其他功能 Agent 和协同 Agent 则包括通信 Agent、供应商管理 Agent、分销商管理 Agent、数据管理 Agent 和状态管理 Agent。信息存储库具体任务与其在协调中心 Agent 中的具体任务基本相同，而生产运营模块和其他各功能 Agent 和协同 Agent 所负责的具体功能主要如下所示。

(1) 通信 Agent：用于完成整个仿真模型中核心制造商 Agent 与其他 Agent 间的数据传递和数据交互。

(2) 供应商管理 Agent：主要负责对上游供应商进行管理，包括评价其服务水平，并进行不同情况下原材料采购优先权的设定等。

(3) 分销商管理 Agent：主要负责对下游分销商进行管理，包括评价其销售业绩，以及进行不同情况下产品分配优先权的设定等。

(4) 数据管理 Agent：同上面的协调中心 Agent 模块中数据管理 Agent 的功能类似，负责接收外部传来的 XML 格式数据，并进行格式转换，确保其与最终传输目的地的数据格式相一致；同时其也负责信息存储库中数据的收录、发送和更新等管理功能。

(5) 状态管理 Agent：根据性能评估和状态分析的情况，监控整个核心制造商 Agent 的系统状态。与协调中心 Agent 中的该功能 Agent 类似，状态管理 Agent 使用到了数据仓库和知识库，它能对其中定性的数据加以处理，从而确定出评估标准中的某些指标。

(6) 生产运营模块：由订单管理 Agent、物料计划 Agent、库存管理 Agent、生产计划 Agent、制造 Agent 和物流 Agent 组成并各司其职。

① 订单管理 Agent：负责对客户订单进行处理，主要任务包括接收订单、检查库存、向库存管理 Agent 下达派送产品指令以及向生产计划 Agent 发送生产需求信息等。

② 物料计划 Agent：负责管理原材料的库存及进行原材料的采购，主要任务包括制定原材料采购计划、提供物料可用量信息给生产计划 Agent 等。

③ 库存管理 Agent：负责对成品库存进行管理，包括接收和向下游分销商派送成品、对成品库存进行信息资料的更新。

④ 生产计划 Agent：负责接收订单管理 Agent 及物料计划 Agent 的信息，根据这些信息制定适当的生产计划，并向制造 Agent 下达生产指令。

⑤ 制造 Agent：是整个生产过程的执行者，并负责将生产信息汇报给生产计划 Agent，此外它可向物流 Agent 发送成品的物流运转需求，将生产的成品直接向客户派送或转运至库存。

⑥ 物流 Agent：负责接收制造 Agent 和库存管理 Agent 的成品发货及入库物流指令并为提供物流服务，同时接收物料计划 Agent 的原材料供应物流指令并为其提供物流服务。

3. 供应商 Agent 模块设计

在三级制造商主导型供应链系统中，核心制造商上游一般包含多个供应商，供应商

Agent也是该供应链系统中不可缺少的一个环节。供应商Agent模块的设计目的也是为了完成其生产和运用的协同管理功能，如模拟供应商企业的生产过程、模拟企业的资源规划系统、与协调中心Agent模块进行信息交换等，本书设计的基于Multi-Agent技术的供应商Agent模块结构如图4-7所示。

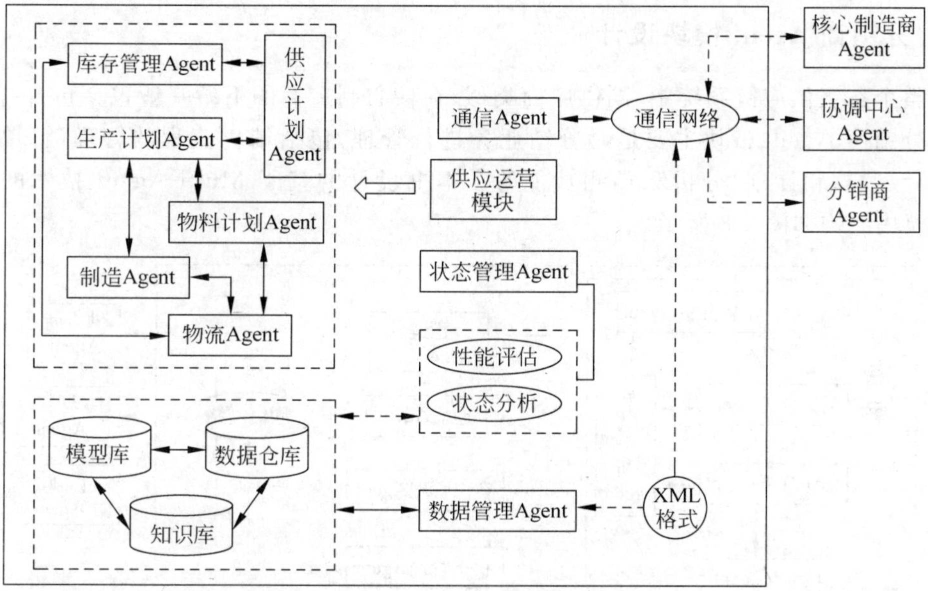

图4-7 供应商Agent模块结构图

供应商Agent除包含由模型库、数据仓库和知识库组成的信息存储库外，还拥有供应运营模块以及其他各功能Agent和协同Agent。供应运营模块由库存管理Agent、供应计划Agent、物料计划Agent、生产计划Agent、制造Agent和物流Agent组成；而其他各功能Agent和协同Agent包括通信Agent、数据管理Agent和状态管理Agent。除供应运营模块外，信息存储库及其他各功能Agent和协同Agent的具体任务与其在其他实体Agent中的具体任务基本相同，而供应运营模块的具体任务如下所示。

(1) 库存管理Agent：负责对供应商的成品库存进行管理，包括接收和向下游制造商派送成品、对成品库存进行信息资料的更新。

(2) 供应计划Agent：负责接收客户订单，并根据库存管理Agent的库存信息进行库存检查，从而制定适当的供应计划，同时可向库存管理Agent和生产计划Agent分别发送成品派送指令和生产需求信息。

(3) 生产计划Agent：负责接收供应计划Agent的生产需求信息，及物料计划Agent的物料可用量信息，根据这些信息制定适当的生产计划，并向制造Agent下达生产指令。

(4) 物料计划Agent：与其在核心制造商Agent中的功能类似，负责管理原材料的库存及进行原材料的采购。

(5) 制造 Agent：与其在核心制造商 Agent 中的功能类似，负责执行产品的生产以及向物流 Agent 发送物流运转需求。

(6) 物流 Agent：与其在核心制造商 Agent 中的功能类似，负责接收制造 Agent、库存管理 Agent 和物料计划 Agent 的相关物流指令并为提供物流服务。

4. 分销商 Agent 模块设计

在整个三级供应链系统中，同供应商类似，在核心制造商的下游一般也会包含有众多分销商。分销商 Agent 模块主要是对分销业务进行管理，包括销售流程的管理(订单管理)、销售统计、预算和计划、分析和预测功能等。本书设计的基于 Multi-Agent 技术的分销商 Agent 模块结构如图 4-8 所示。

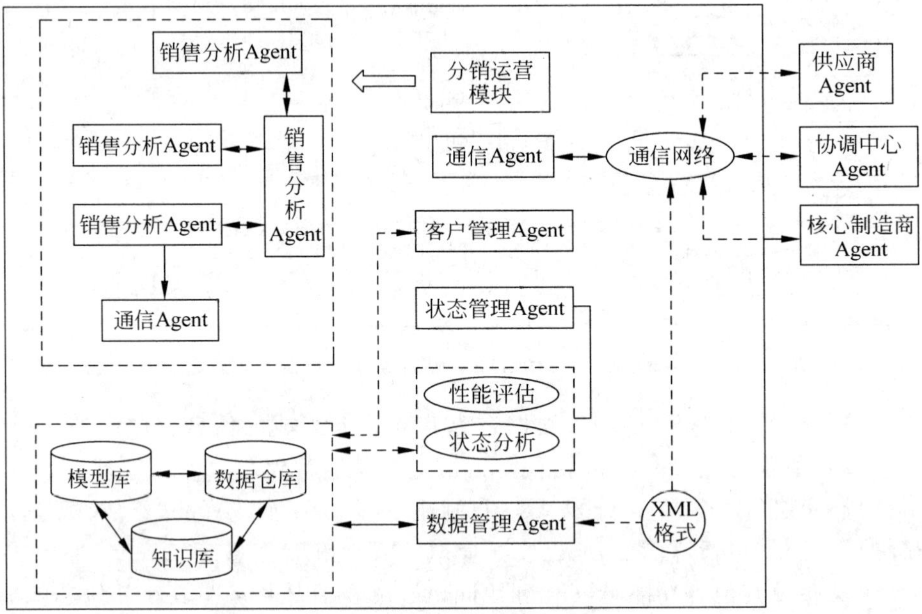

图 4-8 分销商 Agent 模块结构图

分销商 Agent 主要由信息存储库、分销运营模块以及其他各功能 Agent 和协同 Agent 组成。同系统内其他各实体 Agent 类似，信息存储库同样由模型库、数据仓库和知识库组成；而分销运营模块则由库存管理 Agent、销售计划 Agent、订单管理 Agent、销售分析 Agent 和物流 Agent 组成，具体任务如下所示。此外，其他各功能 Agent 和协同 Agent 包括通信 Agent、数据管理 Agent、状态管理 Agent 和客户管理 Agent，其中客户管理 Agent 的具体任务如下，其余 3 个 Agent 的具体任务与在其他实体 Agent 中的相同。

(1) 客户管理 Agent：主要负责对客户信息的收集、统计和管理，并进行初级的客户数据分析工作。

（2）分销运营模块。

① 库存管理 Agent：负责对分销商的成品库存进行管理，包括接收和下游客户派送成品、对成品库存进行信息资料的更新。

② 订单计划 Agent：主要负责包括订单的处理、订单的确认、订单状态管理，以及订单出库和订单查询等。

③ 销售计划 Agent：接收来自订单管理 Agent 的订单信息，并与库存管理 Agent 进行交互，从而制定合理的销售计划，可向库存管理 Agent 和上游核心制造商 Agent 分别发送成品派送指令和补货需求信息。同时销售计划 Agent 还可接收销售分析 Agent 的相关分析数据，并据此进行订单和库存等方面的操作。

④ 销售分析 Agent：主要负责销售统计功能、预算和计划功能、分析和预测功能等，并可将分析结果发送到销售计划 Agent，以支持其做出正确的销售决策。其中销售统计可以查询某个产品、某地区的销售情况，并可形成周/月报表；而预算和计划功能则可根据企业业务要求，参考本月发生额，就下个月份的资金（进出）、库存（进出）、人员、运输等因素进行预算申请及相应的业务计划，并通过内部流程的审批；分析和预测功能主要是对销售管道中的线索来源、销售机会、销售进度和客户组织结构等进行分析。

⑤ 物流 Agent：负责接收库存管理 Agent 的相关物流指令并为提供物流服务。

4.3.4　Multi-Agent 供应链协同管理系统的内部通信设计

1. 异构数据的交换设计

由于本书所建立的 Multi-Agent 供应链协同管理系统内部的各实体 Agent 是分布于供应链系统中各企业中的，因此涉及各企业间的数据传递，即各实体 Agent 模块各自数据库间数据接口和数据交换的设计。如分销商获得一批订单后，要将具体数据传送到核心制造商，核心制造商又要根据供应商的现有生产能力和库存状况数据来制定生产计划并进行生产。所有这些数据都是存储在各企业数据库中的，它们采用的是不同的数据库管理系统，需要共享的是异构数据，所以需要进行数据接口和数据交换的设计，这样才能实现各实体 Agent 间数据的相互传递和共享。

这里通过建立分布式环境下异构数据交换机制来实现各实体 Agent 模块间的数据共享和传递，其本身是一种解决复杂网络中各个节点之间相互交换异构数据问题的通信机制，它规定了网络中分布的子系统之间所存储的同构或异构数据库之间交换的信息格式及交换方式，使这些分布的、采用不同格式标识的数据可以透明地、自动地进行交换。本书为所构建 Multi-Agent 供应链协同管理系统设计了基于 XML 的分布式异构数据交换机制，如图 4-9 所示。

在图 4-9 描述的基于 XML 的分布式异构数据交换机制中，以异构的形式存储数据的数据库之间相互通信的机制包含以下 4 点元素：

（1）供应链中各成员自己的数据库，即以各实体 Agent 自己的数据格式存储数据的数

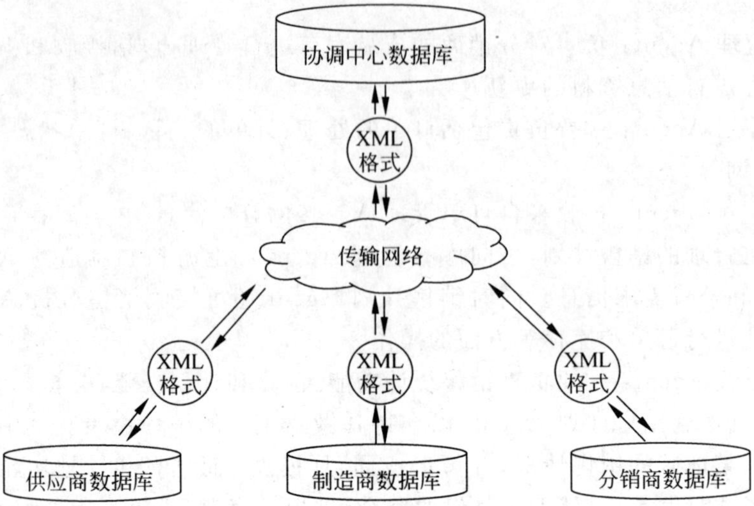

图 4-9 Multi-Agent 协同管理系统模型内基于 XML 的异构数据传输机制

据库，如 Oracle 或 SQL Server 等；

（2）公共格式数据，以整个 Multi-Agent 管理系统公共可识别的数据格式存在的数据；

（3）传输网络；

（4）数据标准，是对在 Multi-Agent 管理系统内各实体 Agent 间传输的数据，其内容结构的一种规定，本书中设定 XML 格式为统一的数据标准，即数据提供者提供的数据一定是 XML 格式的，数据接收者收到的也一定是 XML 格式的，从而使数据正常传送。

在本书设计的基于 XML 分布式环境下的异构数据交换机制中，数据源实体 Agent 从自身内部的信息存储库中读出要传送的数据，然后通过其自身的 XML 格式转换程序将数据转换成 XML 格式的公共数据，再通过传输网络把公共格式数据发送到供应链系统内的目的实体 Agent，目的实体 Agent 收到此 XML 格式数据后，使用其自身的 XML 格式转换程序将此 XML 格式的数据转换成其自身内部数据库认可的数据格式并存入目的数据库，这样就实现了各实体 Agent 间的数据交换和信息共享，解决了数据的不一致性问题。

2. 模块间的信息传递设计

在 Multi-Agent 协同管理系统模型的设计过程中，实体 Agent 模块间的数据传递设计也是一个重要的内容，它是协调中心、供应商、核心制造商和分销商之间实现信息交互、信息传递和信息共享等通信功能的关键。

本书中进行的信息传递设计，同样是利用 XML 格式文件完成各实体 Agent 间的相互通信，其根本目的就在于减少生产调度过程的时间间隔，各实体 Agent 间通过使用统一的信息传送协议从而实现灵活复杂的通信策略。在整个通信过程中，使用到的 XML 格式文件实际上是一个信息容器，它可以被用户化和再定义，XML 的这一特性使得实体 Agent 之间的信息交互协同是基于文件驱动式的。在供应链的运用过程中，各企业都可以通过网络访问XML支持的对应实体Agent，这样企业只要基于的是共同的XML文件标签，那么整个模型中的各个实体Agent就可以使用不同风格的信息文件，以适应其服务的企业实体的需要。

模型中要想实现各实体Agent之间的信息传递，还需要模型中的每一个实体Agent知道其他实体Agent的名称、通信地址、能力等。如图4-10所示，本书为此设置了专门的通信服务器来处理有关实体Agent间的信息传递工作，其他每个实体Agent只要保存通信服务器的地址，那么它在启动时就可以登录服务器保存个人信息，并在退出时删除自己的信息，在需要其他实体Agent的信息时向服务器询问即可，这样，整个Multi-Agent协同管理系统模型只要保存一份动态的实体Agent信息。

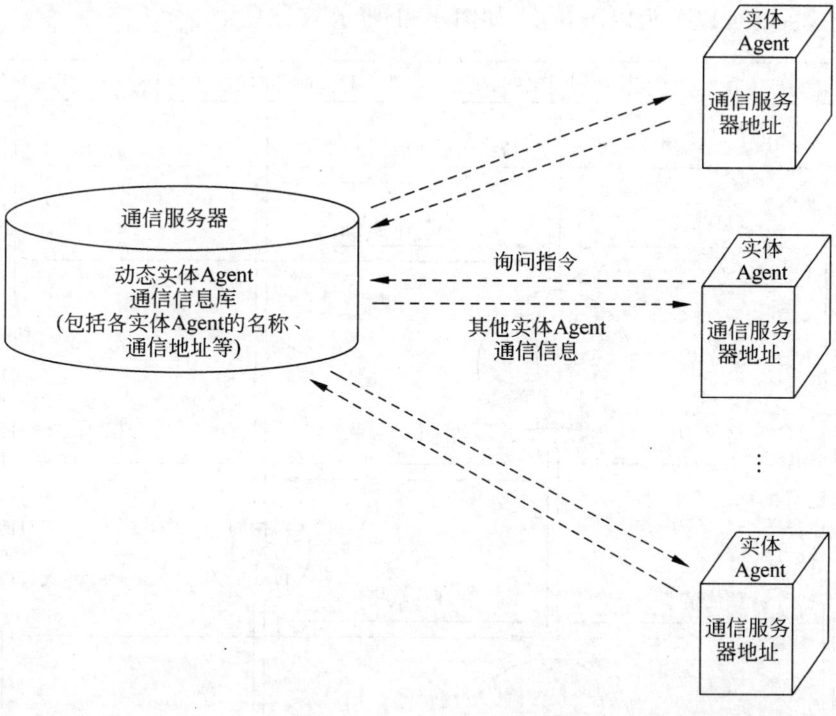

图4-10 Multi-Agent协同管理系统模型中基于通信服务器的信息传递模式

4.4 基于Multi-Agent技术的供应链协同管理系统分析

4.4.1 基于Multi-Agent技术的供应链协同管理原理

引入基于Multi-Agent技术的供应链协同管理系统是提高供应链整体效率的有效手段。本书针对制造商主导型三级供应链的特点，引入的基于Multi-Agent技术的供应链协同管理系统，其核心在于设立的协调中心 Agent。供应链系统中各实体 Agent 会通过协调中心 Agent 进行沟通，并根据协调中心 Agent 的信息反馈做出更优的决策。此外，协调中心 Agent 除了传递供应链系统的整体目标和运作策略以外，还负责监督各实体 Agent 间的业务运作情况，并发现其中存在进一步优化可能的相关业务流，同时在综合考虑各实体 Agent 的系统实时状态、决策函数以及供应链系统整体利益目标等条件下，产生针对此业务流的多种协同方案，并根据各实体 Agent 对方案的接受性评估，最终确定最优的运营策略。

4.4.2 基于 Multi-Agent 技术的供应链协同管理过程

在引入 Multi-Agent 供应链协同管理系统后，各实体 Agent 间基于协调中心 Agent 的协同管理过程主要可以分为以下几步，如图 4-11 所示。

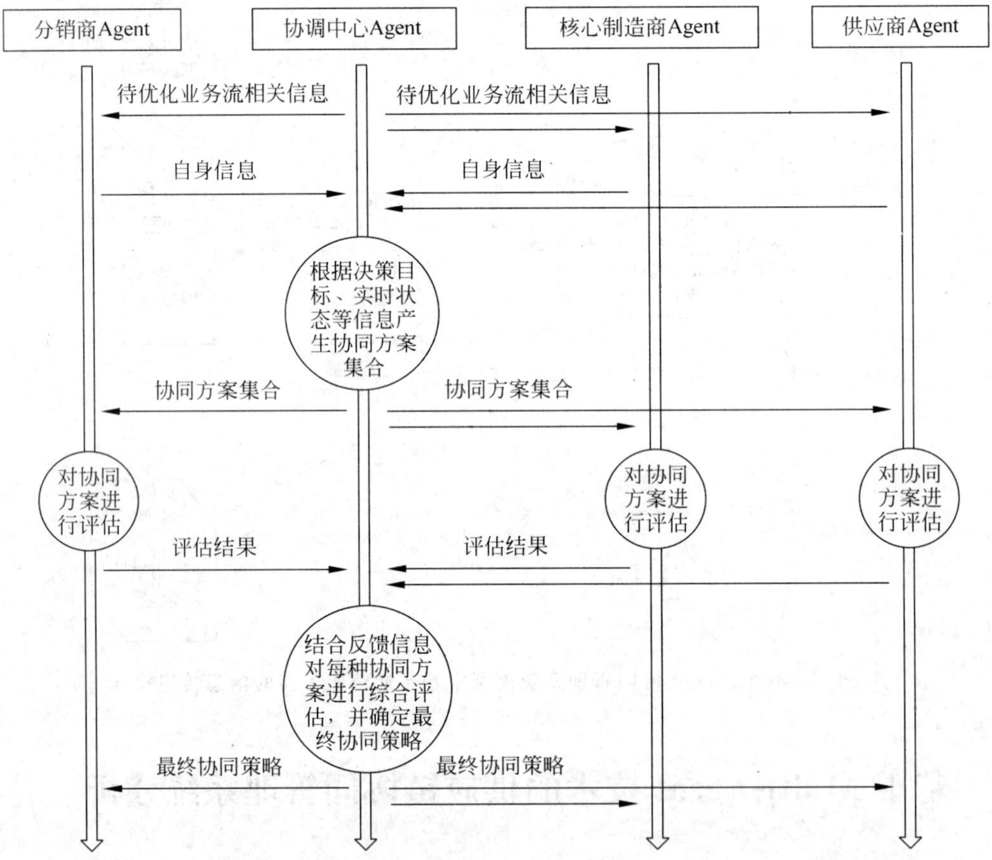

图 4-11 基于 Multi-Agent 技术的三级供应链协同管理过程

Step 1：协调中心 Agent 向各结构 Agent 发送待优化业务流的相关信息，使各结构 Agent 知道待优化目标。

Step 2：各结构 Agent 接收到协调中心 Agent 的信息后，将自身针对此业务流的目标函数、系统实时状态等信息反馈给协调中心 Agent。

Step 3：协调中心 Agent 以供应链系统整体利益最大化为目标，并根据接收到的各结构 Agent 的目标函数、系统实时状态等信息，产生协同方案集合。

Step 4：协调中心 Agent 将协同方案集合发送至各结构 Agent，各结构 Agent 将根据自身信息对各协同方案进行评估，同时给出对各方案的接受程度，并将评估结果和接受程度等信息反馈到协调中心 Agent。

Step 5：协调中心 Agent 结合各协同方案对各 Agent 的效用值和各 Agent 对方案的接受程度，对每种协同方案进行综合评估，并确定最终的协同运营策略。

Step 6：协调中心 Agent 将最终确定的协同策略发送至各结构 Agent 并据此下达相关生产、运营指令。

第 5 章

基于期权契约的零售商主导型供应链基本协调模型

5.1 系统描述及模型假设

本章以一对一型两级供应链系统为研究背景，其中包含一个制造商和一个主导型零售商，制造商生产的产品具有生命周期短、订货提前期长且残值低的特点，并假设制造商和零售商均为风险中性和完全理性的，即无论是零售商还是制造商均以自身期望收益最大化为目标进行决策，同时对制造商和零售商的风险偏好并不加以考虑。零售商与制造商的整个决策过程是一个主导型零售商占优的动态博弈过程，即制造商和零售商并非同时决策，而是在决策过程中有先后次序，制造商首先决策，零售商之后决策，并且后决策的零售商具有一定的后发优势，在自己决策之前可以观察制造商的决策结果。同时整个决策博弈过程处于完全信息且完美信息条件之下。完全信息是指制造商和零售商对双方在各种情况下的成本、收益及利润均完全了解；完美信息即指进行决策的博弈各方在动态博弈过程中对整个博弈的进度状态完全了解。

在供应链系统中，零售商借助期权契约通过向制造商购买期权，即向其支付一定的订购成本来购买产品，并将该产品以一定的零售价格销售给最终消费者。零售商和制造商之间的具体博弈过程可以描述为：在销售季节开始前，首先零售商根据自己掌握的市场信息给出一套期权契约参数，包括期权购买价格、期权执行价格和初始订货的批发价格与初始订货量的关系，然后制造商根据零售商所给出的一套期权契约参数，并结合自身所面对的条件做出决策，确定初始订货的批发价格、初始订货量以及期权购买量。进入销售季节后，零售商根据自己所面对的具体需求决定最终的期权执行量，并按之前所给出的期权执行价格向制造商进行支付。这是一种典型的斯坦伯格博弈模型(Stackelberg Game Model)，其中零售商是整个博弈的领导者，而制造商是追随者。

本节所用到的主要参数符号及其说明如下：

P 为零售商单位产品的零售价格，外生变量；

C 为制造商单位产品生产成本；

Q^r 为在销售季节开始前制造商确定的初始订货量；

M^r 为在销售季节开始前制造商确定的期权购买量；

ω^r 为零售商向制造商支付的初始订货的单位产品批发价格，且 ω^r 与 Q^r 成反向关系，$\omega^r=\dfrac{\beta^r}{Q^r}+\omega_0^r$，其中 β^r 为初始订货的单位产品批发价格 ω^r 对初始订货量 Q^r 的敏感系数，且 $\beta^r>0$，ω_0^r 为零售商给出的潜在最小批发价格；

C_0^r 为期权契约机制下，销售季节前零售商向制造商购买期权的单位产品期权购买价格；

C_e^r 为期权契约机制下，销售季节开始后零售商执行期权的单位产品期权执行价格；

s 为制造商和零售商在销售季节结束后的单位剩余产品残值；

h 为当零售商出现产品销售缺货时，单位产品的机会损失；

D 为零售商所面对的市场需求；

$f(x)$ 为市场需求的概率密度函数；

$F(x)$ 为市场需求的分布函数，并可微和严格递增，$F(0)=0$，$F(+\infty)=1$；

μ 为市场需求的均值；

π_{sc} 为集中决策状态下，整个供应链系统的期望利润；

$(Q+M)^*$ 为集中决策状态下，整个供应链系统的最优生产量；

Q^{rc} 为期权契约机制下，制造商的最优初始订购量；

M^{rc} 为期权契约机制下，制造商的最优期权购买量；

$(Q+M)^{rc}$ 为期权契约机制下，制造商的最优生产量；

π_m^{rc} 为在零售商主导型期权契约机制下，制造商的期望利润。

其中参数满足以下关系：

(1) $C_0^r+C_e^r\geqslant\omega_0^r+\beta^r$，单位产品期权购买价格和单位产品期权执行价格之和高于初始订货的最大单位产品批发价格，这是为了保证制造商依照批发价格获得一定量稳定的初始订货，若 $C_0^r+C_e^r<\omega_0^r+\beta^r$，则零售商将有可能不会进行初始订货，将全部以购买期权的方式进行订购。

(2) $s<C<\omega_0^r$，初始订货的潜在最小单位产品批发价格高于制造商单位产品生产成本，制造商单位产品生产成本高于销售季节结束后的单位剩余产品残值。

(3) $P>C_0^r+C_e^r$，零售商单位产品的零售价格高于单位产品期权购买价格和单位产品期权执行价格之和，以保证期权契约被零售商所接受，若 $P\leqslant C_0^r+C_e^r$，则零售商以通过购买期权的方式进行订购将无利可图。

(4) $C_0^r\leqslant C-s$，零售商向制造商购买期权的单位产品期权购买价格低于制造商生产成本与销售季节结束后单位剩余产品残值之差，这是为了保证制造商所确定的期权购买量存在最优；如果 $C_0^r>C-s$，则对于制造商来说，零售商购买越多的期权其利润越大，无论零售商在销售季节是否执行，所以在此条件下制造商将无限制增大期权购买量。

本节的基本假设如下：

(1) 对于市场需求的分布与规模，无论是制造商还是零售商均有能力准确地对其进行预测。

(2) 在制造商的生产成本中固定成本相对较小，在此仅考虑其变动成本。即制造商生产每单位产品的成本是相同的。

(3) 制造商必须保证零售商的初始订货以及不超过期权购买量的期权执行部分的产品供应，即零售商有能力对制造商设置足够大的产品断供惩罚。

(4) 在零售商的成本中只考虑其从制造商处进货的采购成本，不考虑其运输成本、销售成本等其他额外成本。即零售商进货每单位产品的成本是相同的。

5.2 零售商主导型供应链集中决策模型

本节对零售商主导型供应链系统的集中决策情况进行分析，在集中决策状态下，零售商和制造商作为一个统一的整体，整个系统可以被看作是处于一种绝对协同的状态，各决策主体均以实现整个供应链系统整体利益最大化为目标而进行决策，共同确定整个系统的最优生产量$(Q+M)^*$。

在集中决策状态下，整个供应链系统的期望利润π_{sc}为

$$\pi_{sc} = PS(Q^r + M^r) - C(Q^r + M^r) + sI(Q^r + M^r) - hL(Q^r + M^r) \tag{5.1}$$

其中，$S(Q^r+M^r)$为零售商的期望产品销售量，第一项$PS(Q^r+M^r)$为产品的期望销售收入；第二项$C(Q^r+M^r)$为产品的生产成本；$I(Q^r+M^r)$为整个供应链系统的期望产品剩余量，第三项$sI(Q^r+M^r)$为在销售季节结束后，由于产品生产过剩而产生的剩余产品残值；$L(Q^r+M^r)$为零售商的期望产品缺货量，第四项$hL(Q^r+M^r)$为由于产品供应不足而出现产品销售缺货所导致的机会损失。

当零售商所面对的市场需求$D \geqslant Q^r+M^r$时，零售商的产品销售量为Q^r+M^r；而当零售商所面对的市场需求$D<Q^r+M^r$时，零售商的产品销售量即为其所面对的市场需求D，因此零售商的期望产品销售量$S(Q^r+M^r)$为

$$S(Q^r + M^r) = (Q^r + M^r)\int_{Q^r+M^r}^{+\infty} f(x)\mathrm{d}x + \int_0^{Q^r+M^r} xf(x)\mathrm{d}x \tag{5.2}$$

整个供应链系统的期望产品剩余量$I(Q^r+M^r)$为

$$I(Q^r + M^r) = \int_0^{Q^r+M^r} (Q^r + M^r - x)f(x)\mathrm{d}x \tag{5.3}$$

零售商的期望产品缺货量$L(Q^r+M^r)$为

$$L(Q^r + M^r) = \int_{Q^r+M^r}^{+\infty} (x - Q^r - M^r)f(x)\mathrm{d}x \tag{5.4}$$

对式(5.1)求其关于 Q^r+M^r 的二阶导，得到

$$\frac{\mathrm{d}^2\pi_{sc}}{\mathrm{d}(Q^r+M^r)^2}=-(P+h-s)f(Q^r+M^r) \tag{5.5}$$

由于 $P>s$ 且市场需求的概率密度函数 $f(x)>0$，所以在集中决策状态下，整个供应链系统期望利润的二阶导 $\frac{\mathrm{d}^2\pi_{sc}}{\mathrm{d}(Q^r+M^r)^2}<0$，存在解使得整个供应链系统期望利润取得最大值，于是对式(5.1)求其关于 Q^r+M^r 一阶最优性条件即可得到集中决策状态下，整个供应链系统的最优生产量 $(Q+M)^*$。

对式(5.1)求其关于 Q^r+M^r 的一阶导，得到

$$\frac{\mathrm{d}\pi_{sc}}{\mathrm{d}(Q^r+M^r)}=P+h-C-(P+h-s)F(Q^r+M^r) \tag{5.6}$$

令式(5.6)等于零，即可得到

$$(Q+M)^*=F^{-1}\left(\frac{P+h-C}{P+h-s}\right) \tag{5.7}$$

此时，将 $(Q+M)^*$ 代入式(5.1)，即可得到在集中决策状态下，整个供应链系统的最大期望利润 π_{sc}^*。

5.3 零售商主导型供应链基于期权契约的协调机制

在现实情况中，由于各供应链决策主体的完全理性，整个供应链处于分散决策状态，其无法在不借助外力的情况下自发地实现集中决策。也就是说，出于私心，制造商和零售商均以自身利益最大化为各自的决策目标，而不会去考虑整个供应链系统的整体利益，从而导致供应链的整体利益无法实现最优，整个供应链系统无法实现协调运作。由于零售商作为整个供应链系统中的主导者，为了实现整个供应链系统的协调，其可以引入合适的期权契约协调机制，使得供应链内部各决策主体之间产生相互协作的愿望和行为，激励制造商选择可以实现供应链协调所必需的产品生产量进行产品的生产，从而使得供应链整体利润达到最优，实现整体的协调，并且同时增加制造商和零售商的利润，使其各自的利润均大于在分散决策状态下未引入期权契约时的水平，实现帕累托最优，以保证此期权契约机制可以被供应链内各决策主体所接受。

在零售商引入的期权契约机制下，制造商的期望利润 π_m^{rc} 为

$$\pi_m^{rc}=\omega^rQ^r+C_0^rM^r+C_e^r*H(Q^r,M^r)+S*I_m(Q^r,M^r)-C(Q^r+M^r) \tag{5.8}$$

其中，第一项 ω^rQ^r 为制造商通过零售商在销售季节开始前以批发价格购买初始订货所获得的收益，由零售商所给出的批发价格与初始订货量的关系可知：$\omega^rQ^r=\beta^r+\omega_0^rQ^r$；第二项 $C_0^rM^r$ 为制造商通过零售商在销售季节开始前以期权购买价格购买期权所获得的收益；$H(Q^r,M^r)$为零售商的期望期权执行量，第三项 $C_e^r*H(Q^r,M^r)$为销售季节开始后，制造商通过零售商以期权执行价格执行期权所获得的收益；$I_m(Q^r,M^r)$为制造商的期望产品剩余

量，第四项 $S*I_m(Q^r,M^r)$为销售季节结束后，由于产品生产过剩而产生的剩余产品残值；第五项 $C(Q^r+M^r)$为产品的生产成本。

当零售商所面对的市场需求 $Q^r<D\leqslant Q^r+M^r$ 时，零售商的期权执行量为 $D-Q$；而当零售商所面对的市场需求 $D>Q^r+M^r$ 时，零售商的期权执行量即为其在销售季节开始前向制造商购买的所有期权 M^r，因此零售商的期望期权执行量 $H(Q^r,M^r)$为

$$H(Q^r,M^r)=\int_{Q}^{Q^r+M^r}(x-Q^r)f(x)\mathrm{d}x+\int_{Q^r+M^r}^{+\infty}M^rf(x)\mathrm{d}x \tag{5.9}$$

当零售商所面对的市场需求 $D<Q^r$ 时，其初始订购量即可满足所面对的需求，无须向制造商执行期权，所以此时制造商的产品剩余量为 M^r；而当零售商所面对的市场需求 $Q^r<D\leqslant Q^r+M^r$ 时，其初始订购量无法再满足所面对的需求，将会向制造商执行期权，执行量为 $D-Q^r$，所以此时制造商的产品剩余量为 Q^r+M^r-D；而当零售商所面对的市场需求 $D>Q^r+M^r$ 时，零售商的期权执行量为其在销售季节开始前向制造商购买的所有期权 M^r，此时制造商所生产的 Q^r+M^r 个产品将全部被零售商采购，产品剩余量为 0，因此制造商的期望产品剩余量 $I_m(Q^r,M^r)$为

$$I_m(Q^r,M^r)=\int_{Q^r}^{Q^r+M^r}(Q^r+M^r-x)f(x)\mathrm{d}x+\int_{0}^{Q^r}M^rf(x)\mathrm{d}x \tag{5.10}$$

对式(5.8)求其关于初始订购量 Q 的一阶导，可得到

$$\frac{\partial\pi_m^c}{\partial Q^r}=(s-C_e^r)[F(Q^r+M^r)-F(Q^r)]-C+\omega_0^r \tag{5.11}$$

对式(5.8)求其关于期权购买量 M 的一阶导，可得到

$$\frac{\partial\pi_m^c}{\partial M^r}=(s-C_e^r)F(Q^r+M^r)+C_0^r+C_e^r-C \tag{5.12}$$

令式(5.11)和式(5.12)等于零并联立

$$\begin{cases}(s-C_e^r)[F(Q^r+M^r)-F(Q^r)]-C^r+\omega_0^r=0\\(s-C_e^r)F(Q^r+M^r)+C_0^r+C_e^r-C=0\end{cases} \tag{5.13}$$

即可得到期权契约机制下，制造商以自身利益最大化为原则所确定的最优初始订购量 Q^{rc}、最优期权购买量 M^{rc} 和最优生产量$(Q+M)^{rc}$

$$Q^{rc}=F^{-1}\left(\frac{C_0^r+C_e^r-\omega_0^r}{C_e^r-s}\right) \tag{5.14}$$

$$M^{rc}=F^{-1}\left(\frac{C-C_0^r-C_e^r}{s-C_e^r}\right)-F^{-1}\left(\frac{C_0^r+C_e^r-\omega_0^r}{C_e^r-s}\right) \tag{5.15}$$

$$(Q+M)^{rc}=F^{-1}\left(\frac{C-C_0^r-C_e^r}{s-C_e^r}\right) \tag{5.16}$$

为保证供应链实现整体的协调，主导型零售商必须设定合理的期权契约参数，以激励制造商选择整个供应链系统的最优生产量进行生产，也就是说，使得期权契约机制下制造商所确定的最优生产量等于集中决策状态下整个供应链的最优生产量，即

$$(Q+M)^{rc}=(Q+M)^{*} \tag{5.17}$$

所以由式(5.7)和式(5.16)可知，要使供应链整体期望利润达到最大，实现供应链整体的协调，零售商制定的期权契约机制须满足

$$C_0^r=C-\frac{(C-s)C_e^r+(P+h-C)s}{P+h-s} \tag{5.18}$$

其中，单位产品期权购买价格 C_0^r 与单位产品期权执行价格 C_e^r 的具体取值则需要由零售商与制造商判协商确定，这一般取决于双方所面临的时下处境差异和在签订契约过程中相互之间的谈判能力。

由此可以看出，期权契约机制可以有效协调零售商主导型供应链系统的运作，且在期权契约机制下，期权购买价格和期权执行价格成反向线性关系，随着期权购买价格的增大，期权执行价格随之线性减小。

5.4 数值仿真与分析

为了更加清楚地揭示主导型零售商借助期权契约使得供应链内部各决策主体之间产生相互协作的愿望和行为，从而实现整个供应链系统的协调运作，本节基于以上研究模型，运用 MATLAB 软件进行数值仿真与分析。

以文献[230]与文献[231]为参考依据，给出以下参数设定：零售商单位产品的零售价格 $P=20$；制造商单位产品生产成本 $C=12$；单位剩余产品残值 $s=4$；出现产品销售缺货时，单位产品的机会损失 $h=2$；潜在最小批发价格 $\omega_0^r=13$；批发价格对初始订货量的敏感系数 $\beta^r=1$；零售商所面对的市场需求服从正态分布 $N(200,20^2)$。

基于以上参数设定，根据式(5.18)可知，单位产品期权购买价格 C_0^r 与单位产品期权执行价格 C_e^r 应满足关系：$C_0^r=\frac{88}{9}-\frac{4}{9}C_e^r$，$C_0^r$ 与 C_e^r 的具体取值需零售商与制造商谈判协商确定，在此为方便讨论，对 $C_0^r=\{2,3,4,5,6,7\}$ 几种情况进行具体仿真分析，根据以上研究模型可得到集中决策下以及期权契约机制下各参数均衡值如表 5-1 所示。

表 5-1 零售商主导型供应链集中决策和期权契约下各参数均衡值

	C_0^r	C_e^r	Q^r+M^r	Q^r	M^r
集中决策	—	—	202.79	—	—
期权契约	2	17.5	202.79	199.07	3.72
	3	15.25	202.79	198.33	4.46
	4	13	202.79	197.21	5.58
	5	10.75	202.79	195.32	7.47
	6	8.5	202.79	191.39	11.4
	7	6.25	202.79	175.60	27.19

由表 5-1 可以看出，在合理的期权契约机制下，制造商的产品生产量与集中决策状态下供应链系统的最优产品生产量相同，均为 202.79，整个供应链系统在期权契约的激励下成功地实现了整体协调；同时单位产品期权购买价格 C_0^r 与单位产品期权执行价格 C_e^r 间存在反向关系，期权执行价格 C_e^r 随期权购买价格 C_0^r 的增大而减小；其二者的和值 $C_0^r+C_e^r$ 也与期权购买价格 C_0^r 存在反向关系，随 C_0^r 的增大而减小。

同时也可看出初始订货量 Q^r 和期权购买量 M^r 分别与单位产品期权购买价格 C_0^r 的关系，如图 5-1 所示。

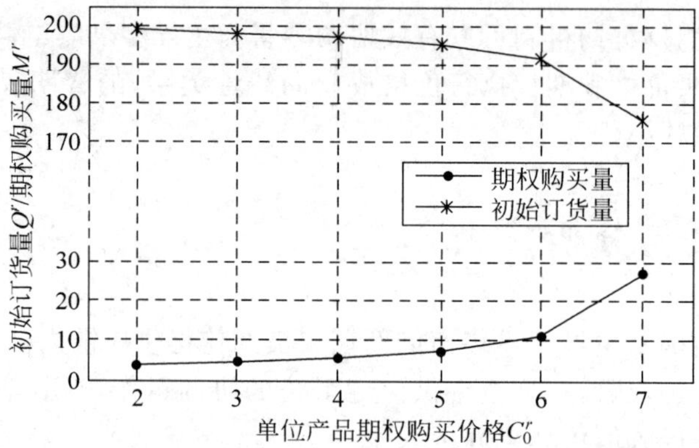

图 5-1 零售商主导型供应链中初始订货量和期权购买量分别与期权购买价格的关系

由图 5-1 可以看出，单位产品期权购买价格 C_0^r 分别与初始订货量 Q^r 和期权购买量 M^r 存在反向和正向关系，随着权购买价格 C_0^r 的增大，主导型零售商通过购买期权的方式进行订货的比重增大，这主要是因为随着 C_0^r 的增大，期权执行价格和期权购买价格的和值 $C_0^r+C_e^r$ 减小，零售商通过购买期权的方式进行订货的成本降低，同时随着 C_0^r 的增大，制造商通过期权契约机制获得的稳定收益也更多。

第 6 章

基于期权契约的制造商主导型供应链基本协调模型

6.1 系统描述及模型假设

本章的研究背景为包含一个主导型制造商和一个零售商的一对一型两级供应链系统，产品特点与第 5 章中零售商主导型供应链系统相同，且假设制造商和零售商均为风险中性和完全理性的。零售商与制造商的整个决策过程为制造商主导，在决策过程中零售商首先决策，制造商之后决策并获有一定后发优势，即决策之前可以观察到零售商的决策结果并据此作出对自身最优的选择。同时整个决策博弈过程处于完全信息且完美信息条件之下。

在制造商主导型供应链系统中引入期权契约机制后，零售商和制造商之间的博弈仍然是一种典型的斯坦伯格博弈(Stackelberg Game)，制造商和零售商分别是整个博弈的领导者和追随者，具体博弈过程可以描述为：在销售季节开始前，首先制造商根据自己掌握的市场信息给出一套期权契约参数，同样包括期权购买价格、期权执行价格和初始订货的批发价格与初始订货量的关系，然后零售商根据制造商所给出的一套期权契约参数，结合自身所面对的条件做出决策，确定初始订货量以及期权购买量。进入销售季节后，零售商根据具体需求决定期权执行量，并以期权执行价格向制造商支付。

本节所用到的主要参数符号及其说明如下：

Q^m 为在销售季节开始前零售商确定的初始订货量；

M^m 为在销售季节开始前零售商确定的期权购买量；

ω^m 为制造商给零售商的初始订货的单位产品批发价格，且 ω^m 与 Q^m 成反向关系，$\omega^m=\dfrac{\beta^m}{Q^m}+\omega_0^m$，其中 β^m 为初始订货的单位产品批发价格 ω^m 对初始订货量 Q^m 的敏感系数，且 $\beta^m>0$，ω_0^m 为制造商给出的潜在最小批发价格；

C_0^m 为制造商主导型期权契约机制下，销售季节开始前零售商向制造商购买期权的单位产品期权购买价格；

C_e^m为制造商主导型期权契约机制下，销售季节开始后零售商执行期权的单位产品期权执行价格；

Q^{mc}为在制造商主导型期权契约机制下，零售商的最优初始订购量；

M^{mc}为在制造商主导型期权契约机制下，零售商的最优期权购买量；

$(Q+M)^{mc}$为在制造商主导型期权契约机制下，零售商的最优产品购买量（产品购买量包括初始订购量和期权购买量）；

π_r^{mc}为在制造商主导型期权契约机制下，零售商的期望利润。

其中参数满足以下关系：

(1) $C_0^m+C_e^m\geqslant\omega_0^m+\beta^m$，制造商设定的单位产品期权购买价格和单位产品期权执行价格之和高于初始订货的最大单位产品批发价格，这是为了保证制造商依照批发价格获得一定量稳定的初始订货；若$C_0^m+C_e^m<\omega_0^m+\beta^m$，则零售商将有可能不会进行初始订货，将全部以购买期权的方式进行订购。

(2) $s<C<\omega_0^m$，初始订货的潜在最小单位产品批发价格高于制造商单位产品生产成本，制造商单位产品生产成本高于销售季节结束后的单位剩余产品残值。

(3) $P>C_0^m+C_e^m$，零售商单位产品的零售价格高于制造商给出的单位产品期权购买价格和单位产品期权执行价格之和，以保证期权契约被零售商所接收；若$P\leqslant C_0^m+C_e^m$，则零售商以通过购买期权的方式进行订购将无利可图。

本节的基本假设同第5章对基于期权契约的零售商主导型供应链协调分析的基本假设相同。

6.2 制造商主导型供应链集中决策模型

本节对制造商主导型供应链系统的集中决策情况进行分析。在集中决策状态下，零售商和制造商作为一个统一的整体，整个系统可以被看作是处于一种绝对协同的状态，各决策主体均以实现整个供应链系统整体利益最大化为目标而进行决策，在此状态下，供应链内部各决策主体间博弈的先后顺序并不影响集中决策状态下的最终决策结果，因此在集中决策状态下，在制造商主导型供应链中整个系统的最优产品购买量同零售商主导型供应链系统相同，由5.2节可知，$(Q+M)^*=F^{-1}\left(\dfrac{P+h-C}{P+h-s}\right)$。

6.3 制造商主导型供应链基于期权契约的协调机制

由于制造商和零售商的完全理性，在现实情况中，整个供应链处于分散决策状态，供应链整体利益无法实现最优，整个供应链系统无法实现协调运作。制造商作为整个供应链系统中的主导者，可以引入合适的期权契约协调机制，激励零售商选择可以实现供应链协调所必需的产品购买量进行产品的购买，从而实现整个供应链系统的协调，同时实现帕累托最优以保证此契约机制可以被各决策主体所接受，使其各自的利润能够大于在分散决策状态下未引入期权契约时的水平。

在制造商引入的期权契约机制下，零售商的期望利润 π_r^{mc} 为

$$\pi_r^{mc} = PS(Q^m + M^m) - \omega^m Q^m - C_0^m M^m - C_e^m H(Q^m, M^m) - hL(Q^m + M^m) \tag{6.1}$$

其中，$S(Q^m + M^m)$为零售商的期望产品销售量，第一项 $PS(Q^m + M^m)$为零售商产品的期望销售收入；第二项 $\omega^m Q^m$ 为零售商在销售季节开始前以批发价格向制造商购买初始订货所支付的费用，根据制造商所给出的批发价格与初始订货量的关系可知：$\omega^m Q^m - \beta^m + \omega_0^m Q^m$；第三项 $C_0^m M^m$ 为零售商通过在销售季节开始前向制造商以期权购买价格购买期权所支付的费用；$H(Q^m, M^m)$为制造商主导情况下零售商的期望期权执行量，第四项 $C_e^m H(Q^m, M^m)$为销售季节开始后，零售商以期权执行价格向制造商执行期权所支付的费用；$L(Q^m + M^m)$为制造商主导情况下零售商的期望产品缺货量，第五项 $hL(Q^m + M^m)$为由于产品供应不足而出现产品销售缺货所导致零售商的机会损失。

在制造商主导下，当零售商所面对的市场需求 $D \geqslant Q^m + M^m$ 时，零售商的产品销售量为 $Q^m + M^m$；而当零售商所面对的市场需求 $D < Q^m + M^m$ 时，零售商的产品销售量即为其所面对的市场需求 D，因此零售商的期望产品销售量 $S(Q^m + M^m)$为

$$S(Q^m + M^m) = (Q^m + M^m)\int_{Q^m + M^m}^{+\infty} f(x)\mathrm{d}x + \int_0^{Q^m + M^m} xf(x)\mathrm{d}x \tag{6.2}$$

当零售商所面对的市场需求 $Q^m < D \leqslant Q^m + M^m$ 时，零售商的期权执行量为 $D - Q^m$；而当零售商所面对的市场需求 $D > Q^m + M^m$ 时，零售商的期权执行量即为其在销售季节开始前向制造商购买的所有期权 M^m，因此零售商的期望期权执行量 $H(Q^m, M^m)$为

$$H(Q^m, M^m) = \int_{Q^m}^{Q^m + M^m} (x - Q^m) f(x)\mathrm{d}x + \int_{Q^m + M^m}^{+\infty} M^m f(x)\mathrm{d}x \tag{6.3}$$

在制造商主导下零售商的期望产品缺货量 $L(Q^m + M^m)$为

$$L(Q^m + M^m) = \int_{Q^m + M^m}^{+\infty} (x - Q^m - M^m) f(x)\mathrm{d}x \tag{6.4}$$

对式(6.1)求其关于初始订购量 Q^m 的一阶导，可得到

$$\frac{\partial \pi_r^{mc}}{\partial Q^m} = P + h - \omega_0^m + (C_e^m - P - h)F(Q^m + M^m) - C_e^m F(Q^m) \tag{6.5}$$

对式(6.1)求其关于期权购买量 M^m 的一阶导，可得到

$$\frac{\partial \pi_r^{mc}}{\partial M^m} = (P - C_e^m + h)[1 - F(Q^m + M^m)] - C_0^m \tag{6.6}$$

令式(6.5)和式(6.6)等于零并联立

$$\begin{cases} P+h-\omega_0^m+(C_e^m-P-h)F(Q^m+M^m)-C_e^mF(Q^m)=0 \\ (P-C_e^m+h)[1-F(Q^m+M^m)]-C_0^m=0 \end{cases} \tag{6.7}$$

即可得到制造商主导型期权契约机制下，零售商以自身利益最大化为原则所确定的最优初始订购量 Q^{mc}、最优期权购买量 M^{mc} 和最优产品购买量 $(Q+M)^{mc}$

$$Q^{mc}=F^{-1}\left(\frac{C_0^m+C_e^m-\omega_0^m}{C_e^m}\right) \tag{6.8}$$

$$M^{mc}=F^{-1}\left(1-\frac{C_0^m}{P-C_e^m+h}\right)-F^{-1}\left(\frac{C_0^m+C_e^m-\omega_0^m}{C_e^m}\right) \tag{6.9}$$

$$(Q+M)^{mc}=F^{-1}\left(1-\frac{C_0^m}{P-C_e^m+h}\right) \tag{6.10}$$

为保证供应链实现整体的协调，主导型制造商必须设定合理的期权契约参数，以激励零售商选择整个供应链系统的最优产品购买量进行购买，也就是说，使得期权契约机制下零售商所确定的最优产品购买量等于集中决策状态下整个供应链系统的最优产品购买量，即

$$(Q+M)^{mc}=(Q+M)^* \tag{6.11}$$

所以由式(6.10)和式(5.7)可知，要使供应链整体期望利润达到最大，实现供应链整体的协调，制造商制定的期权契约机制须满足

$$C_0^m=\frac{(P-C_e^m+h)(C-s)}{P+h-s} \tag{6.12}$$

其中，制造商主导型期权契约中单位产品期权购买价格 C_0^m 与单位产品期权执行价格 C_e^m 的具体取值同样取决于双方的时下处境差异和谈判能力等条件，需要判协商确定。

由此可以看出，期权契约机制同样可以有效协调制造商主导型供应链系统的运作，且与零售商主导型供应链情况相同，在期权契约机制下，期权购买价格和期权执行价格依然成反向线性关系，随着期权购买价格的增大，期权执行价格随之线性减小。

6.4　数值仿真与分析

为了更加清楚地揭示主导型制造商借助期权契约使得供应链内部各决策主体之间产生相互协作的愿望和行为，实现整个供应链系统的协调运作，本节基于以上研究模型，运用MATLAB 软件进行数值仿真与分析。

同样以文献[230]与文献[231]为参考依据，参数设定如 5.4 节所示。由式(6.12)可知，单位产品期权购买价格 C_0^m 与单位产品期权执行价格 C_e^m 应满足关系：$C_0^m=\frac{88}{9}-\frac{4}{9}C_e^m$，$C_0^m$ 与 C_e^m 的具体取值需零售商与制造商谈判协商确定，在此为方便讨论，对 $C_0^m=\{2,3,4,5,6,7\}$ 几种情况进行具体仿真分析，根据以上研究模型可得到制造商主导型供应链集中决策下以及期权契约机制下各参数均衡值，如表 6-1 所示。

表 6-1　制造商主导型供应链集中决策和期权契约下各参数均衡值

	C_0^m	C_e^m	Q^m+M^m	Q^m	M^m
集中决策	—	—	202.79	—	—
期权契约	2	17.5	202.79	193.44	9.35
	3	15.25	202.79	191.98	10.81
	4	13	202.79	189.95	12.84
	5	10.75	202.79	186.87	15.92
	6	8.5	202.79	181.42	21.37
	7	6.25	202.79	164.99	37.80

由表 6-1 可以看出，在合理的期权契约机制下，零售商的产品购买量与集中决策状态下供应链系统的最优产品购买量相同，整个供应链系统在期权契约的激励下成功地实现了整体协调；同时与零售商主导型供应链系统的情况相同，单位产品期权购买价格 C_0^m 与单位产品期权执行价格 C_e^m 间存在反向关系，期权执行价格 C_e^m 随期权购买价格 C_0^m 的增大而减小；其二者的和值 $C_0^m+C_e^m$ 也与期权购买价格 C_0^m 存在反向关系，随 C_0^m 的增大而减小。

同时也可看出初始订购量 Q^m 和期权购买量 M^m 分别与单位产品期权购买价格 C_0^m 的关系，如图 6-1 所示。与零售商主导型供应链系统的情况相同，单位产品期权购买价格 C_0^m 分别与初始订货量 Q^m 和期权购买量 M^m 存在反向和正向关系。随着期权购买价格 C_0^m 的增大，$C_0^m+C_e^m$ 随之减小，通过购买期权的方式进行订货的成本降低，因此零售商提高了通过购买期权的方式进行订货的比重，制造商通过期权契约机制获得的稳定收益也随之提升。

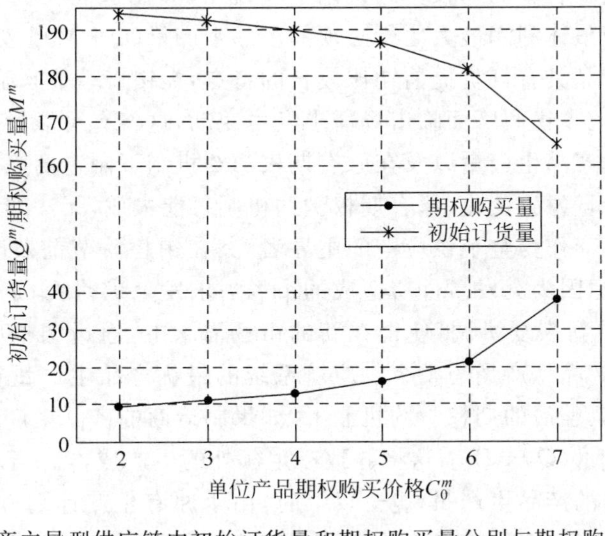

图 6-1　制造商主导型供应链中初始订货量和期权购买量分别与期权购买价格的关系

第 7 章

突发事件下零售商主导型供应链基于期权契约的应对研究

7.1 系统描述及模型假设

本章以基于期权契约机制实现协调的一对一型两级供应链系统为研究背景，供应链系统由单个制造商和单个主导型零售商组成，供应链中的产品具有生命周期短、订货提前期长且残值低的特点，并假设供应链系统内决策主体均为完全理性的，同时不考虑各决策主体的风险偏好。零售商与制造商的整个决策过程是一个主导型零售商占优的，并处于完全信息且完美信息条件之下的动态博弈过程。

整个供应链系统在合理的期权契约机制下实现协调，制造商在期权契约的激励下选择可以实现供应链系统整体利润最大化所必须的产品生产量$(Q+M)^*$安排生产计划，但是由于供应链所经营的产品具有订货提前期比较长的特点，在销售季节来临前，非常容易受到突发事件的影响，而导致零售商所面临市场需求发生变动，这将有可能导致使系统整体利润达到最大化的系统最优产品生产量以及在原有期权契约机制下制造商以自身理由最大化为目标所选择的最优生产量发生变化，原有期权契约机制可能失效，无法继续维持整个供应链的整体协调。所以零售商作为整个供应链的主导者，其在销售季节前及时订购产品满足市场需求的同时，还应考虑因为突发事件所造成的市场需求发生扰动后，如何调节期权契约参数以使得供应链系统重新恢复协调，使得在新的市场需求下，通过调整后期权契约机制的激励，制造商所选择的产品生产量与整个供应链系统的最优产品生产量重新重合。但是市场需求发生变动后，在调整后的期权契约机制下，如果制造商的产品生产量并不是原有生产计划所确定的产品生产量$(Q+M)^*$，这将导致产生额外的生产成本。当新的产品生产量大于原有生产计划所确定的产品生产量$(Q+M)^*$时，由于原有生产计划被打破，对于相比于原有生产计划所确定的$(Q+M)^*$所增加的产品生产量，将需要额外增加新的生产成本；而当新的产品生产量小于原有生产计划所确定的产品生产量$(Q+M)^*$时，对于剩余的产品将产生额外的处理费用。

本节所用到的主要参数符号及其说明如下：

Q_g^r 为突发事件发生后，在原有期权契约机制下制造商的初始订货量；

M_g^r 为突发事件发生后，在原有期权契约机制下制造商的期权购买量；

Q_g^{rn} 为突发事件发生后，在调整后的期权契约机制下制造商确定的初始订货量；

M_g^{rn} 为突发事件发生后，在调整后的期权契约机制下制造商确定的期权购买量；

C_0^{rn} 为调整后期权契约机制下，销售季节开始前零售商向制造商购买期权的单位产品期权购买价格；

C_e^{rn} 为调整后期权契约机制下，销售季节开始后零售商执行期权的单位产品期权执行价格；

$g(x)$为突发事件发生后，市场需求的概率密度函数；

$G(x)$为突发事件发生后，市场需求的分布函数，并可微和严格递增，$G(0)=0$，$G(+\infty)=1$；

μ_g 为突发事件发生后市场需求的均值；

π_{gsc} 为集中决策状态下，整个供应链系统的期望利润；

$(Q+M)_g^*$ 为突发事件发生后，集中决策状态下整个供应链系统的最优生产量；

Q_g^{rc} 为突发事件发生后，在原有期权契约机制下制造商的最优初始订购量；

M_g^{rc} 为突发事件发生后，在原有期权契约机制下制造商的最优期权购买量；

$(Q+M)_g^{rc}$ 为突发事件发生后，在原有期权契约机制下制造商的最优生产量；

π_{gm}^{rc} 为突发事件发生后，在原有期权契约机制下制造商的期望利润；

Q_g^{rnc} 为突发事件发生后，在调整后的期权契约机制下制造商的最优初始订购量；

M_g^{rnc} 为突发事件发生后，在调整后的期权契约机制下制造商的最优期权购买量；

$(Q+M)_g^{rnc}$ 为突发事件发生后，在调整后的期权契约机制下制造商的最优生产量；

π_{gm}^{rnc} 为突发事件发生后，在调整后的期权契约机制下制造商的期望利润；

K_1 为对于相比于原有生产计划所确定的$(Q+M)^*$所增加的产品生产量，每单位产品将需要额外增加的新生产成本；

K_2 为当新的产品生产量小于原有生产计划所确定的$(Q+M)^*$时，剩余的每单位产品所导致的额外处理费用。

其中参数满足以下关系：

(1) $C_0^{rn}+C_e^{rn}\geqslant\omega_0^r+\beta^r$，调整后的单位产品期权购买价格和单位产品期权执行价格之和高于初始订货的最大单位产品批发价格，这是为了保证制造商依照批发价格获得一定量稳定的初始订货；若 $C_0^{rn}+C_e^{rn}<\omega_0^r+\beta^r$，则零售商将有可能不会进行初始订货，将全部以购买期权的方式进行订购。

(2) $P>C_0^{rn}+C_e^{rn}$，零售商单位产品的零售价格高于调整后的单位产品期权购买价格和单位产品期权执行价格之和，以保证零售商可以接受调整后的期权契约；若 $P\leqslant C_0^{rn}+C_e^{rn}$，则零售商以通过购买期权的方式进行订购将无利可图。

(3) $C_0^{rn} \leqslant C-s$，调整后的单位产品期权购买价格低于制造商生产成本与销售季节结束后单位剩余产品残值之差，这是为了保证在调整后的期权契约下制造商所确定的期权购买量存在最优；如果 $C_0^{rn}>C-s$，则对于制造商来说，零售商购买越多的期权其利润越大，无论零售商在销售季节是否执行，所以在此条件下制造商将无限制地增大期权购买量。

(4) $K_1<C_0^{rn}+C_e^{rn}-C$，这是为保证市场需求发生变动后，在调整后的期权契约机制下，制造商有动力改变原生产计划增加产品生产量；如果 $K_1 \geqslant C_0^{rn}+C_e^{rn}-C$，则制造商每增加一单位的产品生产量都将是亏损的，无论零售商在销售季节内是否执行期权，所以增加产品生产量对制造商来说是无利可图的，其将失去增加产量的动力。

(5) $K_2<C-C_0^{rn}-s$，这是为保证市场需求发生变动后，在调整后的期权契约机制下，制造商有动力改变原生产计划降低产品生产量；如果 $K_2 \geqslant C-C_0^{rn}-s$，则制造商在市场需求发生变动后，不进行产量的缩减所承受的损失将小于其进行产量缩减后所需要支付的额外处理费用，这样制造商将无动力进行产品产量缩减，其宁可按原计划进行生产。

本节的基本假设如下：

(1) 突发事件下，对于变动后的市场需求分布与规模，无论是制造商还是零售商均有能力准确地对其进行预测。

(2) 在制造商的生产成本中固定成本相对较小，在此仅考虑其变动成本。即制造商生产每单位产品的成本是相同的。

(3) 制造商必须保证零售商的初始订货以及不超过期权购买量的期权执行部分的产品供应，即零售商有能力对制造商设置足够大的产品断供惩罚措施。

(4) 在零售商的成本中只考虑其从制造商处进货的采购成本，不考虑其运输成本、销售成本等其他额外成本。即零售商进货每单位产品的成本是相同的。

7.2 突发事件下的零售商主导型供应链决策模型

7.2.1 突发事件下零售商主导型供应链集中决策模型

对于基于期权契约机制实现协调的供应链，制造商在期权契约的激励下已经根据整个供应链系统的最优生产量 $(Q+M)^*$ 安排了生产计划，但在销售季节来临前，突发事件的发生导致其所面对的市场需求出现变化，而制造商根据新的市场需求重新安排生产计划需要支付额外的生产成本 K_1 或处理费用 K_2。此时，供应链内部各决策主体作为一个统一的整体，整个系统处于一种绝对协同的状态，各决策主体均以实现整个供应链系统整体利益最大化为目标而进行决策，共同确定突发事件发生后整个系统的最优生产量 $(Q+M)_g^*$。本节即对这种突发事件发生后，零售商主导型供应链系统的集中决策情况进行分析。

突发事件的发生可能导致市场需求的增大或减小，当市场需求增大时，则对于任意 $x>0$，

有 $1-G(x)\geqslant 1-F(x)$；当市场需求减小时，则对于任意 $x>0$，有 $1-G(x)\leqslant 1-F(x)$[232]。

突发事件发生后，集中决策状态下整个供应链系统的期望利润 π_{gsc} 为

$$\begin{aligned}\pi_{gsc} &= PS_g(Q_g^r+M_g^r)-C(Q_g^r+M_g^r)+sI_g(Q_g^r+M_g^r)-hL_g(Q_g^r+M_g^r)\\&\quad -K_1[(Q_g^r+M_g^r)-(Q+M)^*]^+-K_2[(Q+M)^*-(Q_g^r+M_g^r)]^+\end{aligned}\tag{7.1}$$

其中，$S_g(Q_g^r+M_g^r)$为突发事件发生后零售商的期望产品销售量，第一项 $PS_g(Q_g^r+M_g^r)$为突发事件发生后产品的期望销售收入；第二项 $C(Q_g^r+M_g^r)$为产品的生产成本；$I_g(Q_g^r+M_g^r)$为突发事件发生后整个供应链系统的期望产品剩余量，第三项 $sI_g(Q_g^r+M_g^r)$为在销售季节结束后，由于产品生产过剩而产生的剩余产品残值；$L_g(Q_g^r+M_g^r)$为突发事件发生后零售商的期望产品缺货量，第四项 $hL_g(Q_g^r+M_g^r)$为突发事件发生后由于产品供应不足而出现产品销售缺货所导致的机会损失；第五项 $K_1[(Q_g^r+M_g^r)-(Q+M)^*]^+$为当突发事件的发生导致产品市场需求增加时，相比于原有生产计划所确定的$(Q+M)^*$增加的产品生产，所导致额外增加的新生产成本；第六项 $K_2[(Q+M)^*-(Q_g^r+M_g^r)]^+$为当突发事件的发生导致产品市场需求减小，新的产品生产量小于原有生产计划所确定的$(Q+M)^*$时，剩余产品所导致的额外处理费用。

突发事件发生后，当零售商所面对的市场需求 $D\geqslant Q_g^r+M_g^r$ 时，零售商的产品销售量为 $Q_g^r+M_g^r$；而当零售商所面对的市场需求 $D<Q_g^r+M_g^r$ 时，零售商的产品销售量即为其所面对的市场需求 D，因此突发事件发生后零售商的期望产品销售量 $S_g(Q_g^r+M_g^r)$为

$$S_g(Q_g^r+M_g^r)=(Q_g^r+M_g^r)\int_{Q_g^r+M_g^r}^{+\infty}g(x)\mathrm{d}x+\int_0^{Q_g^r+M_g^r}xg(x)\mathrm{d}x\tag{7.2}$$

突发事件发生后整个供应链系统的期望产品剩余量 $I_g(Q_g^r+M_g^r)$为

$$I_g(Q_g^r+M_g^r)=\int_0^{Q_g^r+M_g^r}(Q_g^r+M_g^r-x)g(x)\mathrm{d}x\tag{7.3}$$

突发事件发生后零售商的期望产品缺货量 $L_g(Q_g^r+M_g^r)$为

$$L_g(Q_g^r+M_g^r)=\int_{Q_g^r+M_g^r}^{+\infty}(x-Q_g^r-M_g^r)g(x)\mathrm{d}x\tag{7.4}$$

引理 7.1 如果突发事件的发生造成了所面对的市场需求增大，即 $1-G(x)\geqslant 1-F(x)$，则对于任意$(Q_g^r+M_g^r)\geqslant 0$，有$(Q+M)_g^*\geqslant(Q+M)^*$；如果突发事件的发生造成了供应链所面对市场需求的减小，即 $1-G(x)\leqslant 1-F(x)$，则对于任意$(Q_g^r+M_g^r)\geqslant 0$，有$(Q+M)_g^*\leqslant(Q+M)^*$。

证明：首先采用反证法，对当市场需求增大，即 $1-G(x)\geqslant 1-F(x)$时，对于任意$(Q_g^r+M_g^r)\geqslant 0$，有$(Q+M)_g^*\geqslant(Q+M)^*$进行证明。

假设突发事件的发生造成了在所面对的市场需求增大时，存在$(Q+M)_g^*\leqslant(Q+M)^*$，则整个供应链系统的期望利润为

$$\begin{aligned}\pi_{gsc} &= PS_g(Q_g^r+M_g^r)-C(Q_g^r+M_g^r)+sI_g(Q_g^r+M_g^r)\\&\quad -hL_g(Q_g^r+M_g^r)-K_2[(Q+M)^*-(Q_g^r+M_g^r)]\end{aligned}\tag{7.5}$$

对 π_{gsc} 求其关于 $Q_g^r+M_g^r$ 的二阶导，得到

$$\frac{d^2\pi_{gsc}}{d(Q_g^r+M_g^r)^2}=-(P+h-s)g(Q_g^r+M_g^r) \tag{7.6}$$

由于 $P>s$ 且市场需求的概率密度函数 $g(x)>0$，所以整个供应链系统期望利润关于 $Q_g^r+M_g^r$ 的二阶导 $\frac{d^2\pi_{gsc}}{d(Q_g^r+M_g^r)^2}<0$，存在解使得整个供应链系统期望利润取得最大值，于是对式(7.5)求其关于 $Q_g^r+M_g^r$ 一阶最优性条件即可得到集中决策状态下，整个供应链系统的最优生产量 $(Q+M)_g^*$。

对式(7.5)求其关于 $Q_g^r+M_g^r$ 的一阶导，得到

$$\frac{d\pi_{gsc}}{d(Q_g^r+M_g^r)}=P+h-C-(P+h-s)G(Q_g^r+M_g^r)+K_2 \tag{7.7}$$

令式(7.7)等于零，即可得到

$$(Q+M)_g^*=G^{-1}\left(\frac{P+h-C+K_2}{P+h-s}\right) \tag{7.8}$$

由于突发事件的发生造成了所面对的市场需求增大，对于任意 $x>0$，有 $1-G(x)\geqslant 1-F(x)$，因此 $G[(Q+M)^*]\leqslant F[(Q+M)^*]$。又由于 $G(x)$ 在 $x>0$ 上为严格递增函数，而通过前面假设可知 $(Q+M)_g^*\leqslant(Q+M)^*$，所以有

$$\frac{P+h-C+K_2}{P+h-s}=G[(Q+M)_g^*]\leqslant G[(Q+M)^*]\leqslant F[(Q+M)^*]=\frac{P+h-C}{P+h-s} \tag{7.9}$$

但由 $K_2>0$ 可知式(7.9)并不成立，矛盾。因此，当突发事件的发生造成了所面对的市场需求增大时，整个供应链系统在新市场需求下的最优产品生产量 $(Q+M)_g^*$ 应大于等于原市场需求下系统最优产品生产量 $(Q+M)^*$。

同理，当市场需求减小，即 $1-G(x)\leqslant 1-F(x)$ 时，则对于任意 $(Q_g^r+M_g^r)\geqslant 0$，有 $(Q+M)_g^*\leqslant(Q+M)^*$。

引理 7.1 得证。

下面首先分析当突发事件的发生导致供应链所面对市场需求增大时，集中决策状态下整个供应链系统最优产品生产量及供应链协调所发生的变化。

当突发事件的发生造成了供应链所面对的市场需求增大时，由引理 7.1 可知，整个供应链系统在新市场需求下的最优产品生产量 $(Q+M)_g^*$ 大于等于原市场需求下系统最优产品生产量 $(Q+M)^*$，因此当市场需求增大时，整个供应链系统的期望利润为

$$\begin{aligned}\pi_{gsc}=&PS_g(Q_g^r+M_g^r)-C(Q_g^r+M_g^r)+sI_g(Q_g^r+M_g^r)\\&-hL_g(Q_g^r+M_g^r)-K_1[(Q_g^r+M_g^r)-(Q+M)^*]\end{aligned} \tag{7.10}$$

对式(7.10)求其关于 $Q_g^r+M_g^r$ 的二阶导，得到

$$\frac{d^2\pi_{gsc}}{d(Q_g^r+M_g^r)^2}=-(P+h-s)g(Q_g^r+M_g^r) \tag{7.11}$$

由于 $P>s$ 且市场需求的概率密度函数 $g(x)>0$，所以整个供应链系统期望利润关于 $Q_g^r+M_g^r$ 的二阶导 $\frac{d^2\pi_{gsc}}{d(Q_g^r+M_g^r)^2}<0$，存在解使得式(7.10)取得最大值，于是对式(7.10)求其关于 $Q_g^r+M_g^r$ 一阶最优性条件即可得到最优解 $(Q+M)_g^{\wedge}$。

对式(7.10)求其关于 $Q_g^r+M_g^r$ 的一阶导，得到

$$\frac{d\pi_{gsc}}{d(Q_g^r+M_g^r)}=P+h-C-(P+h-s)G(Q_g^r+M_g^r)-K_1 \tag{7.12}$$

令式(7.12)等于零，即可得到

$$(Q+M)_g^{\wedge}=G^{-1}\left(\frac{P+h-C-K_1}{P+h-s}\right) \tag{7.13}$$

此时可以看出，当突发事件的发生造成了供应链所面对的市场需求增大时，整个供应链系统的最优产品生产量 $(Q+M)_g^*$ 存在两种情况：当突发事件的发生造成市场规模的增加不太大时，使得 $(Q+M)_g^{\wedge}<(Q+M)^*$，由引理7.1可知整个供应链系统在新市场需求下的最优产品生产量 $(Q+M)_g^*$ 应大于等于原市场需求下系统最优产品生产量 $(Q+M)^*$，同时由于 π_{gsc} 对于 $Q_g^r+M_g^r$ 为严格凹的，π_{gsc} 在 $[(Q+M)_g^{\wedge},+\infty]$ 上为严格递减，所以此时整个供应链系统的最优产品生产量 $(Q+M)_g^*=(Q+M)^*$；而当突发事件的发生造成市场规模的增加较大时，使得 $(Q+M)_g^{\wedge}\geqslant(Q+M)^*$，最优解 $(Q+M)_g^{\wedge}$ 位于约束范围 $[(Q+M)^*,+\infty]$ 之内，所以此时整个供应链系统的最优产品生产量 $(Q+M)_g^*=(Q+M)_g^{\wedge}$。

下面分析当突发事件的发生导致供应链所面对市场需求减小时，集中决策状态下整个供应链系统最优产品生产量及供应链协调所发生的变化。

当突发事件的发生造成了供应链所面对的市场需求减小时，由引理7.1可知，整个供应链系统在新市场需求下的最优产品生产量 $(Q+M)_g^*$ 小于等于原市场需求下系统最优产品生产量 $(Q+M)^*$，因此当市场需求减小时，整个供应链系统的期望利润为

$$\begin{aligned}\pi_{gsc}=&PS_g(Q_g^r+M_g^r)-C(Q_g^r+M_g^r)+sI_g(Q_g^r+M_g^r)\\&-hL_g(Q_g^r+M_g^r)-K_2[(Q+M)^*-(Q_g^r+M_g^r)]\end{aligned} \tag{7.14}$$

对式(7.14)求其关于 $Q_g^r+M_g^r$ 的二阶导，得到

$$\frac{d^2\pi_{gsc}}{d(Q_g^r+M_g^r)^2}=-(P+h-s)g(Q_g^r+M_g^r) \tag{7.15}$$

由于 $P>s$ 且市场需求的概率密度函数 $g(x)>0$，所以整个供应链系统期望利润关于 $Q_g^r+M_g^r$ 的二阶导 $\frac{d^2\pi_{gsc}}{d(Q_g^r+M_g^r)^2}<0$，存在解使得式(7.14)取得最大值，于是对式(7.14)求其关于 $Q_g^r+M_g^r$ 一阶最优性条件即可得到最优解 $(Q+M)_g^{\#}$。

对式(7.14)求其关于 $Q_g^r+M_g^r$ 的一阶导，得到

$$\frac{d\pi_{gsc}}{d(Q_g^r+M_g^r)}=P+h-C-(P+h-s)G(Q_g^r+M_g^r)+K_2 \tag{7.16}$$

令式(7.16)等于零，即可得到

$$(Q+M)_g^{\#}=G^{-1}\left(\frac{P+h-C+K_2}{P+h-s}\right) \tag{7.17}$$

此时可以看出，当突发事件的发生造成了供应链所面对的市场需求减小时，整个供应链系统的最优产品生产量$(Q+M)_g^*$存在两种情况：当突发事件的发生造成市场规模的减小不太大时，使得$(Q+M)_g^{\#}>(Q+M)^*$，由引理7.1可知，整个供应链系统在新市场需求下的最优产品生产量$(Q+M)_g^*$应小于等于原市场需求下系统最优产品生产量$(Q+M)^*$，同时由于π_{gsc}对于$Q_g^r+M_g^r$为严格凹的，π_{gsc}在$[0,(Q+M)_g^{\#}]$上为严格递增，所以此时整个供应链系统的最优产品生产量$(Q+M)_g^*=(Q+M)^*$；而当突发事件的发生造成市场规模的减小较大时，使得$(Q+M)_g^{\#}\leqslant(Q+M)^*$，最优解$(Q+M)_g^{\#}$位于约束范围$[0,(Q+M)^*]$之内，所以此时整个供应链最优产品生产量$(Q+M)_g^*=(Q+M)_g^{\#}$。

综上所述，当突发事件的发生导致供应链所面对市场需求发生变化时，集中决策状态下整个供应链系统最优产品生产量的变化情况如下

$$(Q+M)_g^*=\begin{cases}G^{-1}\left(\dfrac{P+h-C-K_1}{P+h-s}\right), & \text{需求增加较大，即}(Q+M)_g^{\wedge}\geqslant(Q+M)^*\\ (Q+M)^*, & \text{需求变化不大，即}(Q+M)_g^{\wedge}<(Q+M)^*\\ & \text{或}(Q+M)_g^{\#}>(Q+M)^*\\ G^{-1}\left(\dfrac{P+h-C+K_2}{P+h-s}\right), & \text{需求减小较大，即}(Q+M)_g^{\#}\leqslant(Q+M)^*\end{cases} \tag{7.18}$$

7.2.2 突发事件下基于原期权契约的零售商主导型供应链分散决策模型

在分散决策状态下，供应链系统内部各决策主体完全理性，均以自身利益最大化为各自的决策目标，而不会去考虑整个供应链系统的整体利益。因此在销售季节来临前，突发事件的发生导致其所面对的市场需求出现变化时，制造商将会依据新的市场需求，同时结合自身情况对原有的产品生产量$(Q+M)^*$决策进行变动，以保证其自身利益在突发事件发生后依旧实现最大化，但其对原有决策的变动并不会考虑供应链系统的整体利益。本节即对这种突发事件发生后，零售商主导型供应链系统的分散决策情况进行分析。

突发事件发生后，分散决策状态下制造商的期望利润π_{gm}^{rc}为

$$\begin{aligned}\pi_{gm}^{rc}=&\omega^rQ_g^{rc}+C_0^rM_g^{rc}+C_e^r*H_g(Q_g^r,M_g^r)+S*I_{gm}(Q_g^r,M_g^r)-C(Q_g^r+M_g^r)\\&-K_1[(Q_g^r+M_g^r)-(Q+M)^*]^+-K_2[(Q+M)^*-(Q_g^r+M_g^r)]^+\end{aligned} \tag{7.19}$$

其中，第一项$\omega^rQ_g^r$为突发事件发生后，制造商通过零售商在销售季节开始前以批发价格购买初始订货所获得的收益，由零售商所给出的批发价格与初始订货量的关系可知：$\omega^rQ_g^r=\beta^r+\omega_0^rQ_g^r$；第二项$C_0^rM_g^r$为突发事件发生后，制造商通过零售商在销售季节开始前以期权购买价格购买期权所获得的收益；$H_g(Q_g^r,M_g^r)$为突发事件发生后零售商的期望期权执行

量，第三项 $C_e^r * H_g(Q_g^r, M_g^r)$ 为突发事件发生后，制造商通过零售商以期权执行价格执行期权所获得的收益；$I_{gm}(Q_g^r, M_g^r)$ 为突发事件发生后制造商的期望产品剩余量，第四项 $S * I_{gm}(Q_g^r, M_g^r)$ 为突发事件发生后，由于产品生产过剩而产生的剩余产品残值；第五项 $C(Q_g^r + M_g^r)$ 为产品的生产成本；第六项 $K_1[(Q_g^r + M_g^r) - (Q+M)^*]^+$ 为当突发事件的发生导致产品市场需求增加时，制造商相比于原有生产计划确定的 $(Q+M)^*$ 增加的产品生产所致的额外新生产成本；第七项 $K_2[(Q+M)^* - (Q_g^r + M_g^r)]^+$ 为当突发事件的发生导致产品市场需求减小，制造商新的产品生产量小于原有生产计划所确定的 $(Q+M)^*$ 时，剩余产品所导致的额外处理费用。

突发事件发生后，当零售商所面对的市场需求 $Q < D \leqslant Q_g^r + M_g^r$ 时，零售商的期权执行量为 $D - Q_g^r$；而当零售商所面对的市场需求 $D > Q_g^r + M_g^r$ 时，零售商的期权执行量即为其在销售季节开始前向制造商购买的所有期权 M_g^r，因此突发事件发生后零售商的期望期权执行量 $H_g(Q_g^r, M_g^r)$ 为

$$H_g(Q_g^r, M_g^r) = \int_{Q_g^r}^{Q_g^r + M_g^r} (x - Q_g^r) g(x) \mathrm{d}x + \int_{Q_g^r + M_g^r}^{+\infty} M_g^r g(x) \mathrm{d}x \tag{7.20}$$

突发事件发生后，当零售商所面对的市场需求 $D < Q_g^r$ 时，其初始订购量即可满足所面对的需求，无须向制造商执行期权，所以此时制造商的产品剩余量为 M_g^r；而当零售商所面对的市场需求 $Q_g^r < D \leqslant Q_g^r + M_g^r$ 时，其初始订购量无法再满足所面对的需求，将会向制造商执行期权，执行量为 $D - Q_g^r$，所以此时制造商的产品剩余量为 $Q_g^r + M_g^r - D$；而当零售商所面对的市场需求 $D > Q_g^r + M_g^r$ 时，零售商的期权执行量为其在销售季节开始前向制造商购买的所有期权 M_g^r，此时制造商所生产的 $Q_g^r + M_g^r$ 个产品将全部被零售商采购，产品剩余量为 0，因此突发事件发生后制造商的期望产品剩余量 $I_{gm}(Q_g^r, M_g^r)$ 为

$$I_{gm}(Q_g^r, M_g^r) = \int_{Q_g^r}^{Q_g^r + M_g^r} (Q_g^r + M_g^r - x) g(x) \mathrm{d}x + \int_0^{Q_g^r} M_g^r g(x) \mathrm{d}x \tag{7.21}$$

引理 7.2 如果突发事件的发生造成了所面对的市场需求增大，即 $1 - G(x) \geqslant 1 - F(x)$，则对于任意 $Q_g^r + M_g^r \geqslant 0$，有 $(Q+M)_g^{rc} \geqslant (Q+M)^*$；如果突发事件的发生造成了供应链所面对市场需求的减小，即 $1 - G(x) \leqslant 1 - F(x)$，则对于任意 $Q_g^r + M_g^r \geqslant 0$，有 $(Q+M)_g^{rc} \leqslant (Q+M)^*$。

证明：首先采用反证法，对当市场需求增大，即 $1 - G(x) \geqslant 1 - F(x)$ 时，对于任意 $Q_g^r + M_g^r \geqslant 0$，有 $(Q+M)_g^{rc} \geqslant (Q+M)^*$ 进行证明。

假设突发事件的发生造成了所面对的市场需求增大时，存在 $(Q+M)_g^{rc} \leqslant (Q+M)^*$，则制造商的期望利润为

$$\begin{aligned}\pi_{gm}^{rc} = &\omega^r Q_g^r + C_0^r M_g^r + C_e^r * H_g(Q_g^r, M_g^r) + S * I_{gm}(Q_g^r, M_g^r) \\ &- C(Q_g^r + M_g^r) - K_2[(Q+M)^* - (Q_g^r + M_g^r)]\end{aligned} \tag{7.22}$$

对式(7.22)求其关于初始订购量 Q_g^r 的一阶导，可得到

$$\frac{\partial \pi_{gm}^{rc}}{\partial Q_g^r} = (s - C_e^r)[G(Q_g^r + M_g^r) - G(Q_g^r)] - C + \omega_0^r + K_2 \tag{7.23}$$

对式(7.22)求其关于期权购买量 M 的一阶导，可得到

$$\frac{\partial \pi_{gm}^{rc}}{\partial M_g^r} = (s - C_e^r)G(Q_g^r + M_g^r) + C_0^r + C_e^r - C + K_2 \tag{7.24}$$

令式(7.23)和式(7.24)等于零并联立

$$\begin{cases}(s - C_e^r)[G(Q_g^r + M_g^r) - G(Q_g^r)] - C + \omega_0^r + K_2 = 0 \\ (s - C_e^r)G(Q_g^r + M_g^r) + C_0^r + C_e^r - C + K_2 = 0\end{cases} \tag{7.25}$$

即可得到当突发事件的发生造成了所面对的市场需求增大时，原期权契约机制下制造商以自身利益最大化为原则所确定的最优初始订购量 Q_g^{rc}、最优期权购买量 M_g^{rc} 和最优生产量 $(Q+M)_g^{rc}$

$$Q_g^{rc} = G^{-1}\left(\frac{C_0^r + C_e^r - \omega_0^r}{C_e^r - s}\right) \tag{7.26}$$

$$M_g^{rc} = G^{-1}\left(\frac{C - C_0^r - C_e^r - K_2}{s - C_e^r}\right) - G^{-1}\left(\frac{C_0^r + C_e^r - \omega_0^r}{C_e^r - s}\right) \tag{7.27}$$

$$(Q + M)_g^{rc} = G^{-1}\left(\frac{C_0^r + C_e^r - C + K_2}{C_e^r - s}\right) \tag{7.28}$$

由于突发事件的发生造成了所面对的市场需求增大，对于任意 $x>0$，有 $1-G(x)\geqslant 1-F(x)$，因此 $G[(Q+M)^*]\leqslant F[(Q+M)^*]$。又由于 $G(x)$ 在 $x>0$ 上为严格递增函数，而通过前面假设可知 $(Q+M)_{gm}^c \leqslant (Q+M)^*$，所以有

$$\frac{C_0^r + C_e^r - C + K_2}{C_e^r - s} = G[(Q + M)_{gm}^c] \leqslant G[(Q + M)^*] \leqslant F[(Q + M)^*] = \frac{P + h - C}{P + h - s} \tag{7.29}$$

但由 $\dfrac{C_0^r + C_e^r - C}{C_e^r - s} = \dfrac{P+h-C}{P+h-s}$ 且 $C_e^r > s$ 可知式(7.29)并不成立，矛盾。因此，当突发事件的发生造成了所面对的市场需求增大时，制造商在原期权契约机制下，面对新的市场需求，其最优产品生产量 $(Q+M)_g^{rc}$ 应大于等于原市场需求下制造商所选择的最优产品生产量 $(Q+M)^*$。

同理，当市场需求减小，即 $1-G(x)\leqslant 1-F(x)$ 时，则对于任意 $Q_g^r + M_g^r \geqslant 0$，有 $(Q+M)_g^{rc} \leqslant (Q+M)^*$。

引理 7.2 得证。

下面首先分析当突发事件的发生导致供应链所面对市场需求增大时，原期权契约机制下，各决策主体以其自身利益最大化为目标进行决策，制造商最优生产量及供应链协调所发生的变化。

当突发事件的发生造成了供应链所面对的市场需求增大时，由引理 7.2 可知，制造商在原期权契约机制下，面对新市场需求，其最优产品生产量 $(Q+M)_g^{rc}$ 大于等于在原市场需求下制造商所选择的最优产品生产量 $(Q+M)^*$，因此当市场需求增大时，制造商在原期权契约机制下的期望利润为

$$\pi_{gm}^{rc}=\omega^{r}Q_{g}^{r}+C_{0}^{r}M_{g}^{r}+C_{e}^{r}*H_{g}(Q_{g}^{r},M_{g}^{r})+S*I_{gm}(Q_{g}^{r},M_{g}^{r})$$
$$-C(Q_{g}^{r}+M_{g}^{r})-K_{1}[(Q_{g}^{r}+M_{g}^{r})-(Q+M)^{*}] \tag{7.30}$$

对式(7.30)求其关于初始订购量 Q_g^r 的一阶导,可得到

$$\frac{\partial\pi_{gm}^{rc}}{\partial Q_{g}^{r}}=(s-C_{e}^{r})[G(Q_{g}^{r}+M_{g}^{r})-G(Q_{g}^{r})]-C+\omega_{0}^{r}-K_{1} \tag{7.31}$$

对式(7.30)求其关于期权购买量 M_g^r 的一阶导,可得到

$$\frac{\partial\pi_{gm}^{rc}}{\partial M_{g}^{r}}=(s-C_{e}^{r})G(Q_{g}^{r}+M_{g}^{r})+C_{0}^{r}+C_{e}^{r}-C-K_{1} \tag{7.32}$$

令式(7.31)和式(7.32)等于零并联立

$$\begin{cases}(s-C_{e}^{r})[G(Q_{g}^{r}+M_{g}^{r})-G(Q_{g}^{r})]-C+\omega_{0}^{r}-K_{1}=0\\(s-C_{e}^{r})G(Q_{g}^{r}+M_{g}^{r})+C_{0}^{r}+C_{e}^{r}-C-K_{1}=0\end{cases} \tag{7.33}$$

即可得到当突发事件的发生造成了所面对的市场需求增大时,使得制造商在原期权契约机制下期望利润,即式(7.30)实现最大化的最优解 $(Q+M)_{gm}^{c\wedge}$

$$(Q+M)_{gm}^{c\wedge}=G^{-1}\left(\frac{C_{0}^{r}+C_{e}^{r}-C-K_{1}}{C_{e}^{r}-s}\right) \tag{7.34}$$

此时可以看出当突发事件的发生造成了供应链所面对的市场需求增大时,制造商在原期权契约机制下的最优产品生产量 $(Q+M)_{g}^{rc}$ 存在两种情况:当突发事件的发生造成市场规模的增加不太大时,使得 $(Q+M)_{gm}^{c\wedge}<(Q+M)^{*}$,由引理 7.2 可知,面对新的市场需求,制造商在原期权契约机制下的最优产品生产量 $(Q+M)_{g}^{rc}$ 应大于等于原市场需求下制造商所选择的最优产品生产量 $(Q+M)^{*}$,所以此时制造商在原期权契约机制下,面对新市场需求的最优产品生产量 $(Q+M)_{g}^{rc}=(Q+M)^{*}$;而当突发事件的发生造成市场规模的增加较大时,使得 $(Q+M)_{gm}^{c\wedge}\geqslant(Q+M)^{*}$,最优解 $(Q+M)_{gm}^{c\wedge}$ 位于约束范围 $[(Q+M)^{*},+\infty]$ 之内,所以此时制造商在原期权契约机制下,面对新市场需求的最优产品生产量 $(Q+M)_{g}^{rc}=(Q+M)_{gm}^{c\wedge}$。

下面分析当突发事件的发生导致供应链所面对市场需求减小时,在原期权契约机制下,各决策主体以其自身利益最大化为目标进行决策,制造商最优产品生产量及供应链协调所发生的变化。

当突发事件的发生造成了供应链所面对的市场需求减小时,由引理 7.2 可知,制造商在原期权契约机制下,面对新市场需求,其最优产品生产量 $(Q+M)_{gm}^{c}$ 小于等于在原市场需求下制造商所选择的最优产品生产量 $(Q+M)^{*}$,因此当市场需求减小时,制造商在原期权契约机制下的期望利润为

$$\pi_{gm}^{rc}=\omega^{r}Q_{g}^{r}+C_{0}^{r}M_{g}^{r}+C_{e}^{r}*H_{g}(Q_{g}^{r},M_{g}^{r})+S*I_{gm}(Q_{g}^{r},M_{g}^{r})$$
$$-C(Q_{g}^{r}+M_{g}^{r})-K_{2}[(Q+M)^{*}-(Q_{g}^{r}+M_{g}^{r})] \tag{7.35}$$

对式(7.35)求其关于初始订购量 Q 的一阶导,可得到

$$\frac{\partial \pi_{gm}^{rc}}{\partial Q}=(s-C_e^r)[G(Q_g^r+M_g^r)-G(Q_g^r)]-C+\omega_0^r+K_2 \tag{7.36}$$

对式(7.35)求其关于期权购买量 M 的一阶导，可得到

$$\frac{\partial \pi_{gm}^{rc}}{\partial M}=(s-C_e^r)G(Q_g^r+M_g^r)+C_0^r+C_e^r-C+K_2 \tag{7.37}$$

令式(7.36)和式(7.37)等于零并联立

$$\begin{cases}(s-C_e^r)[G(Q_g^r+M_g^r)-G(Q_g^r)]-C+\omega_0^r+K_2=0\\(s-C_e^r)G(Q_g^r+M_g^r)+C_0^r+C_e^r-C+K_2=0\end{cases} \tag{7.38}$$

即可得到当突发事件的发生造成了所面对的市场需求减小时，使得制造商在原期权契约机制下期望利润，即式(7.35)实现最大化的最优解 $(Q+M)_{gm}^{c\#}$：

$$(Q+M)_{gm}^{c\#}=G^{-1}\left(\frac{C_0^r+C_e^r-C+K_2}{C_e^r-s}\right) \tag{7.39}$$

此时可以看出当突发事件的发生造成了供应链所面对的市场需求减小时，制造商在原期权契约机制下的最优产品生产量 $(Q+M)_g^{rc}$ 存在两种情况：当突发事件的发生造成市场规模的减小不太大时，使得 $(Q+M)_{gm}^{c\#}>(Q+M)^*$，由引理 7.2 可知，面对新的市场需求，制造商在原期权契约机制下的最优产品生产量 $(Q+M)_g^{rc}$ 应小于等于原市场需求下制造商所选择的最优产品生产量 $(Q+M)^*$，所以此时制造商在原期权契约机制下，面对新市场需求的最优产品生产量 $(Q+M)_g^{rc}=(Q+M)^*$；而当突发事件的发生造成市场规模的减小较大时，使得 $(Q+M)_{gm}^{c\#}\leqslant(Q+M)^*$，最优解 $(Q+M)_{gm}^{c\#}$ 位于约束范围 $[0,(Q+M)^*]$ 之内，所以此时制造商在原期权契约机制下，面对新市场需求的最优产品生产量 $(Q+M)_g^{rc}=(Q+M)_{gm}^{c\#}$。

综上所述，当突发事件的发生导致供应链所面对市场需求发生变化时，各决策主体以其自身利益最大化为目标进行决策，制造商在原期权契约机制下最优产品生产量的变化情况如下：

$$(Q+M)_g^{rc}=\begin{cases}G^{-1}\left(\dfrac{C_0^r+C_e^r-C-K_1}{C_e^r-s}\right), & \text{需求增加较大，即}(Q+M)_{gm}^{c\wedge}\geqslant(Q+M)^*\\(Q+M)^*, & \text{需求变化不大，即}(Q+M)_{gm}^{c\wedge}<(Q+M)^*\\ & \text{或}(Q+M)_{gm}^{c\#}>(Q+M)^*\\G^{-1}\left(\dfrac{C_0^r+C_e^r-C+K_2}{C_e^r-s}\right), & \text{需求减小较大，即}(Q+M)_{gm}^{c\#}\leqslant(Q+M)^*\end{cases} \tag{7.40}$$

7.3 突发事件下零售商主导型供应链基于期权契约的协调策略

由 7.2 节的研究内容可知，当突发事件的发生导致供应链所面对市场需求发生变化时，在集中决策状态下，整个供应链系统的最优产品生产量将可能发生一定波动，同时在原有期

权契约机制下，完全理性的制造商以自身利益最大化为原则进行决策，所选择的产品生产量同样将可能发生变化。因此突发事件的发生将可能导致原有期权契约失效，在原有期权契约机制下，整个供应链系统无法再继续维持协调运作。此时零售商作为整个供应链系统中的主导者，为了恢复整个供应链系统的协调，可以对原有期权契约机制进行合理的调节变动，使得供应链内部各决策主体之间重新产生相互协作的积极性和行为，激励制造商选择可以恢复整个供应链系统协调所必须的产品生产量进行产品的生产，从而使得供应链整体利润重新达到最优，恢复整体的协调。

下面首先分析当突发事件的发生导致供应链所面对市场需求增大时，零售商作为整个供应链系统中的主导者，如何对原有期权契约机制进行合理的调节变动，以保持整个供应链系统的协调运作。

由7.2节的研究内容可知，当突发事件的发生导致供应链所面对市场需求增大时，整个供应链系统的最优产品生产量$(Q+M)_g^*$的变化情况为

$$(Q+M)_g^* = \begin{cases} (Q+M)_g^{\wedge}, & \text{需求增加较大，即}(Q+M)_g^{\wedge} \geqslant (Q+M)^* \\ (Q+M)^*, & \text{需求增加不大，即}(Q+M)_g^{\wedge} < (Q+M)^* \end{cases} \tag{7.41}$$

其中，$(Q+M)_g^{\wedge} = G^{-1}\left(\dfrac{P+h-C-K_1}{P+h-s}\right)$。

制造商在原期权契约机制下所选择的最优产品生产量$(Q+M)_g^{rc}$的变化情况为

$$(Q+M)_g^{rc} = \begin{cases} (Q+M)_{gm}^{c\wedge}, & \text{需求增加较大，即}(Q+M)_{gm}^{c\wedge} \geqslant (Q+M)^* \\ (Q+M)^*, & \text{需求增加不大，即}(Q+M)_{gm}^{c\wedge} < (Q+M)^* \end{cases} \tag{7.42}$$

其中，$(Q+M)_{gm}^{c\wedge} = G^{-1}\left(\dfrac{C_0^r+C_e^r-C-K_1}{C_e^r-s}\right)$。

由式(5.18)可知，在原期权契约机制下$\dfrac{C_0^r-C+C_e^r}{C_e^r-s}=\dfrac{P+h-C}{P+h-s}$，所以$(Q+M)_{gm}^{c\wedge} = G^{-1}\left(\dfrac{P+h-C}{P+h-s}-\dfrac{K_1}{C_e^r-s}\right)$，又因为$P>C_e^r$且$G(x)$在$x>0$上为严格递增函数，所以$(Q+M)_g^{\wedge} > (Q+M)_{gm}^{c\wedge}$。

此时可以看出当突发事件的发生导致供应链所面对市场需求增大时，零售商作为整个供应链系统中的主导者，为维持系统在突发事件下依旧协调运作，其基于期权契约的协调策略存在三种情况：

(1) 当突发事件的发生导致整个供应链系统所面对的市场需求增加不太大时，使得$(Q+M)_g^{\wedge}<(Q+M)^*$，在此状态下，面对新的市场需求，整个供应链系统的最优产品生产量$(Q+M)_g^*$以及制造商在原期权契约机制下所选择的最优产品生产量$(Q+M)_g^{rc}$均未发生变化，仍然为突发事件发生前整个供应链系统基于原期权契约机制所达到整体协调状态下的产品生产量$(Q+M)^*$。此时原期权契约机制并未失效，其依旧可以有效地激励制造商选择实现整个供应链系统整体利益最优的产品生产量进行产品的生产，从而维持整个供应链

系统的协调运作。因此主导型零售商无须对原有期权契约机制进行调节变动，维持原期权契约即可。

(2) 当突发事件的发生导致整个供应链系统所面对的市场需求增加比较大时，使得$(Q+M)_g^{\wedge}>(Q+M)^*>(Q+M)_{gm}^{c\wedge}$，在此状态下，面对新的市场需求，制造商在原期权契约机制下所选择的最优产品生产量$(Q+M)_g^{rc}$未发生变化，仍然为突发事件发生前整个供应链系统基于原期权契约机制所达到整体协调状态下的产品生产量$(Q+M)^*$，而整个供应链系统的最优产品生产量$(Q+M)_g^*$发生变化，$(Q+M)_g^*=(Q+M)_g^{\wedge}$。此时原期权契约机制失效，其无法有效地激励制造商选择实现整个供应链系统整体利益最优的产品生产量进行产品的生产，从而整个供应链系统的协调运作被打破。因此主导型零售商需对原有期权契约机制进行合理的调节变动，以恢复供应链系统的整体协调。

突发事件的发生造成了当供应链所面对的市场需求增加比较大时，在零售商对原有期权契约进行调节变动后，制造商的期望利润π_{gm}^{rnc}为

$$\begin{aligned}\pi_{gm}^{rnc}=&\omega^r Q_g^{rn}+C_0^{rn}M_g^{rn}+C_e^{rn}*H_g(Q_g^{rn},M_g^{rn})+S*I_{gm}(Q_g^{rn},M_g^{rn})\\&-C(Q_g^{rn}+M_g^{rn})-K_1[(Q_g^{rn}+M_g^{rn})-(Q+M)^*]\end{aligned}\tag{7.43}$$

对式(7.43)求其关于初始订购量Q的一阶导，可得到

$$\frac{\partial\pi_{gm}^{rnc}}{\partial Q_g^{rn}}=(s-C_e^{rn})[G(Q_g^{rn}+M_g^{rn})-G(Q_g^{rn})]-C+\omega_0^r-K_1\tag{7.44}$$

对式(7.43)求其关于期权购买量M的一阶导，可得到

$$\frac{\partial\pi_{gm}^{rnc}}{\partial M}=(s-C_e^{rn})G(Q_g^{rn}+M_g^{rn})+C_0^{rn}+C_e^{rn}-C-K_1\tag{7.45}$$

令式(7.44)和式(7.45)等于零并联立

$$\begin{cases}(s-C_e^{rn})[G(Q_g^{rn}+M_g^{rn})-G(Q_g^{rn})]-C+\omega_0^r-K_1=0\\(s-C_e^{rn})G(Q_g^{rn}+M_g^{rn})+C_0^{rn}+C_e^{rn}-C-K_1=0\end{cases}\tag{7.46}$$

即可得到突发事件的发生造成了当所面对的市场需求增加比较大时，在零售商对原有期权契约进行调节变动后，使得制造商在新期权契约机制下的期望利润，即式(7.43)，实现最大化的最优产品生产量$(Q+M)_g^{rnc}$

$$(Q+M)_g^{rnc}=G^{-1}\left(\frac{C_0^{rn}+C_e^{rn}-C-K_1}{C_e^{rn}-s}\right)\tag{7.47}$$

为保证供应链系统恢复整体的协调，主导型零售商进行参数调节变动后的新期权契约应能够激励制造商选择突发事件下，面对新的市场需求整个供应链系统的最优产品生产量$(Q+M)_g^{\wedge}$进行生产，也就是说，使得突发事件的发生导致整个供应链系统所面对的市场需求增加比较大时，在调节后的新期权契约机制下制造商所确定的最优生产量等于集中决策状态下整个供应链的最优生产量，即

$$(Q+M)_g^{rnc}=(Q+M)_g^{\wedge}\tag{7.48}$$

所以由式(7.13)和式(7.47)可知，要使供应链整体期望利润重新达到最大，恢复供应链

整体的协调，零售商对原有期权契约机制的合理调节变动须满足

$$C_0^{rn}=C-C_e^{rn}+K_1-\frac{(P+h-C-K_1)(s-C_e^{rn})}{P+h-s} \tag{7.49}$$

(3) 当突发事件的发生导致整个供应链系统所面对的市场需求增加非常大时，使得$(Q+M)_{gm}^{c\wedge}>(Q+M)^*$，在此状态下，面对新的市场需求，制造商在原期权契约机制下所选择的最优产品生产量$(Q+M)_g^{rc}$ 发生变化，$(Q+M)_g^{rc}=(Q+M)_{gm}^{c\wedge}$，而整个供应链系统的最优产品生产量$(Q+M)_g^*$ 同样发生变化，$(Q+M)_g^*=(Q+M)_g^{\wedge}$。此时原期权契约机制失效，其无法有效地激励制造商选择实现整个供应链系统整体利益最优的产品生产量进行产品的生产，从而整个供应链系统的协调运作被打破。因此主导型零售商需对原有期权契约机制进行合理的调节变动，以恢复供应链系统的整体协调。

同理可得，与情况(2)相同，为使供应链整体期望利润重新达到最大，恢复供应链整体的协调，零售商对原有期权契约机制的合理调节变动须满足

$$C_0^{rn}=C-C_e^{rn}+K_1-\frac{(P+h-C-K_1)(s-C_e^{rn})}{P+h-s} \tag{7.50}$$

下面分析当突发事件的发生导致供应链所面对市场需求减小时，零售商作为整个供应链系统中的主导者，如何对原有期权契约机制进行合理的调节变动，以保持整个供应链系统的协调运作。

由 7.2 节的研究内容可知，当突发事件的发生导致供应链所面对市场需求减小时，整个供应链系统的最优产品生产量$(Q+M)_g^*$ 的变化情况为

$$(Q+M)_g^*=\begin{cases}(Q+M)^*, & \text{需求减小不大，即}(Q+M)_g^{\#}>(Q+M)^*\\(Q+M)_g^{\#}, & \text{需求减小较大，即}(Q+M)_g^{\#}\leqslant(Q+M)^*\end{cases} \tag{7.51}$$

其中，$(Q+M)_g^{\#}=G^{-1}\left(\frac{P+h-C+K_2}{P+h-s}\right)$。

制造商在原期权契约机制下所选择的最优产品生产量$(Q+M)_g^{rc}$ 的变化情况为

$$(Q+M)_g^{rc}=\begin{cases}(Q+M)^*, & \text{需求减小不大，即}(Q+M)_{gm}^{c\#}>(Q+M)^*\\(Q+M)_{gm}^{c\#}, & \text{需求减小较大，即}(Q+M)_{gm}^{c\#}\leqslant(Q+M)^*\end{cases} \tag{7.52}$$

其中，$(Q+M)_{gm}^{c\#}=G^{-1}\left(\frac{C_0^r+C_e^r-C+K_2}{C_e^r-s}\right)$。

由式(5.18)可知，在原期权契约机制下$\frac{C_0^r-C+C_e^r}{C_e^r-s}=\frac{P+h-C}{P+h-s}$，所以$(Q+M)_{gm}^{c\#}=G^{-1}\left(\frac{P+h-C}{P+h-s}+\frac{K_2}{C_e^r-s}\right)$，又因为 $P>C_e^r$且 $G(x)$在 $x>0$ 上为的严格递增函数，所以$(Q+M)_{gm}^{c\#}>(Q+M)_g^{\#}$。

此时可以看出，当突发事件的发生导致供应链所面对市场需求减小时，零售商作为整个供应链系统中的主导者，为维持系统在突发事件下依旧协调运作，其基于期权契约的协调策

略存在 3 种情况：

(1) 当突发事件的发生导致整个供应链系统所面对的市场需求减小不太大时，使得 $(Q+M)_g^{\#}>(Q+M)^*$，在此状态下，面对新的市场需求，整个供应链系统的最优产品生产量 $(Q+M)_g^*$ 以及制造商在原期权契约机制下所选择的最优产品生产量 $(Q+M)_g^{rc}$ 均未发生变化，仍然为突发事件发生前整个供应链系统基于原期权契约机制所达到整体协调状态下的产品生产量 $(Q+M)^*$。此时原期权契约机制并未失效，其依旧可以有效地激励制造商选择实现整个供应链系统整体利益最优的产品生产量进行产品的生产，从而维持整个供应链系统的协调运作。因此主导型零售商无须对原有期权契约机制进行调节变动，维持原期权契约即可。

(2) 当突发事件的发生导致整个供应链系统所面对的市场需求减小比较大时，使得 $(Q+M)_{gm}^{c\#}>(Q+M)^*>(Q+M)_g^{\#}$，在此状态下，面对新的市场需求，制造商在原期权契约机制下所选择的最优产品生产量 $(Q+M)_g^{rc}$ 未发生变化，仍然为突发事件发生前整个供应链系统基于原期权契约机制所达到整体协调状态下的产品生产量 $(Q+M)^*$，而整个供应链系统的最优产品生产量 $(Q+M)_g^*$ 发生变化，$(Q+M)_g^*=(Q+M)_g^{\#}$。此时原期权契约机制失效，其无法有效地激励制造商选择实现整个供应链系统整体利益最优的产品生产量进行产品的生产，从而整个供应链系统的协调运作被打破。因此主导型零售商需对原有期权契约机制进行合理的调节变动，以恢复供应链系统的整体协调。

突发事件的发生造成了供应链所面对的市场需求减小比较大时，当零售商对原有期权契约进行调节变动后，制造商的期望利润 π_{gm}^{rnc} 为

$$\begin{aligned}\pi_{gm}^{rnc}&=\omega^r Q_g^{rn}+C_0^{rn}M_g^{rn}+C_e^{rn}*H_g(Q_g^{rn},M_g^{rn})+S*I_{gm}(Q_g^{rn},M_g^{rn})\\&\quad-C(Q_g^{rn}+M_g^{rn})-K_2[(Q+M)^*-(Q_g^{rn}+M_g^{rn})]\end{aligned}\tag{7.53}$$

对式(7.53)求其关于初始订购量 Q_g^{rn} 的一阶导，可得到

$$\frac{\partial\pi_{gm}^{rnc}}{\partial Q_g^{rn}}=(s-C_e^{rn})[G(Q_g^{rn}+M_g^{rn})-G(Q_g^{rn})]-C+\omega_0^r+K_2\tag{7.54}$$

对式(7.53)求其关于期权购买量 M 的一阶导，可得到

$$\frac{\partial\pi_{gm}^{rnc}}{\partial M_g^{rn}}=(s-C_e^{rn})G(Q_g^{rn}+M_g^{rn})+C_0^{rn}+C_e^{rn}-C+K_2\tag{7.55}$$

令式(7.54)和式(7.55)等于零并联立

$$\begin{cases}(s-C_e^{rn})[G(Q_g^{rn}+M_g^{rn})-G(Q_g^{rn})]-C+\omega_0^r+K_2=0\\(s-C_e^{rn})G(Q_g^{rn}+M_g^{rn})+C_0^{rn}+C_e^{rn}-C+K_2=0\end{cases}\tag{7.56}$$

即可得到突发事件的发生造成了所面对的市场需求减小比较大时，当零售商对原有期权契约进行调节变动后，使得制造商在新期权契约机制下的期望利润，即式(7.53)，实现最大化的最优产品生产量 $(Q+M)_g^{rnc}$

$$(Q+M)_g^{rnc}=G^{-1}\left(\frac{C_0^{rn}+C_e^{rn}-C+K_2}{C_e^{rn}-s}\right)\tag{7.57}$$

为保证供应链系统恢复整体的协调，主导型零售商进行参数调节变动后的新期权契约应能够激励制造商选择突发事件下，面对新的市场需求整个供应链系统的最优产品生产量 $(Q+M)_g^{\#}$ 进行生产，也就是说，使得突发事件的发生导致整个供应链系统所面对的市场需求减小比较大时，在调节后的新期权契约机制下制造商所确定的最优生产量等于集中决策状态下整个供应链的最优生产量，即

$$(Q+M)_g^{rnc}=(Q+M)_g^{\#} \tag{7.58}$$

所以由式(7.17)和式(7.57)可知，要使供应链整体期望利润重新达到最大，恢复供应链整体的协调，零售商对原有期权契约机制的合理调节变动须满足

$$C_0^{rn}=C-C_e^{rn}-K_2-\frac{(P+h-C+K_2)(s-C_e^{rn})}{P+h-s} \tag{7.59}$$

(3) 当突发事件的发生导致整个供应链系统所面对的市场需求减小非常大时，使得 $(Q+M)^*>(Q+M)_{gm}^{c\#}$，在此状态下，面对新的市场需求，制造商在原期权契约机制下所选择的最优产品生产量 $(Q+M)_g^{rc}$ 发生变化，$(Q+M)_g^{rc}=(Q+M)_{gm}^{c\#}$，而整个供应链系统的最优产品生产量 $(Q+M)_g^*$ 同样发生变化，$(Q+M)_g^*=(Q+M)_g^{\#}$。此时原期权契约机制失效，其无法有效地激励制造商选择实现整个供应链系统整体利益最优的产品生产量进行产品的生产，从而整个供应链系统的协调运作被打破。因此主导型零售商需对原有期权契约机制进行合理的调节变动，以恢复供应链系统的整体协调。

同理可得，与情况(2)相同，为使供应链整体期望利润重新达到最大，恢复供应链整体的协调，零售商对原有期权契约机制的合理调节变动须满足

$$C_0^{rn}=C-C_e^{rn}-K_2-\frac{(P+h-C+K_2)(s-C_e^{rn})}{P+h-s} \tag{7.60}$$

综上所述，当突发事件的发生导致供应链所面对市场需求发生变化时，零售商作为整个供应链系统中的主导者，为维持系统在突发事件下依旧协调运作，其基于期权契约的协调策略如下：

(1) 当突发事件致供应链所面对市场需求增加过大，即 $(Q+M)_{gm}^{c\wedge}>(Q+M)^*$ 或 $(Q+M)_g^{\wedge}>(Q+M)^*>(Q+M)_{gm}^{c\wedge}$ 时，主导型零售商需对原有期权契约进行合理调节，且调节满足

$$C_0^{rn}=C-C_e^{rn}+K_1-\frac{(P+h-C-K_1)(s-C_e^{rn})}{P+h-s} \tag{7.61}$$

(2) 当突发事件致供应链所面对市场需求变化不太大，即 $(Q+M)_g^{\#}>(Q+M)^*$ 或 $(Q+M)_g^{\wedge}<(Q+M)^*$ 时，主导型零售商维持原有期权契约即可。

(3) 当突发事件致供应链所面对市场需求减小过大，即 $(Q+M)^*>(Q+M)_{gm}^{c\#}$ 或 $(Q+M)_{gm}^{c\#}>(Q+M)^*>(Q+M)_g^{\#}$ 时，主导型零售商需对原有期权契约进行合理调节，且调节满足

$$C_0^{rn}=C-C_e^{rn}-K_2-\frac{(P+h-C+K_2)(s-C_e^{rn})}{P+h-s} \tag{7.62}$$

其中调整后期权契约的单位产品期权购买价格 C_0^{rn} 与单位产品期权执行价格 C_e^{rn} 的具体取值需要零售商与制造商判协商确定，这一般取决于双方所面临的时下处境差异和在签订契约过程中相互之间的谈判能力。

由此通过上述供应链对突发事件的协调应对研究可以发现，在零售商主导型供应链系统内，期权契约具有一定的鲁棒性，当突发事件的发生导致市场需求变化不太大时，原有期权契约未失效，依旧可以有效维持供应链系统的整体协调；同时期权契约还具有抗突发事件性，当突发事件的发生导致市场需求变化过大时，原有期权契约虽然失效，但通过对契约参数的合理调节，仍可以实现供应链系统对突发事件的有效应对。通过调整后的期权契约可以进一步发现，突发事件的发生导致制造商改变生产计划，从而产生了额外生产成本和处理费用，为有效应对突发事件，维持供应链系统的整体协调，额外生产成本和处理费用需由供应链系统内各决策主体在一定规则下共同承担。

7.4 数值仿真与分析

为了更加清楚地揭示当突发事件的发生导致供应链所面对的市场需求发生变动时，零售商作为整个供应链系统中的主导者，其借助期权契约机制使得供应链系统有效应对突发事件所带来的影响，保持整个供应链在突发事件下依旧协调运作，本节基于以上研究模型，运用 MATLAB 软件进行数值仿真与分析。

以文献[231]为参考依据，设定增加生产每单位产品所需的额外新生产成本 $K_1=4$；减少生产每单位产品所需的额外处理费用 $K_2=3$。其余参数设定如 5.4 节所示，并根据 5.4 节数值仿真结果，设定零售商所面对的正常状态下市场需求服从正态分布 $N(200,20^2)$，同时整个供应链系统在期权购买价格 $C_0^r=4$ 与期权执行价格 $C_e^r=13$ 的期权契约机制下实现整体协调，产品生产量稳定在 $(Q+M)^*=202.79$。

7.4.1 协同效果仿真与分析

基于以上参数设定，根据式(7.61)和式(7.62)可知，当市场需求增加过大或减小过大导致原有期权契约失效后，主导型零售商对原有期权契约的调节应分别满足 $C_0^{rn}=\frac{44}{3}-\frac{2}{3}C_e^{rn}$ 和 $C_0^{rn}=\frac{55}{9}-\frac{5}{18}C_e^{rn}$，$C_0^{rn}$ 与 C_e^{rn} 的具体取值需由零售商与制造商谈判协商确定，在此为方便讨论，设定当市场需求增加过大时，调整后的期权契约为($C_0^{rn}=6, C_e^{rn}=13$)和($C_0^{rn}=5, C_e^{rn}=14.5$)；当市场需求减小过大时，调整后的期权契约为($C_0^{rn}=2, C_e^{rn}=14.8$)和($C_0^{rn}=3, C_e^{rn}=11.2$)。

产品市场需求的增大与减小通常用需求的均值 μ 来度量，因此根据以上研究模型对当突发事件的发生导致市场需求由 $N(200,20^2)$ 变化为如表 7-1 所示的几种情况进行具体仿真分析，可得到突发事件导致市场需求发生变化后供应链系统基于期权契约机制的协调情况如表 7-2 所示。

表 7-1 产品市场需求变化

市场需求	需求概率分布	市场需求	需求概率分布
D_1	$N(170,20^2)$	D_4	$N(205,20^2)$
D_2	$N(180,20^2)$	D_5	$N(220,20^2)$
D_3	$N(195,20^2)$	D_6	$N(230,20^2)$

表 7-2 突发事件发生后零售商主导型供应链系统产品生产量变化情况

市场需求	D_1	D_2	D_3	D_4	D_5	D_6
集中决策	181.79	191.79	202.79	202.79	211.39	221.39
原期权契约	194.41	202.79	202.79	202.79	202.79	205.59
调整后的期权契约 A	181.79	191.79	—	—	211.39	221.39
调整后的期权契约 B	181.79	191.79	—	—	211.39	221.39

注："调整后的期权契约 A"为当需求增加和减小过大时，调整后得期权契约分别为($C_0^n=6,C_e^n=13$)和($C_0^n=2,C_e^n=14.8$)；"调整后的期权契约 B"为当需求增加和减小过大时，调整后得期权契约分别为($C_0^n=5,C_e^n=14.5$)和($C_0^n=3,C_e^n=11.2$)。

由表 7-2 可以看出，在零售商主导型供应链系统内，当突发事件的发生导致供应链所面对的市场需求变化不大时(D_3 和 D_4 情况)，原有期权契约未失效，其具有一定的鲁棒性，依旧可以有效激励制造商选择整个供应链系统最优生产量进行生产，从而保持供应链系统的整体协调；同时由表 7-2 还可以看出，期权契约还具有抗突发事件性，当突发事件的发生导致供应链所面对的市场需求变化过大时(D_1、D_2、D_5 和 D_6 情况)，在原有期权契约机制下，制造商的产品生产量与系统最优生产量并不相同，原期权契约失效，但通过对契约参数的合理调节，在调整后的期权契约下，制造商所选择的产品生产量重新恢复与系统最优生产量一致，实现了对突发事件的有效应对。

7.4.2 参数敏感性仿真与分析

由基于期权契约的突发事件应对模型可知，增加生产每单位产品所需的额外新生产成本 K_1 和减少生产每单位产品所需的额外处理费用 K_2 均是影响期权契约参数设定以及其对突发事件应对的重要因素，因此本节对在不同 K_1 和 K_2 下原有期权契约保持对供应链系统协调的有效性，所能承受产品市场需求发生的最大程度变动做进一步仿真与分析。

令 $\mu^{\wedge}$ 为突发事件的发生导致供应链所面对的产品市场需求增大时，原有期权契约保持其对供应链协调的有效性，所能承受的最大市场需求期望值；$\mu^{\#}$ 为突发事件的发生导致供应链所面对的产品市场需求减小时，原有期权契约保持其对供应链协调的有效性，所能承受的最小市场需求期望值。K_1、$K_2=\{1,1.5,2,2.5,3,3.5,4,4.5\}$时 $\mu^{\wedge}$ 与 $\mu^{\#}$ 的变动情况分别如表 7-3 和表 7-4 所示。

表 7-3 不同的额外新生产成本下 $\mu^{\wedge}$ 的变化情况

K_1	1	1.5	2	2.5	3	3.5	4	4.5
$\mu^{\wedge}$	202.79	204.18	205.58	207.00	208.43	209.90	211.40	212.96

表 7-4 不同的额外处理费用下 $\mu^{\#}$ 的变化情况

K_2	1	1.5	2	2.5	3	3.5	4	4.5
$\mu^{\#}$	197.15	195.68	194.18	192.62	191.00	189.30	187.50	185.56

由表 7-3 和表 7-4 可以看出，K_1 和 K_2 分别对原有期权契约所能承受的最大市场需求期望值 $\mu^{\wedge}$ 和最小市场需求期望值 $\mu^{\#}$ 的影响，如图 7-1 所示。K_1 和 K_2 与期权契约的鲁棒性存在正相关性，当突发事件的发生导致市场需求增大时，K_1 越大，原有期权契约保持其对供应链协调的有效性，所能承受的最大市场需求越大；同样当突发事件的发生导致市场需求减小时，K_2 越大，原有期权契约保持其对供应链协调的有效性，所能承受的最小市场需求越小。

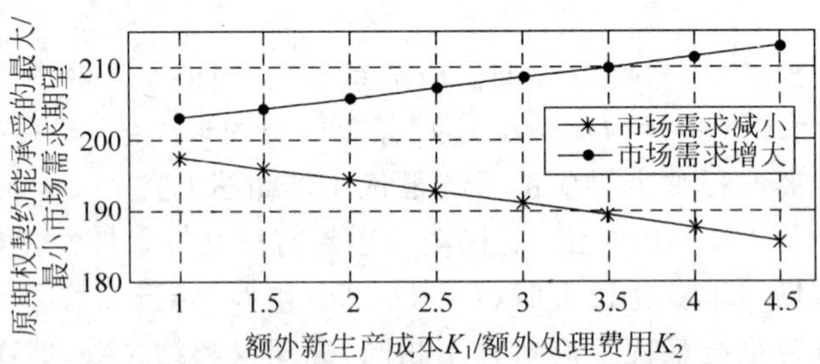

图 7-1 零售商主导型供应链中原期权契约所能承受的最大和最小市场需求期望分别与 K_1 和 K_2 的关系

第 8 章

突发事件下制造商主导型供应链基于期权契约的应对研究

8.1 系统描述及模型假设

本章研究背景为基于期权契约机制实现协调的两级供应链系统，其由单个主导型制造商和单个零售商组成，供应链系统内决策主体均为完全理性的，并不考虑各决策主体的风险偏好，同时系统内的博弈均为处于完全信息且完美信息条件之下的动态博弈。

整个供应链系统在合理的期权契约机制下实现协调，零售商在期权契约的激励下选择可以实现供应链系统整体利润最大化所必需的产品购买量$(Q+M)^*$进行购买，但是销售季节来临前，零售商所面临市场需求同样可能受突发事件的影响而出现变动。同时由于决策主体的理性，原有期权契约机制可能失效，无法继续维持整个供应链的整体协调。所以主导型制造商应考虑突发事件造成市场需求发生扰动后，如何调节期权契约参数以使得供应链系统重新恢复协调，使得在新的市场需求下，通过调整后期权契约机制的激励，零售商所选择的产品订购量与整个供应链系统的最优产品订购量重新重合。但是与零售商主导型供应链系统模型的情况类似，制造商生产计划的调整，同样会产生额外的生产成本或处理费用。

本节所用到的主要参数符号及其说明如下：

Q_g^m 为突发事件发生后，在原有期权契约机制下零售商的初始订购量；

M_g^m 为突发事件发生后，在原有期权契约机制下零售商的期权购买量；

Q_g^{mn} 为突发事件发生后，在调整后的期权契约机制下零售商的初始订购量；

M_g^{mn} 为突发事件发生后，在调整后的期权契约机制下零售商的期权购买量；

C_0^m 为原有期权契约机制下，销售季节开始前零售商向制造商购买期权的单位产品期权购买价格；

C_0^{mn} 为调整后期权契约机制下，销售季节开始前零售商向制造商购买期权的单位产品期权购买价格；

C_e^m 为原有期权契约机制下，销售季节开始后零售商执行期权的单位产品期权执行价格；

C_e^{mn} 为调整后期权契约机制下，销售季节开始后零售商执行期权的单位产品期权执行价格；

$g(x)$为突发事件发生后，市场需求的概率密度函数；

$G(x)$为突发事件发生后，市场需求的分布函数，并可微和严格递增，$G(0)=0$，$G(+\infty)=1$；

μ_g 为突发事件发生后市场需求的均值；

Q_g^{mc} 为突发事件发生后，在原有期权契约机制下零售商的最优初始订购量；

M_g^{mc} 为突发事件发生后，在原有期权契约机制下零售商的最优期权购买量；

$(Q+M)_g^{mc}$ 为突发事件发生后，在原有期权契约机制下零售商的最优产品购买量；

π_{gr}^{mc} 为突发事件发生后，在原有期权契约机制下零售商的期望利润；

Q_g^{mnc} 为突发事件发生后，在调整后的期权契约机制下零售商的最优初始订购量；

M_g^{mnc} 为突发事件发生后，在调整后的期权契约机制下零售商的最优期权购买量；

$(Q+M)_g^{mnc}$ 为突发事件发生后，在调整后的期权契约机制下零售商的最优产品购买量；

π_{gr}^{mnc} 为突发事件发生后，在调整后的期权契约机制下零售商的期望利润；

K_1 为对于相比于原有生产计划所确定的$(Q+M)^*$所增加的产品生产量，每单位产品将需要额外增加的新生产成本；

K_2 为当新的产品生产量小于原有生产计划所确定的$(Q+M)^*$时，剩余的每单位产品所导致的额外处理费用。

其中参数满足以下关系：

(1) $C_0^{mn}+C_e^{mn}\geqslant\omega_0^m+\beta^m$，制造商调整后的单位产品期权购买价格和单位产品期权执行价格之和高于初始订货的最大单位产品批发价格，这是为了保证在调整后的期权契约机制下，制造商依旧可以依照批发价格获得一定量稳定的初始订货，若 $C_0^{mn}+C_e^{mn}<\omega_0^m+\beta^m$，则零售商将有可能不会进行初始订货，其将全部以购买期权的方式进行订购。

(2) $P>C_0^{mn}+C_e^{mn}$，零售商单位产品的零售价格高于制造商调整后的单位产品期权购买价格和单位产品期权执行价格之和，以保证零售商可以接收调整后的期权契约，若 $P\leqslant C_0^{mn}+C_e^{mn}$，则零售商以通过购买期权的方式进行订购将无利可图。

(3) $K_1<C_0^{mn}+C_e^{mn}-C$，这是为保证市场需求发生变动后，在调整后的期权契约机制下，制造商有动力改变原生产计划增加产品生产量，如果 $K_1\geqslant C_0^{mn}+C_e^{mn}-C$，则制造商每增加一单位的产品生产量都将是亏损的，无论零售商在销售季节内是否执行期权，所以增加产品生产量对制造商来说是无利可图的，其将失去增加产量的动力。

(4) $K_2<C-C_0^{mn}-s$，这是为保证市场需求发生变动后，在调整后的期权契约机制下，制造商有动力改变原生产计划降低产品生产量，如果 $K_2\geqslant C-C_0^{mn}-s$，则制造商在市场需求发生变动后，不进行产量的缩减所承受的损失将小于其进行产量缩减后所需要支付的额外处理费用，这样制造商将无动力进行产品产量缩减，其宁可按原计划进行生产。

本节的基本假设如下：

(1) 突发事件下，对于变动后的市场需求分布与规模，无论是制造商还是零售商均有能力准确地对其进行预测。

(2) 在制造商的生产成本中固定成本相对较小，在此仅考虑其变动成本。即制造商生产每单位产品的成本是相同的。

(3) 制造商必须保证零售商的初始订货以及不超过期权购买量的期权执行部分的产品供应，即零售商有能力对制造商设置足够大的产品断供惩罚措施。

(4) 在零售商的成本中只考虑其从制造商处进货的采购成本，不考虑其运输成本、销售成本等其他额外成本。即零售商进货每单位产品的成本是相同的。

8.2 突发事件下的制造商主导型供应链决策模型

8.2.1 突发事件下制造商主导型供应链集中决策模型

对于基于期权契约机制实现协调的制造商主导型供应链系统来说，零售商在期权契约的激励下已经根据整个供应链系统的最优产品购买量$(Q+M)^*$进行了购买，同时制造商也依据$(Q+M)^*$安排了生产计划，但在销售季节来临前，突发事件的发生导致零售商所面对的市场需求出现变化，其将对产品购买量进行相应调整，而制造商根据新的产品购买量重新安排生产计划需要支付额外的生产成本K_1或处理费用K_2。此时，供应链内部各决策主体作为一个统一的整体，整个系统处于一种绝对协同的状态，各决策主体均以实现整个供应链系统整体利益最大化为目标而进行决策，共同确定突发事件发生后整个系统的最优生产量$(Q+M)_g^*$。本节即对这种突发事件发生后，制造商主导型供应链系统的集中决策情况进行分析。在此状态下，与7.2节同理，供应链内部各决策主体间博弈的先后顺序并不影响集中决策状态下的最终决策结果，因此突发事件的发生导致其所面对的市场需求出现变化时，在集中决策状态下，在制造商主导型供应链中整个系统的最优产品购买量同零售商主导型供应链系统相同，由7.2.1节可知

$$(Q+M)_g^* = \begin{cases} G^{-1}\left(\dfrac{P+h-C-K_1}{P+h-s}\right), & \text{需求增加较大，即}(Q+M)_g^{\wedge} \geqslant (Q+M)^* \\ (Q+M)^*, & \text{需求变化不大，即}(Q+M)_g^{\wedge} < (Q+M)^* \\ & \text{或}(Q+M)_g^{\#} > (Q+M)^* \\ G^{-1}\left(\dfrac{P+h-C+K_2}{P+h-s}\right), & \text{需求减小较大，即}(Q+M)_g^{\#} \leqslant (Q+M)^* \end{cases} \tag{8.1}$$

8.2.2 突发事件下基于原期权契约的制造商主导型供应链分散决策模型

销售季节来临前,突发事件的发生导致零售商所面对的市场需求出现变化时,零售商将会依据新的市场需求,同时结合自身情况对原有的产品购买量$(Q+M)^*$进行变动。但由于分散决策状态下决策主体的完全理性,其对原有决策的变动将以自身利益在突发事件发生后依旧实现最大化为目标,并不会考虑供应链系统的整体利益。本节即对这种突发事件发生后,制造商主导型供应链系统的分散决策情况进行分析。

突发事件发生后,根据原期权契约,分散决策状态下零售商的期望利润π_{gr}^{mc}为

$$\begin{aligned}\pi_{gr}^{mc} &= P * S_g(Q_g^m + M_g^m) - C_e^m * H_g(Q_g^m, M_g^m) \\ &\quad - h * L_g(Q_g^m + M_g^m) - \omega^m Q_g^m - C_0^m M_g^m \end{aligned} \tag{8.2}$$

其中,$S_g(Q_g^m+M_g^m)$为突发事件发生后,在原期权契约机制下零售商的期望产品销售量,第一项$P * S_g(Q_g^m+M_g^m)$为零售商产品的期望销售收入;$H_g(Q_g^m,M_g^m)$为突发事件发生后,在原期权契约机制下零售商的期望期权执行量,第二项$C_e^m * H_g(Q_g^m,M_g^m)$为零售商以原期权执行价格向制造商执行期权所支付的费用;$L_g(Q_g^m+M_g^m)$为制造商主导情况下,当突发事件发生后,根据原期权契约零售商的期望产品缺货量,第三项$h * L_g(Q_g^m+M_g^m)$为由于产品供应不足而出现产品销售缺货所导致零售商的机会损失;第四项$\omega^m Q_g^m$为突发事件发生后,在原期权契约机制下零售商在销售季节开始前以批发价格向制造商购买初始订货所支付的费用,根据制造商所给出的批发价格与初始订货量的关系可知:$\omega^m Q_g^m=\beta^m+\omega_0^m Q_g^m$;第五项$C_0^m M_g^m$为当突发事件发生后,零售商通过在销售季节开始前向制造商以原期权购买价格购买期权所支付的费用。

当突发事件导致市场需求发生波动后,在制造商主导下若零售商所面对的市场需求$D\geqslant Q_g^m+M_g^m$,则零售商的产品销售量为$Q_g^m+M_g^m$;而若零售商所面对的市场需求$D<Q_g^m+M_g^m$,则零售商的产品销售量即为其所面对的市场需求D,因此零售商的期望产品销售量$S_g(Q_g^m+M_g^m)$为

$$S_g(Q_g^m+M_g^m) = (Q_g^m+M_g^m)\int_{Q_g^m+M_g^m}^{+\infty} g(x)\mathrm{d}x + \int_0^{Q_g^m+M_g^m} xg(x)\mathrm{d}x \tag{8.3}$$

突发事件发生后,当零售商所面对的市场需求$Q_g^m<D\leqslant Q_g^m+M_g^m$时,零售商的期权执行量为$D-Q_g^m$;而当零售商所面对的市场需求$D>Q_g^m+M_g^m$时,零售商的期权执行量即为其在销售季节开始前向制造商购买的所有期权M_g^m,因此零售商的期望期权执行量$H_g(Q_g^m,M_g^m)$为

$$H_g(Q_g^m,M_g^m) = \int_{Q_g^m}^{Q_g^m+M_g^m}(x-Q_g^m)g(x)\mathrm{d}x + \int_{Q_g^m+M_g^m}^{+\infty} M_g^m g(x)\mathrm{d}x \tag{8.4}$$

突发事件发生后,在原期权契约下零售商的期望产品缺货量$L_g(Q_g^m+M_g^m)$为

$$L_g(Q_g^m + M_g^m) = \int_{Q_g^m + M_g^m}^{+\infty} (x - Q_g^m - M_g^m) g(x) \mathrm{d}x \tag{8.5}$$

由于零售商的利己决策不会考虑制造商改变生产计划所产生的额外生产成本和额外处理费用，因此当突发事件的发生导致供应链所面对市场需求发生变化时，在原期权契约机制下，零售商以其自身利益最大化为决策目标所确定的最优产品购买量的变化如下。

对式(8.2)求其关于初始订购量 Q_g^m 的一阶导，可得到

$$\frac{\partial \pi_{gr}^{mc}}{\partial Q_g^m} = P + h - \omega_0^m + (C_e^m - P - h) G(Q_g^m + M_g^m) - C_e^m G(Q_g^m) \tag{8.6}$$

对式(8.2)求其关于期权购买量 M_g^m 的一阶导，可得到

$$\frac{\partial \pi_{gr}^{mc}}{\partial M_g^m} = (P - C_e^m + h)[1 - G(Q_g^m + M_g^m)] - C_0^m \tag{8.7}$$

令式(8.6)和式(8.7)等于零并联立

$$\begin{cases} P + h - \omega_0^m + (C_e^m - P - h) G(Q_g^m + M_g^m) - C_e^m G(Q_g^m) = 0 \\ (P - C_e^m + h)[1 - G(Q_g^m + M_g^m)] - C_0^m = 0 \end{cases} \tag{8.8}$$

即可得到当突发事件的发生造成所面对的市场需求变化时，零售商在原期权契约机制下为实现自身利益的最大化，其最优产品生产量将调整为 $(Q+M)_g^{mc}$

$$(Q + M)_g^{mc} = G^{-1}\left(\frac{P - C_e^m + h - C_0^m}{P - C_e^m + h}\right) \tag{8.9}$$

由 6.3 节的研究可知 $(Q+M)^* = F^{-1}\left(\frac{P+h-C}{P+h-s}\right) = F^{-1}\left(\frac{P-C_e^m+h-C_0^m}{P-C_e^m+h}\right)$，而当市场需求增大或减小时分别有 $G(x)<F(x)$ 或 $G(x)>F(x)$，因此可见，当突发事件发生后，在原期权契约机制下，零售商的产品订购量必将发生波动。

8.3　突发事件下制造商主导型供应链基于期权契约的协调策略

当突发事件的发生导致供应链所面对市场需求发生变化时，根据前两节的研究可以发现，在原有期权契约机制下，零售商为使自身利益实现最大化，将会对产品订购量做出调整，同时集中决策下供应链系统的整体最优产品订购量根据需求的变化程度也可能发生一定波动。因此突发事件的发生将会导致原有期权契约失效，在原有期权契约机制下，供应链系统的整体协同将被打破。此时主导型制造商需对原有期权契约机制进行合理的调节变动，以恢复供应链整体的协同。

首先对突发事件的发生导致供应链所面对市场需求增大的情况进行分析，由 8.2.1 节的研究内容可知，整个供应链系统的最优产品生产量 $(Q+M)_g^*$ 的变化情况为

$$(Q+M)_g^* = \begin{cases} (Q+M)_g^{\wedge}, & \text{需求增加较大,即}(Q+M)_g^{\wedge} \geqslant (Q+M)^* \\ (Q+M)^*, & \text{需求增加不大,即}(Q+M)_g^{\wedge} < (Q+M)^* \end{cases} \tag{8.10}$$

其中,$(Q+M)_g^{\wedge}=G^{-1}\left(\dfrac{P+h-C-K_1}{P+h-s}\right)$。

此时可以看出主导型制造商为恢复供应链系统的协同运作,其对于期权契约的调整策略存在以下两种情况:

(1) 当突发事件的发生导致整个供应链系统所面对的市场需求增加不大时,使得$(Q+M)_g^{\wedge}<(Q+M)^*$,在此状态下,制造商对原有期权契约进行调整后,零售商的期望利润π_{gr}^{mnc}为

$$\begin{aligned}\pi_{gr}^{mnc} &= P * S_g(Q_g^{mn}+M_g^{mn}) - C_e^{mn} * H_g(Q_g^{mn}, M_g^{mn}) \\ &\quad - h * L_g(Q_g^{mn}+M_g^{mn}) - \omega^m Q_g^{mn} - C_0^{mn} M_g^{mn}\end{aligned} \tag{8.11}$$

对式(8.11)求其关于初始订购量Q_g^{mn}的一阶导,可得到

$$\frac{\partial \pi_{gr}^{mnc}}{\partial Q_g^{mn}} = P + h - \omega_0^m + (C_e^{mn} - P - h)G(Q_g^{mn}+M_g^{mn}) - C_e^{mn}G(Q_g^{mn}) \tag{8.12}$$

对式(8.11)求其关于期权购买量M_g^{mn}的一阶导,可得到

$$\frac{\partial \pi_{gr}^{mnc}}{\partial M_g^{mn}} = (P - C_e^{mn} + h)[1 - G(Q_g^{mn}+M_g^{mn})] - C_0^{mn} \tag{8.13}$$

令式(8.12)和式(8.13)等于零并联立

$$\begin{cases} P + h - \omega_0^m + (C_e^{mn} - P - h)G(Q_g^{mn}+M_g^{mn}) - C_e^{mn}G(Q_g^{mn}) = 0 \\ (P - C_e^{mn} + h)[1 - G(Q_g^{mn}+M_g^{mn})] - C_0^{mn} = 0 \end{cases} \tag{8.14}$$

即可得到市场需求增加不大时,当主导型制造商对期权契约进行调整后,零售商在调整后的契约下所确定的最优产品订购量$(Q+M)_g^{mnc}$为

$$(Q+M)_g^{mnc} = G^{-1}\left(\frac{P - C_e^{mn} + h - C_0^{mn}}{P - C_e^{mn} + h}\right) \tag{8.15}$$

为保证供应链系统恢复整体的协调,主导型制造商进行参数调节变动后的期权契约应能够使得$(Q+M)^*=(Q+M)_g^{mnc}$。由于$F(x)$和$G(x)$均为严格单调递增,所以由式(5.7)和式(8.15)可知,零售商对原有期权契约机制的合理调节变动须满足

$$C_0^{mn} = P - C_e^{mn} + h\left\{1 - G\left[F^{-1}\left(\frac{P+h-C}{P+h-s}\right)\right]\right\} \tag{8.16}$$

(2) 当突发事件的发生导致整个供应链系统所面对的市场需求增加较大时,使得$(Q+M)_g^{\wedge}\geqslant(Q+M)^*$,在此状态下,同理可得,为保证供应链系统恢复整体的协调,主导型制造商进行参数调节变动后的期权契约应能够使得$(Q+M)_g^{\wedge}=(Q+M)_g^{mnc}$。由于$G(x)$为严格单调递增,所以由式(7.13)和式(8.15)可知,零售商对原有期权契约机制的合理调节变动须满足

$$C_0^{mn} = P - C_e^{mn} + h - \frac{(P+h-C-K_1)(P-C_e^{mn}+h)}{P+h-s} \tag{8.17}$$

然后对突发事件的发生导致供应链所面对市场需求减小的情况进行分析，由 8.2.1 节的研究内容可知，整个供应链系统的最优产品生产量$(Q+M)_g^*$ 的变化情况为

$$(Q+M)_g^* = \begin{cases} (Q+M)^*, & \text{需求减小不大，即}(Q+M)_g^{\#} > (Q+M)^* \\ (Q+M)_g^{\#}, & \text{需求减小较大，即}(Q+M)_g^{\#} \leqslant (Q+M)^* \end{cases} \tag{8.18}$$

其中，$(Q+M)_g^{\#} = G^{-1}\left(\dfrac{P+h-C+K_2}{P+h-s}\right)$。

此时可以看出主导型制造商为恢复供应链系统的协同运作，其对于期权契约的调整策略存在以下两种情况：

(1) 当突发事件的发生导致整个供应链系统所面对的市场需求减小不大时，使得$(Q+M)_g^{\#} > (Q+M)^*$，在此状态下，为保证供应链系统恢复整体的协调，主导型制造商进行参数调节变动后的期权契约应能够使得$(Q+M)^* = (Q+M)_g^{mnc}$，所以可得零售商对原有期权契约机制的合理调节变动须满足

$$C_0^{mn} = P - C_e^{mn} + h\left\{1 - G\left[F^{-1}\left(\frac{P+h-C}{P+h-s}\right)\right]\right\} \tag{8.19}$$

(2) 当突发事件的发生导致整个供应链系统所面对的市场需求减小较大时，使得$(Q+M)_g^{\#} \leqslant (Q+M)^*$，在此状态下，为保证供应链系统恢复整体的协调，主导型制造商进行参数调节变动后的期权契约应能够使得$(Q+M)_g^{\#} = (Q+M)_g^{mnc}$。由于$G(x)$为严格单调递增，所以由式(7.17)和式(8.15)可知，零售商对原有期权契约机制的合理调节变动须满足

$$C_0^{mn} = P - C_e^{mn} + h - \frac{(P+h-C+K_2)(P-C_e^{mn}+h)}{P+h-s} \tag{8.20}$$

综上所述，当突发事件的发生导致供应链所面对市场需求发生变化时，制造商作为整个供应链系统中的主导者，为维持系统在突发事件下依旧协调运作，其基于期权契约的协调策略如下：

(1) 当突发事件致供应链所面对市场需求增加较大，即$(Q+M)_g^{\wedge} \geqslant (Q+M)^*$时，主导型制造商需对原有期权契约进行合理调节，且调节满足

$$C_0^{mn} = P - C_e^{mn} + h - \frac{(P+h-C-K_1)(P-C_e^{mn}+h)}{P+h-s} \tag{8.21}$$

(2) 当突发事件致供应链所面对市场需求变化不大，即$(Q+M)_g^{\wedge} < (Q+M)^*$或$(Q+M)_g^{\#} > (Q+M)^*$时，主导型制造商需对原有期权契约进行合理调节，且调节满足

$$C_0^{mn} = P - C_e^{mn} + h\left\{1 - G\left[F^{-1}\left(\frac{P+h-C}{P+h-s}\right)\right]\right\} \tag{8.22}$$

(3) 当突发事件致供应链所面对市场需求减小较大，即$(Q+M)_g^{\#} \leqslant (Q+M)^*$时，主导型制造商需对原有期权契约进行合理调节，且调节满足

$$C_0^{mn} = P - C_e^{mn} + h - \frac{(P+h-C+K_2)(P-C_e^{mn}+h)}{P+h-s} \tag{8.23}$$

其中调整后期权契约的单位产品期权购买价格 C_0^{mn} 与单位产品期权执行价格 C_e^{mn} 的具体取

值同样需要决策成员协商确定。

通过上述研究可以发现，与在零售商主导型供应链系统内不同，面对制造商主导型供应链，期权契约不再具有鲁棒性，当突发事件的发生一旦导致市场需求发生变化，原有期权契约即会失效，其不存在一定的稳定空间。但在制造商主导型供应链系统内，期权契约依然具有抗突发事件性，当突发事件的发生导致市场需求变化时，原有期权契约虽然失效，但通过对契约参数的合理调节，仍可以实现供应链系统对突发事件的有效应对。此外通过调整后的期权契约可以进一步发现，与在零售商主导型供应链系统内类似，制造商生产计划改变所产生的额外生产成本和处理费用同样会由供应链系统内各决策主体在一定规则下共同承担。

8.4 数值仿真与分析

为了更加清楚地揭示当突发事件导致市场需求发生变动时，制造商主导型供应链系统借助期权契约机制有效应对突发事件所带来的影响，保持整个供应链系统的协调运作，本节基于以上研究模型，运用 MATLAB 软件进行数值仿真与分析。

以文献[231]为参考依据，参数设定如 5.4 节和 7.4 节所示，并根据 6.4 节数值仿真结果，设定零售商所面对的正常状态下市场需求服从正态分布 $N(200,20^2)$，同时整个供应链系统在期权购买价格 $C_0^m=4$ 与期权执行价格 $C_e^m=13$ 的期权契约机制下实现整体协调，产品生产量稳定在 $(Q+M)^*=202.79$。

基于以上参数设定，根据式(8.21)、式(8.23)和式(8.22)可知，当市场需求增加较大、减小较大以及市场需求变化不大所导致原有期权契约失效后，主导型制造商对原有期权契约的调节应分别满足：$C_0^{mn}=\frac{44}{3}-\frac{2}{3}C_e^{mn}$、$C_0^{mn}=\frac{55}{9}-\frac{5}{18}C_e^{mn}$ 以及 $C_0^{mn}=20+2\{1-G[F^{-1}(5/9)]\}-C_e^{mn}$，$C_0^{mn}$ 与 C_e^{mn} 的具体取值需零售商与制造商谈判协商确定。突发事件的发生所导致市场需求由 $N(200,20^2)$ 发生变化的情况与 7.4 节相同，如表 7-1 所示。

在此为方便讨论，设定当市场需求增加较大时，调整后的期权契约为（$C_0^{mn}=6$，$C_e^{mn}=13$）和（$C_0^{mn}=5$，$C_e^{mn}=14.5$）；当市场需求减小较大时，调整后的期权契约为（$C_0^{mn}=2$，$C_e^{mn}=14.8$）和（$C_0^{mn}=3$，$C_e^{mn}=11.2$）；当市场需求增加不大时，调整后的期权契约为（$C_0^{mn}=5$，$C_e^{mn}=12.8071$）和（$C_0^{mn}=4$，$C_e^{mn}=14.6457$）；当市场需求减小不大时，调整后的期权契约为（$C_0^{mn}=4$，$C_e^{mn}=10.5189$）和（$C_0^{mn}=5$，$C_e^{mn}=7.6487$）①。根据以上研究模型及假设，对表 7-1 中几种情况进行具体仿真分析，可得到突发事件导致市场需求发生变化后供应链系统基于期权契约机制的协调情况如表 8-1 所示。

① 在此为提高仿真分析的精度，参数的设定保留了 4 位小数。

表 8-1 突发事件发生后制造商主导型供应链系统产品订购量变化情况

市场需求	D_1	D_2	D_3	D_4	D_5	D_6
集中决策	181.79	191.79	202.79	202.79	211.39	221.39
原期权契约	172.79	182.79	197.79	207.79	222.79	232.79
调整后的期权契约 A	181.79	191.79	202.79	202.79	211.39	221.39
调整后的期权契约 B	181.79	191.79	202.79	202.79	211.39	221.39

注：“调整后的期权契约 A”：当需求增加和减小较大以及增加和减小不大时，调整后的期权契约分别为($C_0^{mn}=6$，$C_e^{mn}=13$)、($C_0^{mn}=2$，$C_e^{mn}=14.8$)、($C_0^{mn}=5$，$C_e^{mn}=12.8071$)和($C_0^{mn}=4$，$C_e^{mn}=10.5189$)；“调整后的期权契约 B”：当需求增加和减小较大以及增加和减小不大时，调整后的期权契约分别为($C_0^{mn}=5$，$C_e^{mn}=14.5$)、($C_0^{mn}=3$，$C_e^{mn}=11.2$)、($C_0^{mn}=4$，$C_e^{mn}=14.6457$)和($C_0^{mn}=5$，$C_e^{mn}=7.6487$)。

由表 8-1 可以看出，在制造商主导型供应链系统内，一旦当突发事件的发生导致供应链所面对的市场需求发生波动时，原有期权契约即会失效，与在零售商主导型供应链系统内的情况有所不同，其并不具有一定的鲁棒性。但同时由表 8-1 也可以看出，在制造商主导型供应链系统内，期权契约仍然具有抗突发事件性，在原有期权契约机制失效后，通过对契约参数的合理调节，依然可以有效激励零售商选择系统最优产品订购量进行订购，从而实现了对突发事件的有效应对。

第 9 章

突发事件下考虑风险偏好的供应链基于期权契约的应对研究

在第 5 章至第 8 章中，以由风险中性且完全理性的单个制造商和单个主导型零售商组成的一对一型两级供应链系统为研究背景，对基于期权契约的供应链协调以及当突发事件的发生导致产品市场需求发生变动时，基于期权契约的供应链协调应对进行了研究，论证了期权契约机制对实现供应链系统整体协调以及对突发事件应对的有效性，并给出了突发事件下，为维持供应链系统依旧协调运作，其基于期权契约机制的最优应对策略。但在以上的研究中均假设供应链各决策主体为风险中性的，并未考虑各决策主体的风险偏好特征对最终决策的影响，但在现实实践中，供应链各决策者的风险偏好特征却是影响其最终决策的一项重要因素，考虑决策者风险偏好特性的最优决策更能符合现实中的实际情况。因此，本章将以制造商具有一定风险偏好的零售商主导型供应链为例，对如何基于期权契约机制实现供应链系统整体协调进行分析，同时研究当突发事件的发生引起产品市场需求变化，如何基于期权契约机制来实现供应链对突发事件的有效应对。

9.1 系统描述及模型假设

本章以一对一型两级供应链系统为研究背景，其中包含一个制造商和一个主导型零售商，供应链中的产品具有生命周期短、订货提前期长且残值低的特点，并假设供应链系统内决策主体均为完全理性的。零售商与制造商的整个决策过程是一个主导型零售商占优的，并处于完全信息且完美信息条件之下的动态博弈过程。

为与现实中的实际情况更加接近，本章对供应链系统内制造商所具有的一定风险偏好进行考虑。在对风险进行度量的方法中，CvaR 风险测量准则由于其一致性和可加性等优点，近些年得到了广泛应用，特别是在金融工程领域。因此本章引入 CvaR 风险测量准则，对供应链系统内制造商具有一定风险偏好的情况进行分析。在 CvaR 风险测量准则下，当供应链系统内制造商具有一定风险偏好时，其决策函数发生变化，由最大化其自身收益函数转变为最大化其 CvaR 函数 $CvaR_{\eta}(\pi_m^{Frc})$。

本节所用到的主要参数符号及其说明如下：

$f(x)$为突发事件未发生时的市场需求的概率密度函数；

$F(x)$为突发事件未发生时的市场需求的分布函数，并可微和严格递增，$F(0)=0$，$F(+\infty)=1$；

μ 为突发事件未发生时的市场需求均值；

Q^{Fr} 为基于 CvaR 风险测量准则，突发事件未发生且供应链系统内制造商具有一定风险偏好时，在原有期权契约机制下制造商的初始订购量；

M^{Fr} 为基于 CvaR 风险测量准则，突发事件未发生且供应链系统内制造商具有一定风险偏好时，在原有期权契约机制下制造商的期权购买量；

$(Q+M)^{Fr}$ 为基于 CvaR 风险测量准则，突发事件未发生且供应链系统内制造商具有一定风险偏好时，在原有期权契约机制下制造商的生产量；

$(Q+M)^{F*}$ 为集中决策状态下，突发事件未发生且供应链系统内制造商具有一定风险偏好时，整个供应链系统的最优生产量；

π_{sc}^{F} 为集中决策状态下，突发事件未发生且供应链系统内制造商具有一定风险偏好时，整个供应链系统的期望利润；

Q^{Frc} 为突发事件未发生且供应链系统内制造商具有一定风险偏好时，在原有期权契约机制下制造商的最优初始订购量；

M^{Frc} 为突发事件未发生且供应链系统内制造商具有一定风险偏好时，在原有期权契约机制下制造商的最优期权购买量；

$(Q+M)^{Frc}$ 为突发事件未发生且供应链系统内制造商具有一定风险偏好时，在原有期权契约机制下制造商的最优生产量；

π_m^{Frc} 为基于 CvaR 风险测量准则，突发事件未发生且供应链系统内制造商具有一定风险偏好时，在原有期权契约机制下制造商的期望利润；

C_0^{Fr} 为基于 CvaR 风险测量准则，供应链系统内制造商具有一定风险偏好时，在原有期权契约机制下，销售季节前零售商向制造商购买期权的单位产品期权购买价格；

C_0^{Frn} 为基于 CvaR 风险测量准则，供应链系统内制造商具有一定风险偏好时，在调整后的期权契约机制下，销售季节前零售商向制造商购买期权的单位产品期权购买价格；

C_e^{Fr} 为基于 CvaR 风险测量准则，供应链系统内制造商具有一定风险偏好时，在原有期权契约机制下，销售季节开始后零售商执行期权的单位产品期权执行价格；

C_e^{Frn} 为基于 CvaR 风险测量准则，供应链系统内制造商具有一定风险偏好时，在调整后的期权契约机制下，销售季节开始后零售商执行期权的单位产品期权执行价格；

$g(x)$为突发事件发生后，市场需求的概率密度函数；

$G(x)$为突发事件发生后，市场需求的分布函数，并可微和严格递增，$G(0)=0$，$G(+\infty)=1$；

μ_g 为突发事件发生后市场需求的均值；

Q_g^{Fr} 为突发事件发生后，基于 CvaR 风险测量准则，供应链系统内制造商具有一定风险偏好时，在原有期权契约机制下制造商的初始订购量；

M_g^{Fr} 为突发事件发生后，基于 CvaR 风险测量准则，供应链系统内制造商具有一定风险偏好时，在原有期权契约机制下制造商的期权购买量；

$(Q+M)_g^{Fr}$ 为突发事件发生后，基于 CvaR 风险测量准则，供应链系统内制造商具有一定风险偏好时，在原有期权契约机制下制造商的生产量；

Q_g^{Frn} 为突发事件发生后，基于 CvaR 风险测量准则，供应链系统内制造商具有一定风险偏好时，在调整后的期权契约机制下制造商的初始订购量；

M_g^{Frn} 为突发事件发生后，基于 CvaR 风险测量准则，供应链系统内制造商具有一定风险偏好时，在调整后的期权契约机制下制造商的期权购买量；

$(Q+M)_g^{Frn}$ 为突发事件发生后，基于 CvaR 风险测量准则，供应链系统内制造商具有一定风险偏好时，在调整后的期权契约机制下制造商的生产量；

$(Q+M)_g^{F*}$ 为突发事件发生后，集中决策状态下供应链系统内制造商具有一定风险偏好时，整个供应链系统的最优生产量；

π_{gsc}^{F} 为突发事件发生后，集中决策状态下供应链系统内制造商具有一定风险偏好时，整个供应链系统的期望利润；

Q_g^{Frc} 为突发事件发生后，供应链系统内制造商具有一定风险偏好时，在原有期权契约机制下制造商的最优初始订购量；

M_g^{Frc} 为突发事件发生后，供应链系统内制造商具有一定风险偏好时，在原有期权契约机制下制造商的最优期权购买量；

$(Q+M)_g^{Frc}$ 为突发事件发生后，供应链系统内制造商具有一定风险偏好时，在原有期权契约机制下制造商的最优生产量；

π_{gm}^{Frc} 为突发事件发生后，基于 CvaR 风险测量准则，供应链系统内制造商具有一定风险偏好时，在原有期权契约机制下制造商的期望利润；

Q_g^{Frnc} 为突发事件发生后，供应链系统内制造商具有一定风险偏好时，在调整后的期权契约机制下制造商的最优初始订购量；

M_g^{Frnc} 为突发事件发生后，供应链系统内制造商具有一定风险偏好时，在调整后的期权契约机制下制造商的最优期权购买量；

$(Q+M)_g^{Frnc}$ 为突发事件发生后，供应链系统内制造商具有一定风险偏好时，在调整后的期权契约机制下制造商的最优生产量；

π_{gm}^{Frnc} 为突发事件发生后，基于 CvaR 风险测量准则，供应链系统内制造商具有一定风险偏好时，在调整后的期权契约机制下制造商的期望利润。

其中参数满足以下关系：

(1) $C_0^{Fr}+C_e^{Fr}\geqslant\omega_0^r+\beta^r$ 且 $C_0^{Frn}+C_e^{Frn}\geqslant\omega_0^r+\beta^r$，在原期权契约机制下以及调整后期权契约机制下，单位产品期权购买价格和单位产品期权执行价格之和高于初始订货的最大单位产品批发价格，这是为了保证制造商依照批发价格获得一定量稳定的初始订货；若 $C_0^{Fr}+C_e^{Fr}<\omega_0^r+\beta^r$ 或 $C_0^{Frn}+C_e^{Frn}<\omega_0^r+\beta^r$，则零售商有可能不会进行初始订货，将全部以购买期权的方式进行订购。

（2）$P>C_0^{Fr}+C_e^{Fr}$ 且 $P>C_0^{Frn}+C_e^{Frn}$，在原期权契约机制下以及调整后期权契约机制下，零售商单位产品的零售价格高于单位产品期权购买价格和单位产品期权执行价格之和，以保证原期权契约和调整后的期权契约被零售商所接受；若 $P\leqslant C_0^{Fr}+C_e^{Fr}$ 或 $P\leqslant C_0^{Frn}+C_e^{Frn}$，则零售商以通过购买期权的方式进行订购将无利可图。

（3）$C_0^{Fr}\leqslant C-s$ 且 $C_0^{Frn}\leqslant C-s$，在原期权契约机制下以及调整后期权契约机制下，零售商向制造商购买期权的单位产品期权购买价格低于制造商生产成本与销售季节结束后单位剩余产品残值之差，这是为了保证在原期权契约机制下以及调整后期权契约机制下，制造商所确定的期权购买量均存在最优；如果 $C_0^{Fr}>C-s$ 或 $C_0^{Frn}>C-s$，则对于制造商来说，零售商购买越多的期权其利润越大，无论零售商在销售季节是否执行，所以在此条件下制造商将无限制地增大期权购买量。

（4）$K_1<C_0^{Frn}+C_e^{Frn}-C$，这是为保证市场需求发生变动后，在调整后的期权契约机制下，制造商有动力改变原生产计划增加产品生产量；如果 $K_1\geqslant C_0^{Frn}+C_e^{Frn}-C$，则制造商每增加一单位的产品生产量都将是亏损的，无论零售商在销售季节内是否执行期权，所以增加产品生产量对制造商来说是无利可图的，其将失去增加产量的动力。

（5）$K_2<C-C_0^{Frn}-s$，这是为保证市场需求发生变动后，在调整后的期权契约机制下，制造商有动力改变原生产计划降低产品生产量；如果 $K_2\geqslant C-C_0^{Frn}-s$，则制造商在市场需求发生变动后，不进行产量的缩减所承受的损失将小于其进行产量缩减后所需要支付的额外处理费用，这样制造商将无动力进行产品产量缩减，其宁可按原计划进行生产。

本节的基本假设如下：

（1）突发事件发生前后，无论是制造商还是零售商均有能力准确地对市场需求的分布与规模进行预测。

（2）在制造商的生产成本中固定成本相对较小，在此仅考虑其变动成本。即制造商生产每单位产品的成本是相同的。

（3）制造商必须保证零售商的初始订货以及不超过期权购买量的期权执行部分的产品供应，即零售商有能力对制造商设置足够大的产品断供惩罚措施。

（4）在零售商的成本中只考虑其从制造商处进货的采购成本，不考虑其运输成本、销售成本等其他额外成本。即零售商进货每单位产品的成本是相同的。

9.2 CvaR 风险测量准则

本章研究中引入 CvaR 风险测量准则，对供应链系统内制造商具有一定风险偏好的情况进行分析，借助 CvaR 风险测量准则对具有一定风险偏好性的制造商，其低于 η 分位数部分收益的期望进行度量。

CvaR 风险测量准则的具体定义如下：

$$CvaR_{\eta}[\pi(x,y)] = E[\pi(x,y) \mid \pi(x,y) \leqslant q_{\eta}(y)] = \frac{1}{\eta}\int_{\pi(x,y)\leqslant q_{\eta}(y)} \pi(x,y)f(y)\mathrm{d}y \tag{9.1}$$

其中，$\eta \in (0,1]$表示供应链内部决策者的风险偏好系数，η 越小，则表示供应链内部决策者对风险越害怕，$\pi(x,y)$表示确定性变量 x 和随机变量 y 下的收益函数，E 表示收益函数的期望，$f(y)$为随机变量 y 的密度函数，$q_{\eta}(y)$表示随机变量 y 的 η 分位数，其具体定义如下：

$$q_{\eta}(y) = \sup\{v \mid \Pr[\pi(x,y) \leqslant v] \leqslant \eta\} \tag{9.2}$$

关于 CvaR 风险测量准则的另一个更一般化的定义可表示为

$$CvaR_{\eta}[\pi(x,y)] = \max_{v\in R}\left\{v - \frac{1}{\eta}E[v - \pi(x,y)]^{+}\right\} \tag{9.3}$$

Rockafellar 和 Uryasev 证明了以上两个定义在广义条件下是等价的，并且式(9.3)中 $v-\frac{1}{\eta}E[v-\pi(x,y)]^{+}$ 是关于 v 的凹函数[3]。

9.3 考虑风险偏好的期权契约协调基本模型

9.3.1 供应链集中决策模型

本节对供应链系统内制造商具有一定风险偏好时，整个供应链系统的集中决策情况进行分析，在集中决策状态下，主导型零售商和具有一定风险偏好的制造商作为一个统一的整体，整个系统可以被看作是处于一种绝对协同的状态，各决策主体均以实现整个供应链系统整体利益最大化为目标而进行决策，共同确定整个系统的最优产品生产量$(Q+M)^{F*}$。

在集中决策状态下，突发事件未发生且供应链系统内制造商具有一定风险偏好时，整个供应链系统的期望利润 π_{sc}^{F} 为

$$\pi_{sc}^{F} = PS(Q^{Fr}+M^{Fr}) - C(Q^{Fr}+M^{Fr}) + sI(Q^{Fr}+M^{Fr}) - hL(Q^{Fr}+M^{Fr}) \tag{9.4}$$

对式(9.4)求其关于 $Q^{Fr}+M^{Fr}$ 的二阶导，得到

$$\frac{\mathrm{d}^2\pi_{sc}^{F}}{\mathrm{d}(Q^{Fr}+M^{Fr})^2} = -(P+h-s)f(Q^{Fr}+M^{Fr}) \tag{9.5}$$

由于 $P>s$ 且市场需求的概率密度函数 $f(x)>0$，所以集中决策状态下，整个供应链系统期望利润的二阶导$\frac{\mathrm{d}^2\pi_{sc}^{F}}{\mathrm{d}(Q^{Fr}+M^{Fr})^2}<0$，存在解使得整个供应链系统期望利润取得最大值，于是对式(9.4)求其关于 $Q^{Fr}+M^{Fr}$ 一阶最优性条件即可得到集中决策状态下，整个供应链系统的最优生产量$(Q+M)^{F*}$。

对式(9.4)求其关于 $Q^{Fr}+M^{Fr}$ 的一阶导，得到

$$\frac{\mathrm{d}\pi_{sc}^{F}}{\mathrm{d}(Q^{Fr}+M^{Fr})}=P+h-C-(P+h-s)F(Q^{Fr}+M^{Fr}) \tag{9.6}$$

令式(9.6)等于零，即可得到

$$(Q+M)^{F*}=F^{-1}\left(\frac{P+h-C}{P+h-s}\right) \tag{9.7}$$

此时，将 $(Q+M)^{F*}$ 代入式(9.4)，即可得到在集中决策状态下，突发事件未发生且供应链系统内制造商具有一定风险偏好时，整个供应链系统的最大期望利润 π_{sc}^{F*}。

9.3.2 考虑风险偏好的供应链期权契约协调机制

在现实情况中整个供应链系统处于分散决策状态下，此时由于各供应链决策主体的完全理性，其均以自身利益最大化为各自的决策目标，而不会去考虑整个供应链系统的整体利益，从而导致供应链整体利益无法实现最优，整个供应链系统无法实现协调运作。此时零售商作为整个供应链系统中的主导者，为了实现整个供应链系统的协调，可以引入合适的期权契约协调机制，激励具有一定的风险偏好的制造商选择可以实现供应链协调所必需的产品生产量进行产品的生产，从而使得供应链整体利润达到最优，实现整体的协调。

由于供应链系统内制造商具有一定的风险偏好，因此在 CvaR 风险测量准则下，其决策目标发生一定变化，不再是原有的最大化其自身期望利润，而转变为最大化其 CvaR 函数 $CvaR_{\eta}(\pi_m^{Frc})$。

在主导型零售商引入的期权契约机制下，具有一定风险偏好的制造商的期望利润 π_m^{Frc} 为

$$\pi_m^{Frc}=\omega^r Q^{Fr}+C_0^{Fr}M^{Fr}-C(Q^{Fr}+M^{Fr})+sM^{Fr}+(C_e^F-s)*[\min(D-Q,M^{Fr})]^+ \tag{9.8}$$

此时其 CvaR 函数 $CvaR_{\eta}(\pi_m^{Frc})$ 为

$$CvaR_{\eta}(\pi_m^{Frc})=\max_{v\in R}\left\{v-\frac{1}{\eta}E[v-\pi_m^{Frc}]^+\right\} \tag{9.9}$$

(1) 当 $\beta^r+\omega_0^r Q^{Fr}+C_0^{Fr}M^{Fr}-C(Q^{Fr}+M^{Fr})+sM^{Fr}<v\leqslant\beta^r+\omega_0^r Q^{Fr}+C_0^{Fr}M^{Fr}-C(Q^{Fr}+M^{Fr})+C_e^{Fr}M^{Fr}$ 时，$E[v-\pi_m^{Frc}]^+$ 为

$$\begin{aligned}E[v-\pi_m^{Frc}]^+=&[v-\beta^r-\omega_0^r Q^{Fr}-C_0^{Fr}M^{Fr}+C(Q^{Fr}+M^{Fr})-sM^{Fr}]*F(Q^{Fr})\\&+\int_Q^{\frac{v-\beta^r-\omega_0^r Q^{Fr}-C_0^{Fr}M^{Fr}+C(Q^{Fr}+M^{Fr})-sM^{Fr}}{C_e^{Fr}-s}+Q^{Fr}}[v-\beta^r-\omega_0^r Q^{Fr}-C_0^{Fr}M^{Fr}\\&+C(Q^{Fr}+M^{Fr})-sM^{Fr}-(C_e^{Fr}-s)*(x-Q^{Fr})]f(x)\mathrm{d}x\end{aligned} \tag{9.10}$$

此时，对 $v-\frac{1}{\eta}E[v-\pi_m^{Frc}]^+$ 求其关于 v 的一阶导，可得到

$$\frac{\mathrm{d}\left\{v-\frac{1}{\eta}E[v-\pi_m^{Frc}]^+\right\}}{\mathrm{d}v}=1-\frac{1}{\eta}F\left[\frac{v-\beta^r-\omega_0^r Q^{Fr}-C_0^{Fr}M^{Fr}+C(Q^{Fr}+M^{Fr})-sM^{Fr}}{C_e^{Fr}-s}+Q^{Fr}\right]$$
$$-\left[f\left(\frac{v-\beta^r-\omega_0^r Q^{Fr}-C_0^{Fr}M^{Fr}+C(Q^{Fr}+M^{Fr})-sM^{Fr}}{C_e^{Fr}-s}+Q^{Fr}\right)-1\right]$$
$$*\frac{v}{\eta(C_e^{Fr}-s)} \tag{9.11}$$

由于 $v\in(\beta^r+\omega_0^r Q^{Fr}+C_0^{Fr}M^{Fr}-C(Q^{Fr}+M^{Fr})+sM^{Fr},\beta^r+\omega_0^r Q^{Fr}+C_0^{Fr}M^{Fr}-C*(Q^{Fr}+M^{Fr})+C_e^{Fr}M^{Fr}]$时，$v>C_e^{Fr}-s$ 且市场需求的概率密度函数 $f(x)$ 和需求分布函数 $F(x)$ 均大于 0 小于 1，所以 $v-\frac{1}{\eta}E[v-\pi_m^{Frc}]^+$ 关于 v 的一阶导 $\frac{\mathrm{d}\left\{v-\frac{1}{\eta}E[v-\pi_m^{Frc}]^+\right\}}{\mathrm{d}v}>0$，则 $v-\frac{1}{\eta}E[v-\pi_m^{Frc}]^+$ 在区间$(\beta^r+\omega_0^r Q^{Fr}+C_0^{Fr}M^{Fr}-C(Q^{Fr}+M^{Fr})+sM^{Fr},\beta^r+\omega_0^r Q^{Fr}+C_0^{Fr}M^{Fr}-C(Q^{Fr}+M^{Fr})+C_e^{Fr}M^{Fr}]$上关于 v 为严格递增的。

(2) 当 $v\leqslant\beta^r+\omega_0^r Q^{Fr}+C_0^{Fr}M^{Fr}-C(Q^{Fr}+M^{Fr})+sM^{Fr}$ 时，$E[v-\pi_m^{Frc}]^+$ 恒为 0，所以 $v-\frac{1}{\eta}E[v-\pi_m^{Frc}]^+$ 关于 v 在 $v\leqslant\beta^r+\omega_0^r Q^{Fr}+C_0^{Fr}M^{Fr}-C(Q^{Fr}+M^{Fr})+sM^{Fr}$ 上为严格递增的。

(3) 当 $v>\beta^r+\omega_0^r Q^{Fr}+C_0^{Fr}M^{Fr}-C(Q^{Fr}+M^{Fr})+C_e^{Fr}M^{Fr}$ 时，$E[v-\pi_m^{Frc}]^+$ 为

$$E[v-\pi_m^{Frc}]^+=[v-\beta^r-\omega_0^r Q^{Fr}-C_0^{Fr}M^{Fr}+C(Q^{Fr}+M^{Fr})-sM^{Fr}]*F(Q^{Fr})$$
$$+\int_Q^{M^{Fr}+Q^{Fr}}[v-\beta^r-\omega_0^r Q^{Fr}-C_0^{Fr}M^{Fr}+C(Q^{Fr}+M^{Fr})-sM^{Fr}$$
$$-(C_e^{Fr}-s)*(x-Q^{Fr})]f(x)\mathrm{d}x+[v-\beta^r-\omega_0^r Q^{Fr}-C_0^{Fr}M^{Fr}$$
$$+C(Q^{Fr}+M^{Fr})-C_e^{Fr}M^{Fr}]*[1-F(Q^{Fr}+M^{Fr})] \tag{9.12}$$

此时，对 $v-\frac{1}{\eta}E[v-\pi_m^{Frc}]^+$ 求其关于 v 的一阶导，可得到

$$\frac{\mathrm{d}\left\{v-\frac{1}{\eta}E[v-\pi_m^{Frc}]^+\right\}}{\mathrm{d}v}=1-\frac{1}{\eta} \tag{9.13}$$

由于 $\eta\in(0,1]$，所以在 $v>\beta^r+\omega_0^r Q^{Fr}+C_0^{Fr}M^{Fr}-C(Q^{Fr}+M^{Fr})+C_e^{Fr}M^{Fr}$ 上 $v-\frac{1}{\eta}E[v-\pi_m^{Frc}]^+$ 关于 v 的一阶导$\frac{\mathrm{d}\left\{v-\frac{1}{\eta}E[v-\pi_m^{Frc}]^+\right\}}{\mathrm{d}v}<0$，则 $v-\frac{1}{\eta}E[v-\pi_m^{Frc}]^+$ 关于 v 为严格递减的。

根据以上对 3 种情况的分析，又由于 $v-\frac{1}{\eta}E[v-\pi_m^{Frc}]^+$ 为 v 的连续函数，所以可知，当 $v=\beta^r+\omega_0^r Q^{Fr}+C_0^{Fr}M^{Fr}-C(Q^{Fr}+M^{Fr})+C_e^{Fr}M^{Fr}$ 时，$v-\frac{1}{\eta}E[v-\pi_m^{Frc}]^+$ 取得最大值，因此具有一定风险偏好的制造商，其 CvaR 函数 $CvaR_\eta(\pi_m^{Frc})$ 为

$$CvaR_\eta(\pi_m^{Frc}) = \beta^r + \omega_0^r Q^{Fr} + C_0^{Fr} M^{Fr} - C(Q^{Fr} + M^{Fr}) + C_e^{Fr} M^{rF} - \frac{C_e^{rF} - s}{\eta}\int_Q^{Q^{Fr}+M^{Fr}} F(x)\mathrm{d}x \tag{9.14}$$

对式(9.14)求其关于初始订购量 Q^{Fr} 的一阶导,可得到

$$\frac{\partial CvaR_\eta(\pi_m^{Frc})}{\partial Q^{Fr}} = \omega_0^r - C - \frac{C_e^{Fr} - s}{\eta}[F(Q^{Fr} + M^{Fr}) - F(Q^{Fr})] \tag{9.15}$$

对式(9.14)求其关于期权购买量 M^{Fr} 的一阶导,可得到

$$\frac{\partial CvaR_\eta(\pi_m^{Frc})}{\partial M^{Fr}} = C_0^{Fr} + C_e^{Fr} - C - \frac{C_e^{Fr} - s}{\eta} F(Q^{Fr} + M^{Fr}) \tag{9.16}$$

令式(9.15)和式(9.16)等于零并联立

$$\begin{cases} \omega_0^r - C - \dfrac{C_e^{Fr} - s}{\eta}[F(Q^{Fr} + M^{Fr}) - F(Q^{Fr})] = 0 \\ C_0^{Fr} + C_e^{Fr} - C - \dfrac{C_e^{Fr} - s}{\eta} F(Q^{Fr} + M^{Fr}) = 0 \end{cases} \tag{9.17}$$

即可得到主导型零售商引入期权契约机制后,基于 CvaR 风险测量准则,考虑制造商具有一定风险偏好时,其以自身利益最大化为原则所确定的最优初始订购量 Q^{Frc}、最优期权购买量 M^{Frc} 和最优生产量 $(Q+M)^{Frc}$

$$Q^{Frc} = F^{-1}\left[\frac{\eta(C_0^{Fr} + C_e^{Fr} - \omega_0^r)}{C_e^{Fr} - s}\right] \tag{9.18}$$

$$M^{Frc} = F^{-1}\left[\frac{\eta(C_0^{Fr} + C_e^{Fr} - C)}{C_e^{Fr} - s}\right] - F^{-1}\left[\frac{\eta(C_0^{Fr} + C_e^{Fr} - \omega_0^r)}{C_e^{Fr} - s}\right] \tag{9.19}$$

$$(Q + M)^{Frc} = F^{-1}\left[\frac{\eta(C_0^{Fr} + C_e^{Fr} - C)}{C_e^{Fr} - s}\right] \tag{9.20}$$

为保证供应链实现整体的协调,主导型零售商必须设定合理的期权契约参数,以激励具有一定风险偏好的制造商选择整个供应链系统的最优生产量进行生产,也就是说,使得期权契约机制下具有一定风险偏好的制造商所确定的最优生产量等于集中决策状态下整个供应链的最优生产量,即

$$(Q + M)^{Frc} = (Q + M)^{F*} \tag{9.21}$$

所以由式(9.7)和式(9.20)可知,基于 CvaR 风险测量准则,考虑制造商具有一定风险偏好时,要使供应链整体期望利润达到最大,实现供应链整体的协调,主导型零售商制定的期权契约机制须满足

$$C_0^{Fr} = C - C_e^{Fr} + \frac{(P + h - C)(C_e^{Fr} - s)}{\eta(P + h - s)} \tag{9.22}$$

其中考虑制造商具有一定风险偏好时,单位产品期权购买价格 C_0^{Fr} 与单位产品期权执行价格 C_e^{Fr} 的具体取值则需要零售商与制造商判协商确定,这一般取决于双方所面临的时下处境差异和在签订契约过程中相互之间的谈判能力。

9.4 突发事件下考虑风险偏好的供应链决策模型

9.4.1 突发事件下供应链集中决策模型

对于基于期权契约机制实现协调的供应链，具有一定风险偏好的制造商在期权契约的激励下已选择整个供应链系统的最优生产量$(Q+M)^{F*}$安排了生产计划，但在销售季节来临前，突发事件的发生导致其所面对的市场需求产生变化。此时，供应链内部各决策主体作为一个统一的整体，各决策主体均以实现整个供应链系统整体利益最大化为目标而进行决策，共同确定突发事件发生后整个系统的最优生产量$(Q+M)_g^{F*}$。本节即对这种突发事件发生后，制造商具有一定风险偏好且零售商主导的供应链系统集中决策情况进行分析。

突发事件发生后，集中决策状态下供应链系统内制造商具有一定风险偏好时，整个供应链系统的期望利润π_{gsc}^F为

$$\begin{aligned}\pi_{gsc}^F &= PS_g(Q_g^{Fr}+M_g^{Fr}) - C(Q_g^{Fr}+M_g^{Fr}) + sI_g(Q_g^{Fr}+M_g^{Fr}) - hL_g(Q_g^{Fr}+M_g^{Fr}) \\ &\quad - K_1\left[(Q_g^{Fr}+M_g^{Fr}) - (Q+M)^*\right]^+ - K_2\left[(Q+M)^* - (Q_g^{Fr}+M_g^{Fr})\right]^+\end{aligned} \tag{9.23}$$

下面首先分析当突发事件的发生导致供应链所面对市场需求增大时，集中决策状态下供应链系统内制造商具有一定风险偏好时，整个供应链系统最优产品生产量及供应链协调所发生的变化。

当突发事件的发生造成了供应链所面对的市场需求增大时，由引理7.1可知，整个供应链系统在新市场需求下的最优产品生产量$(Q+M)_g^{F*}$大于等于原市场需求下系统最优产品生产量$(Q+M)^{F*}$，因此当市场需求增大时，整个供应链系统的期望利润为

$$\begin{aligned}\pi_{gsc}^F &= PS_g(Q_g^{Fr}+M_g^{Fr}) - C(Q_g^{Fr}+M_g^{Fr}) + sI_g(Q_g^{Fr}+M_g^{Fr}) \\ &\quad - hL_g(Q_g^{Fr}+M_g^{Fr}) - K_1\left[(Q_g^{Fr}+M_g^{Fr}) - (Q+M)^*\right]\end{aligned} \tag{9.24}$$

对式(9.24)求其关于$Q_g^{Fr}+M_g^{Fr}$的二阶导，得到

$$\frac{\mathrm{d}^2\pi_{gsc}^F}{\mathrm{d}(Q_g^{Fr}+M_g^{Fr})^2} = -(P+h-s)g(Q_g^{Fr}+M_g^{Fr}) \tag{9.25}$$

由于$P>s$且市场需求的概率密度函数$g(x)>0$，所以整个供应链系统期望利润关于$Q_g^{Fr}+M_g^{Fr}$的二阶导$\frac{\mathrm{d}^2\pi_{gsc}^F}{\mathrm{d}(Q_g^{Fr}+M_g^{Fr})^2}<0$，存在解使得式(9.24)取得最大值，于是对式(9.24)求其关于$Q_g^{Fr}+M_g^{Fr}$的一阶导，得到

$$\frac{\mathrm{d}\pi_{gsc}^F}{\mathrm{d}(Q_g^{Fr}+M_g^{Fr})} = P+h-C-(P+h-s)G(Q_g^{Fr}+M_g^{Fr}) - K_1 \tag{9.26}$$

令式(9.26)等于零，即可得到式(9.24)最优解$(Q+M)_g^{F\wedge}$

$$(Q+M)_g^{F\wedge} = G^{-1}\left(\frac{P+h-C-K_1}{P+h-s}\right) \tag{9.27}$$

此时可以看出当突发事件的发生造成了供应链所面对的市场需求增大时，整个供应链系统的最优产品生产量$(Q+M)_g^{F*}$存在两种情况：当突发事件的发生造成市场规模的增加不太大时，使得$(Q+M)_g^{F\wedge}<(Q+M)^{F*}$，由引理 7.1 可知，此时整个供应链系统的最优产品生产量$(Q+M)_g^{F*}=(Q+M)^{F*}$；而当突发事件的发生造成市场规模的增加较大时，使得$(Q+M)_g^{F\wedge}\geqslant(Q+M)^{F*}$，最优解$(Q+M)_g^{F\wedge}$位于约束范围$[(Q+M)^{F*},+\infty]$之内，所以此时整个供应链系统的最优产品生产量$(Q+M)_g^{F*}=(Q+M)_g^{F\wedge}$。

下面分析当突发事件的发生导致供应链所面对市场需求减小时，集中决策状态下供应链系统内制造商具有一定风险偏好时，整个供应链系统最优产品生产量及供应链协调所发生的变化。

当突发事件的发生造成了供应链所面对的市场需求减小时，由引理 7.1 可知，整个供应链系统在新市场需求下的最优产品生产量$(Q+M)_g^{F*}$小于等于原市场需求下系统最优产品生产量$(Q+M)^{F*}$，因此当市场需求减小时，整个供应链系统的期望利润为

$$\begin{aligned}\pi_{gsc}^F &= PS_g(Q_g^{Fr}+M_g^{Fr}) - C(Q_g^{Fr}+M_g^{Fr}) + sI_g(Q_g^{Fr}+M_g^{Fr}) \\ &\quad - hL_g(Q_g^{Fr}+M_g^{Fr}) - K_2[(Q+M)^* - (Q_g^{Fr}+M_g^{Fr})]\end{aligned} \tag{9.28}$$

对式(9.28)求其关于$Q_g^{Fr}+M_g^{Fr}$的二阶导，得到

$$\frac{\mathrm{d}^2\pi_{gsc}^F}{\mathrm{d}(Q_g^{Fr}+M_g^{Fr})^2} = -(P+h-s)g(Q_g^{Fr}+M_g^{Fr}) \tag{9.29}$$

由于$P>s$且市场需求的概率密度函数$g(x)>0$，所以整个供应链系统期望利润关于$Q_g^{Fr}+M_g^{Fr}$的二阶导$\frac{\mathrm{d}^2\pi_{gsc}^F}{\mathrm{d}(Q_g^{Fr}+M_g^{Fr})^2}<0$，存在解使得式(9.28)取得最大值，于是对式(9.28)求其关于$Q_g^{Fr}+M_g^{Fr}$的一阶导，得到

$$\frac{\mathrm{d}\pi_{gsc}^F}{\mathrm{d}(Q_g^{Fr}+M_g^{Fr})} = P+h-C-(P+h-s)G(Q_g^{Fr}+M_g^{Fr})+K_2 \tag{9.30}$$

令式(9.30)等于零，即可得到式(9.28)最优解$(Q+M)_g^{F\#}$

$$(Q+M)_g^{F\#} = G^{-1}\left(\frac{P+h-C+K_2}{P+h-s}\right) \tag{9.31}$$

此时可以看出当突发事件的发生造成了供应链所面对的市场需求减小时，整个供应链系统的最优产品生产量$(Q+M)_g^{F*}$存在两种情况：当突发事件的发生造成市场规模的减小不太大时，使得$(Q+M)_g^{F\#}>(Q+M)^{F*}$，由引理 7.1 可知，此时整个供应链系统的最优产品生产量$(Q+M)_g^{F*}=(Q+M)^{F*}$；而当突发事件的发生造成市场规模的减小较大时，使得$(Q+M)_g^{F\#}\leqslant(Q+M)^{F*}$，最优解$(Q+M)_g^{F\#}$位于约束范围$[0,(Q+M)^{F*}]$之内，所以此时整个供应链系统的最优产品生产量$(Q+M)_g^{F*}=(Q+M)_g^{F\#}$。

综上所述，当突发事件的发生导致供应链所面对市场需求发生变化时，集中决策状态下供应链系统内制造商具有一定风险偏好时，整个供应链系统最优产品生产量的变化情况

如下

$$(Q+M)_g^{F*}=\begin{cases} G^{-1}\left(\dfrac{P+h-C-K_1}{P+h-s}\right), & \text{需求增加较大,即}(Q+M)_g^{F\wedge}\geqslant(Q+M)^{F*} \\ (Q+M)^{F*}, & \text{需求变化不大,即}(Q+M)_g^{F\wedge}<(Q+M)^{F*} \\ & \text{或}(Q+M)_g^{F\#}>(Q+M)^{F*} \\ G^{-1}\left(\dfrac{P+h-C+K_2}{P+h-s}\right), & \text{需求减小较大,即}(Q+M)_g^{F\#}\leqslant(Q+M)^{F*} \end{cases} \tag{9.32}$$

9.4.2 突发事件下基于原期权契约的分散决策模型

在分散决策状态下，在销售季节来临前，突发事件的发生导致其所面对的市场需求出现变化时，由于供应链系统内部各决策主体均以自身利益最大化为各自的决策目标，而不会去考虑整个供应链系统的整体利益，因此具有一定的风险偏好的制造商将会依据新的市场需求，同时结合自身 CvaR 函数对原有的产品生产量$(Q+M)^{F*}$决策进行变动，以保证其自身利益在突发事件发生后依旧能够实现最大化。本节基于 CvaR 风险测量准则，对这种突发事件发生后，供应链系统内制造商具有一定风险偏好时，在原有期权契约机制下供应链系统的分散决策情况进行分析。

突发事件发生后，在原期权契约机制下，具有一定风险偏好的制造商的期望利润π_{gm}^{Frc}为

$$\begin{aligned}\pi_{gm}^{Frc}=&\omega^r Q_g^{Fr}+C_0^{Fr}M_g^{Fr}-C(Q_g^{Fr}+M_g^{Fr})+sM_g^{Fr}+(C_e^{Fr}-s)*[\min(D-Q_g^{Fr},M_g^{Fr})]^+\\&-K_1[(Q_g^{Fr}+M_g^{Fr})-(Q+M)^{F*}]^+-K_2[(Q+M)^{F*}-(Q_g^{Fr}+M_g^{Fr})]^+\end{aligned} \tag{9.33}$$

此时其 CvaR 函数 $CvaR_\eta(\pi_{gm}^{Frc})$为

$$CvaR_\eta(\pi_{gm}^{Frc})=\max_{v\in R}\left\{v-\frac{1}{\eta}E[v-\pi_{gm}^{Frc}]^+\right\} \tag{9.34}$$

(1) 当 $A(Q_g^{Fr},M_g^{Fr})+sM_g^{Fr}-K(Q_g^{Fr}+M_g^{Fr})<v\leqslant A(Q_g^{Fr},M_g^{Fr})+C_e^{Fr}M_g^{Fr}-K(Q_g^{Fr}+M_g^{Fr})$时，其中

$$A(Q_g^{Fr},M_g^{Fr})=\beta^r+\omega_0^r Q_g^{Fr}+C_0^{Fr}M_g^{Fr}-C(Q_g^{Fr}+M_g^{Fr}) \tag{9.35}$$

$$\begin{aligned}K(Q_g^{Fr}+M_g^{Fr})=&K_1[(Q_g^{Fr}+M_g^{Fr})-(Q+M)^{F*}]^+\\&+K_2[(Q+M)^{F*}-(Q_g^{Fr}+M_g^{Fr})]^+\end{aligned} \tag{9.36}$$

此时 $E[v-\pi_{gm}^{Frc}]^+$为

$$\begin{aligned}E[v-\pi_{gm}^{Frc}]^+=&[v-\beta^r-\omega_0^r Q_g^{Fr}-C_0^{Fr}M_g^{Fr}+C(Q_g^{Fr}+M_g^{Fr})-sM_g^{Fr}+K(Q_g^{Fr}+M_g^{Fr})]G(Q_g^{Fr})\\&+\int_Q^{\frac{v-\beta^r-\omega_0^r Q_g^{Fr}-C_0^{Fr}M_g^{Fr}+C(Q_g^{Fr}+M_g^{Fr})-sM_g^{Fr}+K(Q_g^{Fr}+M_g^{Fr})}{C_e^{Fr}-s}+Q_g^{Fr}}[v-\beta^r-\omega_0^r Q_g^{Fr}\\&-C_0^{Fr}M_g^{Fr}+C(Q_g^{Fr}+M_g^{Fr})-sM_g^{Fr}+K(Q_g^{Fr}+M_g^{Fr})-(C_e^{Fr}-s)\\&*(x-Q_g^{Fr})]g(x)\mathrm{d}x\end{aligned} \tag{9.37}$$

随后，对 $v-\frac{1}{\eta}E[v-\pi_{gm}^{Frc}]^+$ 求其关于 v 的一阶导，可得到

$$\begin{aligned}\frac{\mathrm{d}\left\{v-\frac{1}{\eta}E\left[v-\pi_{gm}^{Frc}\right]^+\right\}}{\mathrm{d}v}=&1-\frac{1}{\eta}G\{[v-\beta^r-\omega_0^r Q_g^{Fr}-C_0^{Fr}M_g^{Fr}+C(Q_g^{Fr}+M_g^{Fr})\\&\Big/(-sM_g^{Fr}+K(Q_g^{Fr}+M_g^{Fr})]C_e^{Fr}-s)+Q_g^{Fr}\}\\&-\Big[g\Big(\frac{v-\beta^r-\omega_0^r Q_g^{Fr}-C_0^{Fr}M_g^{Fr}+C(Q_g^{Fr}+M_g^{Fr})-sM_g^{Fr}+K(Q_g^{Fr}+M_g^{Fr})}{C_e^{Fr}-s}\\&+Q_g^{Fr}\Big)-1\Big]*\frac{v}{\eta(C_e^{Fr}-s)}\end{aligned}\tag{9.38}$$

由于当 $v\in(A(Q_g^{Fr},M_g^{Fr})+sM_g^{Fr}-K(Q_g^{Fr}+M_g^{Fr}),A(Q_g^{Fr},M_g^{Fr})+C_e^{Fr}M_g^{Fr}-K(Q_g^{Fr}+M_g^{Fr})]$ 时，产品市场需求的概率密度函数 $g(x)$ 和需求分布函数 $G(x)$ 均大于 0 小于 1，并且 $v>C_e^{Fr}-s$，所以 $v-\frac{1}{\eta}E[v-\pi_{gm}^{Frc}]^+$ 关于 v 的一阶导 $\frac{\mathrm{d}\left\{v-\frac{1}{\eta}E[v-\pi_{gm}^{Frc}]^+\right\}}{\mathrm{d}v}>0$，且其在区间 $(A(Q_g^{Fr},M_g^{Fr})+sM_g^{Fr}-K(Q_g^{Fr}+M_g^{Fr}),A(Q_g^{Fr},M_g^{Fr})+C_e^{Fr}M_g^{Fr}-K(Q_g^{Fr}+M_g^{Fr})]$ 上关于 v 为严格递增。

(2) 当 $v\leqslant A(Q_g^{Fr},M_g^{Fr})+sM_g^{Fr}-K(Q_g^{Fr}+M_g^{Fr})$ 时，$E[v-\pi_{gm}^{Frc}]^+$ 恒为 0，所以 $v-\frac{1}{\eta}E[v-\pi_{gm}^{Frc}]^+$ 关于 v 在 $v\leqslant A(Q_g^{Fr},M_g^{Fr})+sM_g^{Fr}-K(Q_g^{Fr}+M_g^{Fr})$ 上为严格递增的。

(3) 当 $v>A(Q_g^{Fr},M_g^{Fr})+C_e^{Fr}M_g^{Fr}-K(Q_g^{Fr}+M_g^{Fr})$ 时，$E[v-\pi_{gm}^{Frc}]^+$ 为

$$\begin{aligned}E[v-\pi_{gm}^{Frc}]^+=&[v-\beta^r-\omega_0^r Q_g^{Fr}-C_0^{Fr}M_g^{Fr}+C(Q_g^{Fr}+M_g^{Fr})-sM_g^{Fr}+K(Q_g^{Fr}+M_g^{Fr})]*G(Q_g^{Fr})\\&+\int_{Q_g^{Fr}}^{M_g^{Fr}+Q_g^{Fr}}[v-\beta^r-\omega_0^r Q_g^{Fr}-C_0^{Fr}M_g^{Fr}+C(Q_g^{Fr}+M_g^{Fr})-sM_g^{Fr}+K(Q_g^{Fr}+M_g^{Fr})\\&-(C_e^{Fr}-s)*(x-Q_g^{Fr})]g(x)\mathrm{d}x+[v-\beta^r-\omega_0^r Q_g^{Fr}-C_0^{Fr}M_g^{Fr}+C(Q_g^{Fr}+M_g^{Fr})\\&-C_e^{Fr}M_g^{Fr}+K(Q_g^{Fr}+M_g^{Fr})]*[1-G(Q_g^{Fr}+M_g^{Fr})]\end{aligned}\tag{9.39}$$

此时，对 $v-\frac{1}{\eta}E[v-\pi_{gm}^{Frc}]^+$ 求其关于 v 的一阶导，可得到

$$\frac{\mathrm{d}\left\{v-\frac{1}{\eta}E\left[v-\pi_{gm}^{Frc}\right]^+\right\}}{\mathrm{d}v}=1-\frac{1}{\eta}\tag{9.40}$$

由于 $\eta\in(0,1]$，所以在 $v>A(Q_g^{Fr},M_g^{Fr})+C_e^{Fr}M_g^{Fr}-K(Q_g^{Fr}+M_g^{Fr})$ 上 $v-\frac{1}{\eta}E[v-\pi_{gm}^{Frc}]^+$ 关于 v 的一阶导 $\frac{\mathrm{d}\left\{v-\frac{1}{\eta}E[v-\pi_{gm}^{Frc}]^+\right\}}{\mathrm{d}v}<0$，则 $v-\frac{1}{\eta}E[v-\pi_{gm}^{Frc}]^+$ 关于 v 为严格递减的。

根据以上对三种情况的分析，又由于 $v-\frac{1}{\eta}E[v-\pi_{gm}^{Frc}]^+$ 为 v 的连续函数，所以可知，当

$v=A(Q_g^{Fr},M_g^{Fr})+C_e^{Fr}M_g^{Fr}-K(Q_g^{Fr}+M_g^{Fr})$时，$v-\frac{1}{\eta}E\left[v-\pi_{gm}^{Frc}\right]^+$取得最大值，因此具有一定风险偏好的制造商，其 $CvaR$ 函数 $CvaR_\eta(\pi_{gm}^{Frc})$ 为

$$CvaR_\eta(\pi_{gm}^{Frc})=v=A(Q_g^{Fr},M_g^{Fr})+C_e^{Fr}M_g^{Fr}-K(Q_g^{Fr}+M_g^{Fr})-\frac{C_e^{Fr}-s}{\eta}\int_Q^{Q_g^{Fr}+M_g^{Fr}}G(x)\mathrm{d}x \tag{9.41}$$

下面首先分析当突发事件的发生导致供应链所面对的市场需求增大时，在原期权契约机制下，各决策主体以其自身利益最大化为目标进行决策，具有一定风险偏好的制造商最优产品生产量及供应链协调所发生的变化。

当突发事件的发生造成了供应链所面对的市场需求增大时，由引理 7.2 可知，具有一定风险偏好的制造商在原期权契约机制下，面对新市场需求，其最优产品生产量$(Q+M)_{gm}^{Frc}$大于等于在原市场需求下其所选择的最优产品生产量$(Q+M)^{F*}$，因此当市场需求增大时，具有一定风险偏好的制造商在原期权契约机制下的 $CvaR$ 函数为

$$\begin{aligned}CvaR_\eta(\pi_{gm}^{Frc})=&A(Q_g^{Fr},M_g^{Fr})+C_e^{Fr}M_g^{Fr}-K_1[(Q_g^{Fr}+M_g^{Fr})-(Q+M)^{F*}]\\&-\frac{C_e^{Fr}-S}{\eta}\int_Q^{Q_g^{Fr}+M_g^{Fr}}G(x)\mathrm{d}x\end{aligned} \tag{9.42}$$

对式(9.42)求其关于初始订购量 Q_g^{Fr} 的一阶导，可得到

$$\frac{\partial CvaR_\eta(\pi_{gm}^{Frc})}{\partial Q_g^{Fr}}=\omega_0^r-C-K_1-\frac{C_e^{Fr}-s}{\eta}[G(Q_g^{Fr}+M_g^{Fr})-G(Q_g^{Fr})] \tag{9.43}$$

对式(9.42)求其关于期权购买量 M_g^{Fr} 的一阶导，可得到

$$\frac{\partial CvaR_\eta(\pi_{gm}^{Frc})}{\partial M}=C_0^{Fr}+C_e^{Fr}-C-K_1-\frac{C_e^{Fr}-s}{\eta}G(Q_g^{Fr}+M_g^{Fr}) \tag{9.44}$$

令式(9.43)和式(9.44)等于零并联立

$$\begin{cases}\omega_0^r-C-K_1-\dfrac{C_e^{Fr}-s}{\eta}[G(Q_g^{Fr}+M_g^{Fr})-G(Q_g^{Fr})]=0\\C_0^{Fr}+C_e^{Fr}-C-K_1-\dfrac{C_e^{Fr}-s}{\eta}G(Q_g^{Fr}+M_g^{Fr})=0\end{cases} \tag{9.45}$$

即可得到当突发事件的发生造成了供应链所面对的市场需求增大时，使得具有一定风险偏好的制造商在原期权契约机制下的 CvaR 函数值，即式(9.42)实现最大化的最优解$(Q+M)_{gm}^{Fc\wedge}$为

$$(Q+M)_{gm}^{Fc\wedge}=G^{-1}\left[\frac{\eta(C_0^{Fr}+C_e^{Fr}-C-K_1)}{C_e^{Fr}-s}\right] \tag{9.46}$$

此时可以看出当突发事件的发生造成了供应链所面对的市场需求增大时，具有一定风险偏好的制造商在原期权契约机制下的最优产品生产量$(Q+M)_{gm}^{Frc}$存在两种情况：当突发事件的发生造成市场规模的增加不太大时，使得$(Q+M)_{gm}^{Fc\wedge}<(Q+M)^{F*}$，由引理 7.2 可知，此时具有一定风险偏好的制造商在原期权契约机制下，面对新市场需求的最优产品生产量

$(Q+M)_{gm}^{Fc}=(Q+M)^{F*}$；而当突发事件的发生造成市场规模的增加较大时，使得$(Q+M)_{gm}^{Fc\wedge}\geqslant(Q+M)^{F*}$，最优解$(Q+M)_{gm}^{Fc\wedge}$位于约束范围$[(Q+M)^{F*},+\infty]$之内，所以此时具有一定风险偏好的制造商在原期权契约机制下，面对新市场需求的最优产品生产量$(Q+M)_{gm}^{Frc}=(Q+M)_{gm}^{Fc\wedge}$。

下面分析当突发事件的发生导致供应链所面对市场需求减小时，在原期权契约机制下，各决策主体以其自身利益最大化为目标进行决策，具有一定风险偏好的制造商最优产品生产量及供应链协调所发生的变化。

当突发事件的发生造成了供应链所面对的市场需求减小时，由引理7.2可知，具有一定风险偏好的制造商在原期权契约机制下，面对新市场需求，其最优产品生产量$(Q+M)_{gm}^{Frc}$小于等于在原市场需求下其所选择的最优产品生产量$(Q+M)^{F*}$，因此当市场需求增大时，具有一定风险偏好的制造商在原期权契约机制下的$CvaR$函数为

$$CvaR_{\eta}(\pi_{gm}^{Frc})=A(Q_g^{Fr},M_g^{Fr})+C_e^{Fr}M_g^{Fr}-K_2[(Q+M)^{F*}-(Q_g^{Fr}+M_g^{Fr})]$$
$$-\frac{C_e^{Fr}-s}{\eta}\int_{Q_g^{Fr}}^{Q_g^{Fr}+M_g^{Fr}}G(x)\mathrm{d}x \tag{9.47}$$

对式(9.47)求其关于初始订购量Q_g^{Fr}的一阶导，可得到

$$\frac{\partial CvaR_{\eta}(\pi_{gm}^{Frc})}{\partial Q_g^{Fr}}=\omega_0^r-C+K_2-\frac{C_e^{Fr}-s}{\eta}[G(Q_g^{Fr}+M_g^{Fr})-G(Q_g^{Fr})] \tag{9.48}$$

对式(9.47)求其关于期权购买量M_g^{Fr}的一阶导，可得到

$$\frac{\partial CvaR_{\eta}(\pi_{gm}^{Frc})}{\partial M_g^{Fr}}=C_0^{Fr}+C_e^{Fr}-C+K_2-\frac{C_e^{Fr}-s}{\eta}G(Q_g^{Fr}+M_g^{Fr}) \tag{9.49}$$

令式(9.48)和式(9.49)等于零并联立

$$\begin{cases}\omega_0^r-C+K_2-\dfrac{C_e^{Fr}-s}{\eta}[G(Q_g^{Fr}+M_g^{Fr})-G(Q_g^{Fr})]=0\\ C_0^{Fr}+C_e^{Fr}-C+K_2-\dfrac{C_e^{Fr}-s}{\eta}G(Q_g^{Fr}+M_g^{Fr})=0\end{cases} \tag{9.50}$$

即可得到当突发事件的发生造成了供应链所面对的市场需求减小时，使得具有一定风险偏好的制造商在原期权契约机制下的CvaR函数值，即式(9.47)实现最大化的最优解$(Q+M)_{gm}^{Fc\#}$为

$$(Q+M)_{gm}^{Fc\#}=G^{-1}\left[\frac{\eta(C_0^{Fr}+C_e^{Fr}-C+K_2)}{C_e^{Fr}-s}\right] \tag{9.51}$$

此时可以看出当突发事件的发生造成了供应链所面对的市场需求减小时，具有一定风险偏好的制造商在原期权契约机制下的最优产品生产量$(Q+M)_{gm}^{Frc}$存在两种情况：当突发事件的发生造成市场规模的减小不太大时，使得$(Q+M)_{gm}^{Fc\#}>(Q+M)^{F*}$，由引理7.2可知，此时具有一定风险偏好的制造商在原期权契约机制下，面对新市场需求的最优产品生产量$(Q+M)_{gm}^{Frc}=(Q+M)^{F*}$；而当突发事件的发生造成市场规模的减小较大时，使得$(Q+M)_{gm}^{Fc\#}\leqslant(Q+M)^{F*}$，最优解$(Q+M)_{gm}^{Fc\#}$位于约束范围$[0,(Q+M)^{F*}]$之内，所以此时具有一

定风险偏好的制造商在原期权契约机制下，面对新市场需求的最优产品生产量$(Q+M)_{gm}^{Frc}=(Q+M)_{gm}^{Fc\#}$。

综上所述，当突发事件的发生导致供应链所面对的市场需求发生变化时，各决策主体以其自身利益最大化为目标进行决策，具有一定风险偏好的制造商在原期权契约机制下最优产品生产量的变化情况如下

$$(Q+M)_{gm}^{Frc}=\begin{cases}G^{-1}\left[\dfrac{\eta(C_0^{Fr}+C_e^{Fr}-C-K_1)}{C_e^{Fr}-s}\right], & \text{需求增加较大},(Q+M)_{gm}^{Fc\wedge}\geqslant(Q+M)^{F*}\\(Q+M)^{F*}, & \text{需求变化不大},(Q+M)_{gm}^{Fc\wedge}<(Q+M)^{F*}\\ & \text{或}(Q+M)_{gm}^{Fc\#}>(Q+M)^{F*}\\G^{-1}\left[\dfrac{\eta(C_0^{Fr}+C_e^{Fr}-C+K_2)}{C_e^{Fr}-s}\right], & \text{需求减小较大},(Q+M)_{gm}^{Fc\#}\leqslant(Q+M)^{F*}\end{cases}\tag{9.52}$$

9.5 风险偏好下基于期权契约的突发事件应对策略

由 9.4.1 节和 9.4.2 节的研究内容可知，基于 CvaR 风险测量准则，当突发事件的发生导致供应链所面对市场需求发生变化时，整个供应链系统的最优产品生产量将可能发生一定波动，同时在原有期权契约机制下，具有一定风险偏好的制造商以自身利益最大化为原则进行决策，所选择的产品生产量同样将可能发生变化。因此考虑制造商具有一定风险偏好时，突发事件的发生仍将可能导致原有期权契约失效，使得整个供应链系统无法再继续维持协调运作。此时主导型零售商需对原有期权契约机制进行合理的调节变动，恢复供应链系统整体的协调，使得供应链整体利润重新达到最优。

下面首先分析当突发事件的发生导致供应链所面对市场需求增大时，基于 CvaR 风险测量准则考虑制造商具有一定的风险偏好，主导型零售商如何对原有期权契约机制进行合理的调节变动，以保持整个供应链系统的协调运作。

由 9.4.1 节和 9.4.2 节的研究内容可知，考虑制造商具有一定的风险偏好，当突发事件的发生导致供应链所面对市场需求增大时，整个供应链系统的最优产品生产量$(Q+M)_g^{F*}$的变化情况为

$$(Q+M)_g^{F*}=\begin{cases}(Q+M)_g^{F\wedge}, & \text{需求增加较大，即}(Q+M)_g^{F\wedge}\geqslant(Q+M)^{F*}\\(Q+M)^{F*}, & \text{需求增加不大，即}(Q+M)_g^{F\wedge}<(Q+M)^{F*}\end{cases}\tag{9.53}$$

其中，$(Q+M)_g^{F\wedge}=G^{-1}\left(\dfrac{P+h-C-K_1}{P+h-s}\right)$。

具有一定风险偏好的制造商在原期权契约机制下所选择的最优产品生产量$(Q+M)_{gm}^{Frc}$的变化情况为

$$(Q+M)_{gm}^{Frc}=\begin{cases}(Q+M)_{gm}^{Fc\wedge}, & \text{需求增加较大,即}(Q+M)_{gm}^{Fc\wedge}\geqslant(Q+M)^{F*}\\(Q+M)^{F*}, & \text{需求增加不大,即}(Q+M)_{gm}^{Fc\wedge}<(Q+M)^{F*}\end{cases}\tag{9.54}$$

其中,$(Q+M)_{gm}^{Fc\wedge}=G^{-1}\left[\dfrac{\eta(C_0^{Fr}+C_e^{Fr}-C-K_1)}{C_e^{Fr}-s}\right]$。

由式(9.22)可知,在原期权契约机制下$\dfrac{\eta(C_0^{Fr}-C+C_e^{Fr})}{C_e^{Fr}-s}=\dfrac{P+h-C}{P+h-s}$,则$(Q+M)_{gm}^{Fc\wedge}=G^{-1}\left(\dfrac{P+h-C}{P+h-s}-\dfrac{K_1}{(P+h-s)}*\dfrac{P+h-C}{C_0^{Fr}+C_e^{Fr}-C}\right)$,又因为$P>C_0^{Fr}+C_e^{Fr}$,所以容易看出$(Q+M)_{gm}^{Fc\wedge}\leqslant(Q+M)_g^{F\wedge}$。

此时可以看出当突发事件的发生导致供应链所面对市场需求增大时,考虑制造商具有一定风险偏好,主导型零售商基于期权契约的协调策略依然存在3种情况:

(1) 当突发事件的发生导致整个供应链系统所面对的市场需求增加不太大时,使得$(Q+M)^{F*}>(Q+M)_g^{F\wedge}$,在此状态下,面对新的市场需求,整个供应链系统的最优产品生产量$(Q+M)_g^{F*}$以及具有一定风险偏好的制造商在原期权契约机制下所选择的最优产品生产量$(Q+M)_{gm}^{Frc}$均未发生变化,仍然为$(Q+M)^{F*}$。此时原期权契约机制并未失效,主导型零售商无须对原有期权契约机制进行调节变动,维持即可。

(2) 当突发事件的发生导致整个供应链系统所面对的市场需求增加比较大时,使得$(Q+M)_g^{F\wedge}>(Q+M)^{F*}>(Q+M)_{gm}^{Fc\wedge}$,在此状态下,面对新的市场需求,具有一定风险偏好的制造商在原期权契约机制下所选择的最优产品生产量$(Q+M)_{gm}^{Frc}$未发生变化,仍然为突发事件发生前整个供应链系统基于原期权契约机制所达到整体协调状态下的产品生产量$(Q+M)^{F*}$,而供应链系统的最优生产量发生变化,$(Q+M)_g^{F*}=(Q+M)_g^{F\wedge}$。此时原期权契约机制失效,无法有效协调供应链系统的运作,主导型零售商需对原有期权契约机制进行合理的调节变动,以恢复供应链系统的整体协调。

突发事件的发生造成了供应链所面对的市场需求增加比较大时,当零售商对原有期权契约进行调节变动后,具有一定风险偏好的制造商的$CvaR$函数为

$$\begin{aligned}CvaR_\eta(\pi_{gm}^{Frnc})=&\beta^r+\omega_0^rQ_g^{Frn}+C_0^{Frn}M_g^{Frn}-C(Q_g^{Frn}+M_g^{Frn})+C_e^{Frn}M_g^{Frn}\\&-K_1[(Q_g^{Frn}+M_g^{Frn})-(Q+M)^{F*}]-\frac{C_e^{Frn}-s}{\eta}\int_{Q_g^{Frn}}^{Q_g^{Frn}+M_g^{Frn}}G(x)\mathrm{d}x\end{aligned}\tag{9.55}$$

对式(9.55)求其关于初始订购量Q_g^{Frn}的一阶导,可得到

$$\frac{\partial CvaR_\eta(\pi_{gm}^{Frnc})}{\partial Q_g^{Frn}}=\omega_0^r-C-K_1-\frac{C_e^{Frn}-s}{\eta}[G(Q_g^{Frn}+M_g^{Frn})-G(Q_g^{Frn})]\tag{9.56}$$

对式(9.55)求其关于期权购买量M_g^{Frn}的一阶导,可得到

$$\frac{\partial CvaR_\eta(\pi_{gm}^{Frnc})}{\partial M_g^{Frn}}=C_0^{Frn}+C_e^{Frn}-C-K_1-\frac{C_e^{Frn}-s}{\eta}G(Q_g^{Frn}+M_g^{Frn})\tag{9.57}$$

令式(9.56)和式(9.57)等于零并联立

$$\begin{cases}\omega_0^r - C - K_1 - \dfrac{C_e^{Frn} - s}{\eta}[G(Q_g^{Frn} + M_g^{Frn}) - G(Q_g^{Frn})] = 0 \\ C_0^{Frn} + C_e^{Frn} - C - K_1 - \dfrac{C_e^{Fn} - s}{\eta} G(Q_g^{Frn} + M_g^{Frn}) = 0\end{cases} \tag{9.58}$$

即可得到当突发事件的发生造成了供应链所面对的市场需求增大时，当零售商对原有期权契约进行调节变动后，具有一定风险偏好的制造商所选择的最优产品生产量$(Q+M)_{gm}^{Frnc}$为

$$(Q+M)_{gm}^{Frnc} = G^{-1}\left[\frac{\eta(C_0^{Frn} + C_e^{Frn} - C - K_1)}{C_e^{Frn} - s}\right] \tag{9.59}$$

为保证供应链系统恢复整体的协调，主导型零售商进行参数调节变动后的新期权契约应能够激励具有一定风险偏好的制造商选择突发事件下整个供应链系统的最优产品生产量$(Q+M)_g^{F\wedge}$进行生产，即

$$(Q+M)_{gm}^{Frnc} = (Q+M)_g^{F\wedge} \tag{9.60}$$

所以由式(9.27)和式(9.59)可知，要使供应链整体期望利润重新达到最大，恢复供应链整体的协调，零售商对原有期权契约机制的合理调节变动须满足

$$C_0^{Frn} = C - C_e^{Frn} + K_1 + \frac{(P+h-C-K_1)(C_e^{Frn} - s)}{(P+h-s)\eta} \tag{9.61}$$

(3) 当突发事件的发生导致整个供应链系统所面对的市场需求增加非常大时，使得$(Q+M)_{gm}^{Fc\wedge} > (Q+M)^{F*}$，在此状态下，具有一定风险偏好的制造商在原期权契约机制下所选择的最优产品生产量$(Q+M)_{gm}^{Frc}$和整个供应链系统的最优产品生产量$(Q+M)_g^{F*}$均发生变化，$(Q+M)_{gm}^{Frc} = (Q+M)_{gm}^{Fc\wedge}$且$(Q+M)_g^{F*} = (Q+M)_g^{F\wedge}$。此时原有期权契约机制失效，为恢复供应链系统的整体协调，主导型零售商需对原有期权契约机制进行合理的调节变动。

同理可得，与情况(2)相同，为恢复供应链系统整体的协调，主导型零售商对原有期权契约机制的合理调节变动须满足

$$C_0^{Frn} = C - C_e^{Frn} + K_1 + \frac{(P+h-C-K_1)(C_e^{Frn} - s)}{(P+h-s)\eta} \tag{9.62}$$

下面分析当突发事件的发生导致供应链所面对市场需求减小时，基于 CvaR 风险测量准则考虑制造商具有一定的风险偏好，主导型零售商如何对原有期权契约机制进行合理的调节变动，以保持整个供应链系统的协调运作。

由 9.4.1 节和 9.4.2 节的研究内容可知，考虑制造商具有一定风险偏好，当突发事件的发生导致供应链所面对市场需求减小时，整个供应链系统的最优产品生产量$(Q+M)_g^{F*}$的变化情况为

$$(Q+M)_g^{F*} = \begin{cases}(Q+M)_g^{F\#}, & \text{需求减小较大，即}(Q+M)_g^{F\#} \geqslant (Q+M)^{F*} \\ (Q+M)^{F*}, & \text{需求减小不大，即}(Q+M)_g^{F\#} < (Q+M)^{F*}\end{cases} \tag{9.63}$$

其中，$(Q+M)_g^{F\#} = G^{-1}\left(\dfrac{P+h-C+K_2}{P+h-s}\right)$。

具有一定风险偏好的制造商在原期权契约机制下所选择的最优产品生产量$(Q+M)_{gm}^{Frc}$的变化情况为

$$(Q+M)_{gm}^{Frc}=\begin{cases}(Q+M)_{gm}^{Fc\#}, & \text{需求减小较大,即}(Q+M)_{gm}^{Fc\#}\geqslant(Q+M)^{F*}\\(Q+M)^{F*}, & \text{需求减小不大,即}(Q+M)_{gm}^{Fc\#}<(Q+M)^{F*}\end{cases}\tag{9.64}$$

其中,$(Q+M)_{gm}^{Fc\#}=G^{-1}\left[\dfrac{\eta(C_0^{Fr}+C_e^{Fr}-C+K_2)}{C_e^{Fr}-s}\right]$。

由式(9.22)可知,在原期权契约机制下$\dfrac{\eta(C_0^{Fr}-C+C_e^{Fr})}{C_e^{Fr}-s}=\dfrac{P+h-C}{P+h-s}$,则$(Q+M)_{gm}^{Fc\#}=G^{-1}\left(\dfrac{P+h-C}{P+h-s}+\dfrac{K_2}{(P+h-s)}*\dfrac{P+h-C}{C_0^{Fr}+C_e^{Fr}-C}\right)$,又因为$P>C_0^{Fr}+C_e^{Fr}$,所以容易看出当$(Q+M)_g^{F\#}\leqslant(Q+M)_{gm}^{Fc\#}$。

此时可以看出当突发事件的发生导致供应链所面对市场需求减小时,考虑制造商具有一定风险偏好,主导型零售商基于期权契约的协调策略依然存在3种情况:

(1) 当突发事件的发生导致整个供应链系统所面对的市场需求减小不太大时,使得$(Q+M)_g^{F\#}>(Q+M)^{F*}$,在此状态下,面对新的市场需求,整个供应链系统的最优产品生产量$(Q+M)_g^{F*}$以及具有一定风险偏好的制造商在原期权契约机制下所选择的最优产品生产量$(Q+M)_{gm}^{Frc}$均未发生变化,仍然为$(Q+M)^{F*}$。此时原期权契约机制并未失效,主导型零售商无须对原有期权契约机制进行调节变动,维持即可。

(2) 当突发事件的发生导致整个供应链系统所面对的市场需求减小比较大时,使得$(Q+M)_{gm}^{Fc\#}>(Q+M)^{F*}>(Q+M)_g^{F\#}$,在此状态下,面对新的市场需求,具有一定风险偏好的制造商在原期权契约机制下所选择的最优产品生产量$(Q+M)_{gm}^{Frc}$未发生变化,仍然为$(Q+M)^{F*}$,而供应链系统的最优生产量发生变化,$(Q+M)_g^{F*}=(Q+M)_g^{F\#}$。此时原期权契约机制失效,无法有效协调供应链系统的运作,主导型零售商需对原有期权契约机制进行合理的调节变动,以恢复供应链系统的整体协调。

突发事件的发生造成了供应链所面对的市场需求减小比较大时,当零售商对原有期权契约进行调节变动后,具有一定风险偏好的制造商的CvaR函数为

$$\begin{aligned}CvaR_\eta(\pi_{gm}^{Frnc})=&\beta^r+\omega_0^r Q_g^{Frn}+C_0^{Frn}M_g^{Frn}-C(Q_g^{Frn}+M_g^{Frn})+C_e^{Frn}M_g^{Frn}\\&-K_2[(Q+M)^{F*}-(Q_g^{Frn}+M_g^{Frn})]-\frac{C_e^{Frn}-S}{\eta}\int_Q^{Q+M}G(x)\mathrm{d}x\end{aligned}\tag{9.65}$$

对式(9.65)求其关于初始订购量Q_g^{Frn}的一阶导,可得到

$$\frac{\partial CvaR_\eta(\pi_{gm}^{Frnc})}{\partial Q_g^{Frn}}=\omega_0^r-C+K_2-\frac{C_e^{Frn}-s}{\eta}[G(Q_g^{Frr}+M_g^{Frn})-G(Q_g^{Frn})]\tag{9.66}$$

对式(9.65)求其关于期权购买量M_g^{Frn}的一阶导,可得到

$$\frac{\partial CvaR_{\eta}(\pi_{gm}^{Frnc})}{\partial M_{g}^{Frn}}=C_{0}^{Frn}+C_{e}^{Frn}-C+K_{2}-\frac{C_{e}^{Frn}-s}{\eta}G(Q_{g}^{Frn}+M_{g}^{Frn}) \tag{9.67}$$

令式(9.66)和式(9.67)等于零并联立

$$\begin{cases}\omega_{0}^{r}-C+K_{2}-\dfrac{C_{e}^{Frn}-s}{\eta}[G(Q_{g}^{Frn}+M_{g}^{Frn})-G(Q_{g}^{Frn})]=0\\ C_{0}^{Frn}+C_{e}^{Frn}-C+K_{2}-\dfrac{C_{e}^{Frn}-s}{\eta}G(Q_{g}^{Frn}+M_{g}^{Frn})=0\end{cases} \tag{9.68}$$

即可得到当突发事件的发生造成了供应链所面对的市场需求减小时，当零售商对原有期权契约进行调节变动后，具有一定风险偏好的制造商所选择的最优产品生产量$(Q+M)_{gm}^{Frnc}$为

$$(Q+M)_{gm}^{Frnc}=G^{-1}\left[\frac{\eta(C_{0}^{Frn}+C_{e}^{Frn}-C+K_{2})}{C_{e}^{Frn}-s}\right] \tag{9.69}$$

为保证供应链系统恢复整体的协调，主导型零售商进行参数调节变动后的新期权契约应能够激励具有一定风险偏好的制造商选择突发事件下整个供应链系统的最优产品生产量$(Q+M)_{g}^{F\#}$进行生产，即

$$(Q+M)_{gm}^{Frnc}=(Q+M)_{g}^{F\#} \tag{9.70}$$

所以由式(9.31)和式(9.69)可知，要使供应链整体期望利润重新达到最大，恢复供应链整体的协调，零售商对原有期权契约机制的合理调节变动须满足

$$C_{0}^{Frn}=C-C_{e}^{Frn}-K_{2}+\frac{(P+h-C+K_{2})(C_{e}^{Frn}-s)}{(P+h-s)\eta} \tag{9.71}$$

(3) 当突发事件的发生导致整个供应链系统所面对的市场需求减小非常大时，使得$(Q+M)^{F*}>(Q+M)_{gm}^{Fc\#}$，在此状态下，具有一定风险偏好的制造商在原期权契约机制下所选择的最优产品生产量$(Q+M)_{gm}^{Frc}$和整个供应链系统的最优产品生产量$(Q+M)_{g}^{F*}$均发生变化，$(Q+M)_{gm}^{Frc}=(Q+M)_{gm}^{Fc\#}$且$(Q+M)_{g}^{F*}=(Q+M)_{g}^{F\#}$。此时原有期权契约机制失效，为恢复供应链系统的整体协调，主导型零售商需对原有期权契约机制进行合理的调节变动。

同理可得，与情况(2)相同，为恢复供应链系统整体的协调，主导型零售商对原有期权契约机制的合理调节变动须满足

$$C_{0}^{Frn}=C-C_{e}^{Frn}-K_{2}+\frac{(P+h-C+K_{2})(C_{e}^{Frn}-s)}{(P+h-s)\eta} \tag{9.72}$$

综上所述，当突发事件的发生导致供应链所面对市场需求发生变化时，考虑制造商具有一定的风险偏好，主导型零售商为维持系统在突发事件下依旧协调运作，其基于期权契约的协调策略如下：

(1) 若突发事件导致供应链面对市场需求增加过大，即$(Q+M)_{gm}^{Fc\wedge}>(Q+M)^{F*}$或$(Q+M)_{g}^{F\wedge}>(Q+M)^{F*}>(Q+M)_{gm}^{Fc\wedge}$，此时主导型零售商需对原有期权契约进行合理调节，且调节需满足

$$C_{0}^{Frn}=C-C_{e}^{Frn}+K_{1}+\frac{(P+h-C-K_{1})(C_{e}^{Frn}-s)}{(P+h-s)\eta} \tag{9.73}$$

(2) 若突发事件的发生导致供应链所面对的市场需求变化不太大，即$(Q+M)_g^{F\#} > (Q+M)^{F*}$或$(Q+M)^{F*} > (Q+M)_g^{F\wedge}$，此时主导型零售商维持原有期权契约即可。

(3) 若突发事件导致供应链面对的市场需求减小过大，即$(Q+M)^{F*} > (Q+M)_{gm}^{Fc\#}$或$(Q+M)_{gm}^{Fc\#} > (Q+M)^{F*} > (Q+M)_g^{F\#}$，此时主导型零售商需对原有期权契约进行合理调节，且调节须满足

$$C_0^{Frn} = C - C_e^{Frn} - K_2 + \frac{(P+h-C+K_2)(C_e^{Frn}-s)}{(P+h-s)\eta} \tag{9.74}$$

其中考虑制造商具有一定风险偏好时，调整后期权契约的单位产品期权购买价格C_0^{Frn}与单位产品期权执行价格C_e^{Frn}的具体取值则需要零售商与制造商谈判协商确定，这一般取决于双方所面临的时下处境差异和在签订契约过程中相互之间的谈判能力。

由此通过上述供应链对突发事件的协调应对研究可以发现，在零售商主导型供应链系统内，考虑制造商具有一定的风险偏好时，期权契约依然具有一定的鲁棒性，当突发事件的发生导致市场需求变化不太大时，无论制造商对风险的厌恶程度如何，原有期权契约未失效，依旧可以有效维持供应链系统的整体协调；同时期权契约还具有抗突发事件性，当突发事件的发生导致市场需求变化过大时，原有期权契约虽然失效，但通过对契约参数的合理调节，仍可以实现供应链系统对突发事件的有效应对。

9.6 数值仿真与分析

为了更加清楚地揭示考虑制造商具有一定风险偏好时，主导型零售商基于期权契约实现整个供应链系统的协调运作，以及当突发事件的发生导致供应链所面对的市场需求发生变动时，其借助期权契约机制使得供应链系统有效应对突发事件所带来的影响，保持整个供应链在突发事件下的协调。本节基于以上研究模型，运用 MATLAB 软件进行数值仿真与分析。

以文献[231]为参考依据，给出以下参数设定：增加生产每单位产品所需的额外新生产成本$K_1=4$；减少生产每单位产品所需的额外处理费用$K_2=3$；具有一定风险偏好制造商的风险偏好系数$\eta=0.8$；零售商正常情况下所面对的市场需求服从正态分布$N(200,20^2)$，其余参数设定如 5.4 节所示。

9.6.1 基本协调仿真与分析

基于以上参数设定，由式(9.22)可知，考虑制造商具有一定风险偏好时，单位产品期权购买价格C_0^{Fr}与单位产品期权执行价格C_e^{Fr}应满足关系：$C_0^{Fr}=\frac{83}{9}-\frac{11}{36}C_e^{Fr}$，$C_0^{Fr}$与$C_e^{Fr}$的具体取值需由零售商与制造商谈判协商确定，在此为方便讨论，对$C_0^{Fr}=\{4.5,4.8,5.1,5.4,5.7,6.0\}$几种情况进行具体仿真分析，根据以上研究模型可得到考虑制造商具有一定的风

险偏好时，在集中决策下以及期权契约机制下各参数均衡值如表 9-1 所示。

表 9-1 制造商具有一定风险偏好时零售商主导型供应链集中决策和期权契约下各参数的均衡值

协调机制	C_0^{Fr}	C_e^{Fr}	$Q^{Fr}+M^{Fr}$	Q^{Fr}	M^{Fr}
集中决策	—	—	202.79	—	—
期权契约	4.5	15.45	202.79	199.28	3.51
	4.8	14.47	202.79	198.95	3.84
	5.1	13.49	202.79	198.56	4.23
	5.4	12.51	202.79	198.07	4.72
	5.7	11.53	202.79	197.46	5.33
	6.0	10.55	202.79	196.66	6.13

由表 9-1 可以看出，考虑制造商具有一定的风险偏好时，合理的期权契约机制可以有效地激励具有一定风险偏好的制造商选择集中决策状态下整个供应链系统的最优产品生产量 202.79 进行生产，从而使得整个供应链系统在期权契约机制下成功实现整体协调；同时在制造商具有一定风险偏好的情况下，随着单位产品期权购买价格 C_0^{Fr} 的增大，初始订货量 Q^{Fr} 随之降低，而期权购买量 M^{Fr} 增高，零售商与制造商间的订货交易通过购买期权方式进行的比重随之增大。

9.6.2 制造商风险偏好系数敏感性仿真与分析

风险偏好系数直接反映制造商对风险的厌恶程度，其对期权契约参数的设定具有直接的影响。本节对在不同风险偏好系数 η 下，为实现供应链系统协调，主导型零售商对期权契约参数的设定做进一步仿真与分析。当 $C_0^{Fr}=\{4.5,4.8,5.1,5.4,5.7,6.0\}$ 时，在 $\eta=\{0.8,0.825,0.85,0.875,0.9\}$ 的几种情况下，C_e^{Fr} 的取值情况如表 9-2 所示。

表 9-2 不同风险偏好系数和期权购买价格下期权执行价格变化情况

η \ C_0^{Fr}	4.5	4.8	5.1	5.4	5.7	6.0
0.8	15.45	14.47	13.49	12.51	11.53	10.55
0.825	14.72	13.80	12.88	11.96	11.04	10.12
0.85	14.10	13.24	12.37	11.51	10.64	9.77
0.875	13.59	12.77	11.94	11.12	10.30	9.48
0.9	13.15	12.36	11.58	10.79	10.01	9.23

由表 9-2 可以看出在期权购买价格 C_0^{Fr} 一定的情况下，制造商所具有的不同风险偏好系数对期权执行价格 C_e^{Fr} 设定的影响，如图 9-1 所示。随着风险偏好系数 η 的减小，制造商对风险的厌恶程度增大，其对自身收益稳定性的要求提高，在此情况下零售商为激励制造商选择供应链系统最优生产量进行生产，其要给出更高的期权执行价格 C_e^{Fr}。

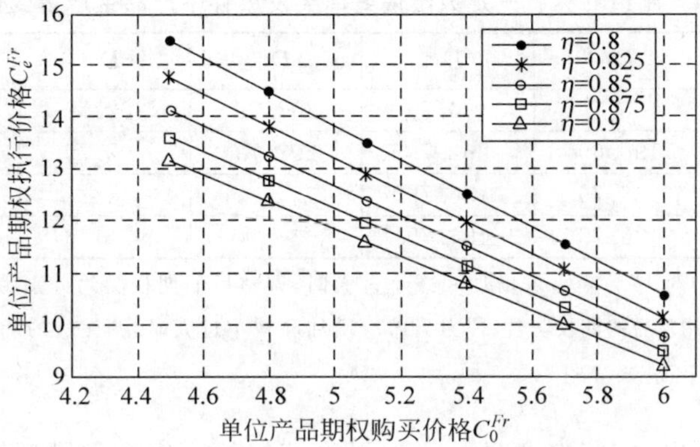

图 9-1 风险偏好系数对期权契约参数设定的影响

9.6.3 基于期权契约的突发事件应对仿真与分析

根据 9.6.1 节的数值仿真结果，设定零售商所面对的正常状态下市场需求服从正态分布 $N(200,20^2)$，同时整个供应链系统在期权购买价格 $C_0^{Fr}=5.4$ 与期权执行价格 $C_e^{Fr}=12.51$ 的期权契约机制下实现整体协调，产品生产量稳定在 $(Q+M)^*=202.79$。

基于以上参数设定，由式(9.73)和式(9.74)可知，考虑制造商具有一定的风险偏好时，当市场需求增加过大或减小过大导致原有期权契约失效后，主导型零售商对原有期权契约的调节应分别满足：$C_0^{Frn}=\dfrac{43}{3}-\dfrac{7}{12}C_e^{Frn}$ 和 $C_0^{Frn}=\dfrac{97}{18}-\dfrac{7}{72}C_e^{Frn}$，$C_0^{Frn}$ 与 C_e^{Frn} 的具体取值需由零售商与制造商谈判协商确定，在此为方便讨论，设定当市场需求增加过大时，调整后的期权契约为($C_0^{Frn}=7$，$C_e^{Frn}=12.57$)和($C_0^{Frn}=7.5$，$C_e^{Frn}=11.71$)；当市场需求减小过大时，调整后的期权契约为($C_0^{Frn}=4$，$C_e^{Frn}=14.29$)和($C_0^{Frn}=4.3$，$C_e^{Frn}=11.20$)。

产品市场需求的增大与减小通常用需求的均值 μ 来度量，因此根据以上研究模型对考虑制造商具有一定的风险偏好时，突发事件的发生导致市场需求由 $N(200,20^2)$ 变化为如表 9-3 所示的几种情况进行具体的仿真分析，可得到突发事件下供应链系统基于期权契约机制的协调情况，如表 9-4 所示。

表 9-3 产品市场需求变化

市场需求	需求概率分布	市场需求	需求概率分布
D_1	$N(175,20^2)$	D_4	$N(205,20^2)$
D_2	$N(185,20^2)$	D_5	$N(215,20^2)$
D_3	$N(195,20^2)$	D_6	$N(225,20^2)$

表 9-4 制造商具有一定风险偏好时突发事件下产品生产量变化情况

市场需求	D_1	D_2	D_3	D_4	D_5	D_6
集中决策	186.79	196.79	202.79	202.79	206.39	216.39
原期权契约	194.69	202.79	202.79	202.79	202.79	206.66
调整后的期权契约 1	186.79	196.79	—	—	206.39	216.39
调整后的期权契约 2	186.79	196.79	—	—	206.39	216.39

注："调整后的期权契约 1"为当需求增加和减小过大时，调整后的期权契约分别为（$C_0^{Frn}=7$，$C_e^{Frn}=12.57$）和（$C_0^{Frn}=4$，$C_e^{Frn}=14.29$）；"调整后的期权契约 2"为当需求增加和减小过大时，调整后的期权契约分别为（$C_0^{Frn}=7.5$，$C_e^{Frn}=11.71$）和（$C_0^{Frn}=4.3$，$C_e^{Frn}=11.20$）。

由表 9-4 可以看出，在制造商具有一定风险偏好的零售商主导型供应链系统内，当突发事件的发生导致供应链所面对的市场需求变化不大时（D_3 和 D_4 的情况），原有期权契约未失效，其具有一定的鲁棒性，依旧可以有效激励制造商选择整个供应链系统最优生产量进行生产，从而保持供应链系统的整体协调；同时由表 9-4 也可以看出，期权契约还具有抗突发事件性，当突发事件的发生导致供应链所面对的市场需求变化过大时（D_1、D_2、D_5 和 D_6 的情况），原有期权契约机制促使制造商选择的产品生产量与系统最优生产量有一定偏差，原期权契约失效，但通过对契约参数的合理调节，在调整后得期权契约下，制造商所选择的产品生产量重新恢复与系统最优生产量一致，实现了对突发事件的有效应对。

第 10 章

研究结论与研究展望

10.1 研究结论和成果

近些年来,由于供应链系统自身的复杂性和多主体性快速增强,使得供应链的协同面临众多威胁,同时频繁发生的突发事件以及快速多变的市场环境,不断加剧着供应链日常运营过程中的不确定性,因此供应链系统的协同管理以及在受到突发事件的影响后,如何能快速有效地恢复协同状态成为供应链管理研究领域中的重要问题。本书综合运用了协同学、博弈论和运筹学等理论,采用理论分析、模型构建与求解以及数值仿真分析相结合的方法,在国内外目前相关文献研究的基础上,研究基于 Multi-Agent 技术和期权契约机制的供应链协同管理以及突发事件决策应对问题,并在此过程中对供应链系统内部决策成员具有不同的风险偏好加以考虑。

本书的主要研究结果及创新点介绍如下:

1. 基于 Multi-Agent 技术和期权契约机制实现供应链系统不同层面的基本协同

利用 Multi-Agent 技术,以制造商主导型三级供应链系统作为研究对象,在对其业务流程和协同类别分析的基础上,构建了基于 Multi-Agent 技术的供应链协同管理系统模型,并对协同管理系统的协同管理原理及过程进行了分析;利用期权契约机制,分别对制造商主导型和零售商主导型供应链的基本协同进行了研究。首先建立供应链集中决策模型,通过对模型的分析与求解得到集中决策下系统的最优决策,在集中决策状态下,系统可以被看作是处于一种绝对协同的状态,各决策主体以整个系统的利益最大化为目标进行决策。然后建立供应链期权契约基本协调模型,通过对模型的分析与求解,从而得到合理的期权契约参数设定,使得系统内决策企业在期权契约的激励下选择系统最优产品生产量进行生产,整个系统的利益达到集中决策下的水平。由研究结果发现,Multi-Agent 技术和期权契约机制分别可以有效实现供应链系统技术层面和策略层面的协同运作。

2. 基于期权契约实现供应链系统对突发事件的有效应对

分别以制造商主导型和零售商主导型供应链作为研究对象，首先建立突发事件下供应链集中决策模型，分析当突发事件引起市场需求分布发生波动后系统的最优决策所发生的变化，结果显示系统最优产品生产量的变化情况会随着市场需求变化程度的大小而不同。随后建立突发事件下基于原期权契约的分散决策模型，分析在突发事件发生后，系统内决策企业在原期权契约下的决策变化，研究发现与集中决策状态下情况类似，决策企业对最优产品生产量的改变情况将根据市场需求变化程度的大小出现不同的选择。最后在以上分析的基础之上建立突发事件下供应链基于期权契约的应对模型，得到突发事件下基于期权契约的协调策略。最终研究结果表明，在零售商主导型供应链系统内，期权契约具有一定的鲁棒性，当突发事件的发生导致市场需求变化不太大，未超出一定界限时，原有期权契约未失效，依旧可以有效维持供应链系统的整体协调；同时期权契约还具有抗突发事件性，当突发事件的发生导致市场需求变化过大，超出界限时，原有期权契约虽然失效，但通过对契约参数的合理调节，仍可以实现供应链系统对突发事件的有效应对。而在制造商主导型供应链系统内，期权契约不再具有鲁棒性，当突发事件的发生一旦导致市场需求发生变化，原有期权契约即会失效，其并不存在一定的稳定空间，但其依然具有抗突发事件性。

3. 考虑决策成员风险偏好的供应链基于期权契约实现突发事件的有效应对

通过引入 CvaR 风险测量准则，以零售商主导型供应链为例，研究当制造商具有一定的风险偏好时，如何基于期权契约使供应链有效应对突发事件所带来的影响。在 CvaR 风险测量准则下，制造商决策函数发生变化，由最大化其自身收益函数转变为最大化其 CvaR 函数。首先建立考虑风险偏好下基于期权契约的供应链基本协同模型，得到正常情况（没有突发事件发生）下，使得整个供应链系统实现整体协调的合理期权契约参数设定；然后在此基础上，通过建立突发事件下考虑制造商具有一定风险偏好时的供应链集中决策模型和基于原期权契约的分散决策模型，得到当突发事件导致市场需求变化时，系统最优产品生产量和原期权契约下具有风险偏好制造商的最优产品生产量均存在各自的市场需求变化界限，当市场需求的变化过大超出界限后，最优生产量将随之发生波动，否则其将保持原值；最后在以上分析的基础之上，建立突发事件下考虑制造商风险偏好的供应链基于期权契约的应对模型，得到突发事件下基于期权契约的协调策略。当制造商具有一定的风险偏好时，在零售商主导型供应链系统内，期权契约依然具有一定的鲁棒性，当突发事件的发生导致市场需求变化不太大，未超出一定界限时，原有期权契约依旧可以有效协调供应链系统；同时期权契约还具有抗突发事件性，当突发事件的发生导致市场需求变化过大，超出界限时，原有期权契约失效，通过对契约参数的合理调节，仍可以实现供应链系统在突发事件下的协调运作。

10.2 研究展望

本书从定性和定量的角度研究了基于 Multi-Agent 技术和期权契约机制实现供应链不同层面的协同管理以及突发事件的应对问题。构建了基于 Multi-Agent 技术和期权契约机制的供应链协同管理模型，同时证明了期权契约的抗突发事件性并给出了突发事件下的应对策略，具有一定的理论和实践意义，但是由于时间以及能力的限制，本书还存在一些需要深入研究和进一步完善的地方。

(1) 本书的研究以供应链内各决策成员之间的决策博弈过程均处于完全信息且完美信息条件之下为前提和研究基础，但在现实情况中，信息不对称的情况也会经常存在，因此供应链在信息不对称情况下基于期权契约的突发事件应对问题将是后续研究的方向。

(2) 本书只考虑突发事件的发生导致所面对产品市场需求变化时，供应链基于期权契约的突发事件应对问题。但在实际中，突发事件对供应链的影响是多方面的，包括生产成本、运输成本和市场价格等变化，后续将对突发事件导致多种不同影响时基于期权契约的供应链协调应对问题进行研究。

(3) 本书基于期权契约的供应链协同及突发事件应对研究以包含一个制造商和一个零售商的简单二级供应链系统为研究背景，而现实中的很多供应链系统则更为复杂，内部决策成员还包括制造商、分销商等，且同级多成员间也存在相互的竞争与合作，因此未来将对多级多成员组成的复杂网状供应链系统基于期权契约的突发事件应对问题进行进一步研究。

参考文献

[1] 高鸿业.西方经济学[M].北京：中国人民大学出版社，2010：330.

[2] 庄品.供应链协调控制机制研究[D].南京：南京航空航天大学，2004.

[3] 阮坚.突发事件影响下基于期权契约的供应链决策模型研究[D].广州：暨南大学，2012.

[4] 李宏宽.突发事件下基于期权契约的零售商主导型供应链协调机制研究[D].北京：北京信息科技大学，2015.

[5] 吴忠和，陈宏，赵千.需求和生产成本同时扰动下供应链期权契约应对突发事件[J].中国管理科学，2013，4：98-104.

[6] Anderson D, Lee H. Synchronized supply chains: The new frontier[J]. ASCET, 1996, 6(1): 145-154.

[7] Pyke D F. Strategies for global sourcing [J]. The Financial Times, 1998,10(2): 100-110.

[8] Manthou V, Vlachopoulou M, Folinas D. Virtual e-Chain (VeC) model for supply chain collaboration [J]. International Journal of Production Economics, 2004, 87(3): 241-250.

[9] Cao M, Zhang Q. Supply chain collaboration: Impact on collaborative advantage and firm performance [J]. Journal of Operations Management,2011,29(3): 163-180.

[10] Kumar G, Banegee R N. An implementation strategy for collaboration in supply chain: An investigation and suggestions[J]. International Journal of Services and Operations Management, 2012,11(4): 407-427.

[11] Kumar G,Baneijee R N. Collaboration in supply chain: An assessment of hierarchical model using partial least squares (PLS)[J]. International Journal of Productivity and Performance Management, 2012,61(8): 897-918.

[12] 曾文杰，马士华.制造行业供应链合作关系对协同及运作绩效影响的实证研究[J].管理学报，2010，7(8)：1221-1227.

[13] 王清晓.契约与关系共同治理的供应链知识协同机制[J].科学学研究，2016，(10)：1532-1540.

[14] Modak N M, Panda S, Sana S S. Three-echelon supply chain coordination considering duopolistic retailers with perfect quality products[J]. International Journal of Production Economics,2016,182: 564-578.

[15] 陈瑞义，琚春华，盛昭瀚，等.基于零售商自有品牌供应链质量协同控制研究[J].中国管理科学，2015(8)：63-74.

[16] Quiim F J. Collaboration: More than just technology [J]. ASCET,2001, http: //www. ascet. com.

[17] Microsoft. Chain collaboration [EB/OL]. http: //www. webdataaccess. com, 2002-10-25.

[18] 张敏，吴美安.供应链协同的五个悖论[J].现代管理科学，2003(1)：10-11.

[19] 程国平，汪波.供应链中信息协同评价初探[J].中国机械工程，2003，22(3)：1951-1956.

[20] Simatupang T M, Sridharan R. A benchmarking scheme for supply chain collaboration [J]. Benchmarking,2004,11(1): 9-30.

[21] Daugherty P J, Richey R G, Roath A S, et al. Is collaboration paying off for firms [J]. Business Horizons, 2006, 49(1): 61-70.

[22] 凌鸿,袁伟,胥正川,等.企业供应链协同影响因素研究[J].物流科技,2006,29(127):92-96.

[23] Whipple J M, Russell D. Building supply chain collaboration: A typology of collaborative approaches [J]. The International Journal of Logistics Management, 2007, 18(2): 174-196.

[24] 鄗辉霞.供应链协同管理理论与方法[M].北京:北京大学出版社,2007.

[25] 马士华,桂华明.基于供应驱动的供应链协同技术与管理——原理与应用[M].武汉:华中科技大学出版社,2009.

[26] Li Hongkuan, Li Chen. Research of revenue sharing contract in many-to-one and retailer-dominant supply chain with fuzzy demand [C]//Proceedings of International Conference on Information Management, Innovation Management and Industrial Engineering. 2013, Piscataway, NJ: IEEE, 2013: 500-505.

[27] 肖群,马士华.风险厌恶零售商考虑信息预测成本的协调机制[J].管理科学学报,2016(11):45-53.

[28] 付秋芳,忻莉燕,马士华.惩罚机制下供应链企业碳减排投入的演化博弈[J].管理科学学报,2016(4):56-70.

[29] 方美琪,张树人.复杂系统建模与仿真[M].北京:中国人民大学出版社,2005.

[30] Dodd C, Kumara S R T. A distributed multi-agent model for value nets[C]. Proeeedings of the 14th Intenational Conference on Industrial and Engineering Applications of Artificial Intelligence and Expert Systems: Engineering of Intelligent Systems, UK: Springer-Verlag London, 2001: 718-727.

[31] 张晴.供应链中的信息协调与 Agent 的应用研究[D].武汉:华中科技大学,2009.

[32] 闵新平,史玉良,李晖,等.基于动态供应链网络的协同行为模式挖掘方法[J].计算机集成制造系统,2016(2):324-329.

[33] Chen S, Lee H, Moinzadeh K. Supply Chain coordination with multiple shipments: The optimal inventory subsidizing contracts[J]. International Journal of Production Economics, 2015, 64(6): 1320-1337.

[34] Hillkkanen A, Kalakota R, Saengcharoenrat P, et al. Distributed decision support system for real time supply chain management using agent technologies[R]. Boston, MA, [s. n.], 1997: 275-291.

[35] Lin F-R, Shaw M J. Reengineering the order fulfillment processing supply chain networks[J]. International Journal Flexible Manufacturing Systems, 1998, 10(3): 197-229.

[36] Kimbrough S O, WU D J, Zhong F. Computers play the Beer Game: can artificial agents manage supply chains[J]. Decision Support Systems, 2002, 33(3): 323-333.

[37] Yung S K, Yang C C. A new approach to solve supply chain management problem by integrating multi-agent technology and constraint network[C]. Proceedings of the Thirty-second Annual Hawaii International Conference on System Scienees. Washington, DC: IEEE Computer Society, 1999: 5023.

[38] Lau J S K, Huang G Q, Mak K L, et al. Distributed project scheduling with information sharing in supply chains: Part I—An agent-based negotiation model[J]. International Journal of Production Research, 2005, 43(22): 4813-4838.

[39] Yu L, Zhang J. Service composition based on multi-agent in the cooperative game[J]. Future Generation Computer Systems, 2016, 6: 34-49.

[40] Beek J, Fox M S. Supply chain coordination via mediated constraint relaxation[C]. Proceedings of 1st Canadian Workshop on Distributed Artificial Intelligence, Banff(Alberta, Canada): [s. n.], 1994: 61-72.

[41] Barbueeanu M,Fox M S. The architecture of an agent building shell[C]. Proceedings of the 1995 Conference of the Centre for Advanced Studies on Collaborative Research. Canada: IBM Press, 1995: 2.

[42] Barbueeanu M,Fox M S. Cool: A language for describing coordination in multi agent systems[C]. Proceedings of First International Conference on Multi-Agent Systems. [s. i.]: AAAI Press,1995: 17-24.

[43] Barbueeanu M,Fox M S. Coordinating multiple agents in the supply chain[C]. Proceedings of the 5th Workshops on Enabling Technologies: Infrastructure for Collaborative Enterprises. Stanford,CA: [s. n.],1996: 134-141.

[44] Barbueeanu M,Teigen R,Fox M S. Agent based design of supply chain systems[C]. Proceedings of the 6th Workshops on Enabling Technologies: Infrastructure for Collaborative Enterprises. Cambridge, MA: [s. n.],1997: 36-41.

[45] 吕燕.基于供应链协同的可再生能源政策评估研究[J].管理世界,2015(12): 180-181.

[46] Zhou M, Dan B, Ma S. Supply chain coordination with information sharing: The informational advantage of GPOs[J]. Operations Research and Management Science,2015,256(3): 785-802.

[47] Xie Y, Tai A H, Ching W K, et al. Pricing strategy for a two-echelon supply chain with optimized return effort level[J]. International Journal of Production Economics. 2015,182: 185-195.

[48] Fox M S, Barbueeanu M, Teigen R. Agent-oriented supply-chain management[J]. International Journal of Flexible Manufacturing Systems,2000,12: 165-188.

[49] Swaminathan J M,Smith S E,Sadeh N M. Modeling supply chain dynamics: A multi agent approach [J]. Decision Seienees,1998,29(3): 607-632.

[50] Allwood J M,Lee H J. The design of an agent for modeling supply chain network dynamics[J]. International Journal of Production Research,2005,43(22): 4875-4898.

[51] Xue X, Li X, Shen Q,et al. An agent-based framework for supply chain coordination in construction [J]. Automation in Construction,2005,14(3): 413-430.

[52] Kamalendu P, Bill K. A multi agent-based service framework for supply chain management[J]. Procedia Computer Science, 2014,32: 53-60.

[53] 年劲飞,黄道.基于 Agent 的供应链协商模型[J].华东理工大学学报,2004,30(3): 296-300.

[54] 蔡勇,杨善林,何建民.基于 Agent 供应链成员协商机制研究[J].合肥工业大学学报: 自然科学版, 2004,27(9): 1015-1018.

[55] 高翔,林杰,张炜.基于 Agent 的供应链仿真模型设计与实现[J].计算机工程与应用,2005,32: 183-192.

[56] 林杰,冯凌,尤建新.基于 Agent 的供应链运作仿真技术的研究[J].工业工程与管理,2005(4): 40-44.

[57] 姜金菊,林杰.基于智能代理的供应链仿真[J].系统仿真学报,2004,16(12): 2847-2850.

[58] 蒋国瑞,庞婷.基于多 Agent 供应链协同的自适应协商方法[J].计算机工程,2014(3): 188-192.

[59] 武玉英,李俊涛,蒋国瑞.随机需求下供应链企业订购多 Agent 协商模型[J].计算机应用与软件, 2016(3): 240-243.

[60] 孙军艳,王雯,傅卫平,等.轿车供应链复杂自适应系统演化规律[J].计算机集成制造系统,2016(8): 2011-2022.

[61] 刘琦铀,张成科,冷碧滨.供应链契约稳定性及其在期权博弈视角下的优化[J].中国管理科学,

2016,3：71-79.

[62] 简惠云,许民利.基于CvaR的供应链契约及其实验研究[J].管理科学学报,2015,10：56-68.

[63] Cachon G P. Supply chain coordination with contracts [C]. Handbooks in Operation and Management Science, 2003,11：227-339.

[64] 刘琦铀,张成科,宾宁,等.公平关切及低碳视角下供应链两部定价契约问题研究[J].中国管理科学,2016(10)：60-68.

[65] 吕璞,胡祥培,马永峰.高铁快递的契约与零售双市场定价决策模型[J].计算机集成制造系统,2016(7)：1759-1767.

[66] Lariviere M A, Porteus E L. Selling to the newsvendor：An Analysis of Proce only contracts[J]. Manufacturing & Service Operations Management,2001,3(4)：293-305.

[67] Erkoc M, Wu S D. Managing high-tech capacity expansion via reservation contract [D]. Lehigh University,2002.

[68] 马士华,胡剑阳,林勇.一种基于期权的供应商能力预定模型[J].管理工程学报,2004(1)：8-11.

[69] Kim B. Coordinating an innovation in supply chain management[J]. European Journal of Operational Research, 2000,12(3)：568-584.

[70] Chee Y W, John J, Hans H. Supply chain coordination problems; literature review[D]. Research Paper,No. 08-04, Center for Industrial Production,Aalborg University,2004.

[71] Gilbert S M, Cvsa V. Strategic commitment to price to stimulate downstream innovation in a supply chain[J]. European Journal of Operational Research, 2003(150)：617-639.

[72] Krishnan H, Kapuscinski R, Butz D A. Coordinating contracts for decentralized supply chains with retailer promotional effort[J]. Management Science,2004,50(1)：48-64.

[73] Cho R K, Gerchak Y. Supply chain coordination with downstream operating costs：Coordination and investment to improve downstream operating efficiency [J]. European Journal of Operational Research, 2005,162(3)：762-772.

[74] 何彬斌,刘芹,苏朝文,等.基于收益共享契约的集群供应链合作创新研究[J].资源开发与市场,2013(7)：693-695.

[75] Ouyang L Y, Wu K S. Mixture inventory model involving variable lead time with a service level constraint[J]. Computers & Operations Research, 1997,24(9)：875-882.

[76] 边旭,王迎军,潘德惠.随机需求下一类分销系统的协调问题及仿真[J].系统工程理论方法应用,2003, 12(1)：87-90.

[77] 宋海涛,林正华,苏欣.带有二次订购和二次销售的报童问题[J].经济数学,2003 20(1)：73-79.

[78] 何勇,杨德礼,张醒洲.需求与价格具有相关性下的退货政策模型研究[J].系统工程,2004, 22(9)：27-31.

[79] 冯鑫,郑斐峰,徐寅峰.批加工生产配送二级供应链协同调度[J].系统管理学报,2015(2)：275-279.

[80] Modak N M, Panda S, Sana S S. Two-echelon supply chain coordination among manufacturer and duopolies retailers with recycling facility [J]. International Journal of Advanced Manufacturing Technology, 2015,87(5)：1531-1546.

[81] 丁利军,夏国平,葛健.两次生产和订货模式下的供应链契约式协调[J].管理科学学报,2004,7(2)：24-32.

[82] 孙会君,高自友.基于差分的数量折扣条件下订货策略优化模型[J].管理科学学报,2004, 7(2)：18-23.

[83] 鲁其辉，朱道立，林正华．带有快速反应策略供应链系统的补偿策略研究[J]．管理科学学报，2004，7(4)：14-23．

[84] 蔡建湖，王丽萍，周根贵．供应商管理库存环境下的两级供应链优化模型[J]．计算机集成制造系统，2010(4)：789-801．

[85] Kristianto Y，Helo P，Jiao J R，et al. Adaptive fuzzy vendor managed inventory control for mitigating the Bullwhip effect in supply chains[J]. European Journal of Operational Research，2011(2)：657-678．

[86] Wu D. Coordination of competing supply chains with news-vendor and buyback contract[J]. International Journal of Production Economics，2013(1)：135-147．

[87] 肖勇波，龚媛媛．多市场环境下新鲜产品库存管理策略研究[J]．系统工程理论与实践，2014(10)：2504-2514．

[88] 李宏宽，李忱．跨链间同级库存协作下多链式供应链协调分析[J]．计算机集成制造系统，2015，21(12)：3282-3291．

[89] 刘云志，樊治平．不公平厌恶下 VMI 供应链的批发价格契约与协调[J]．中国管理科学，2016(4)：63-73．

[90] 刘云志，樊治平．考虑损失规避型供应商的 VMI 供应链协调[J]．控制与决策，2016(5)：935-942．

[91] 周林冲．基于突发事件的供应链期权契约协调策略研究[D]．合肥：中国科学技术大学，2009．

[92] Bessembinder H，Lemmon M L. Equilibrium pricing and optimal hedging in electricity forward markets[J]. The Journal of Finance，2002，57：1347-1382．

[93] Cachon G P，Lariviere M A. Contracting to assure supply：how to share demand forecasts in a supply chain[J]. Management Science，2001，47(5)：629-646．

[94] Cachon G P，Zhang F. Procuring fast delivery：Sole sourcing with information asymmetry[J]. Management Science，2006，52(6)：881-896．

[95] 郭琼，杨德礼，迟国泰．基于期权的供应链契约协调模型[J]．系统工程，2005，23(10)：1-6．

[96] 胡本勇，彭其渊，狄卫民．基于期权的销售量担保模型[J]．管理工程学报，2008，22(2)：112-116．

[97] 陈祥锋，朱晨波．供应链采购管理中的期权合同价值研究[J]．系统工程学报，2007，21(4)：401-406．

[98] Gomez P A，Mishina T. Supply contract with options[J]. International Journal of Production Economics，2009，122：312-318．

[99] Zhao Y X，Wang S Y，Huang Z M，et al. Coordination of supply chains by option contracts：A cooperative game theory approach[J]. European Journal of operational Research，2010，207：668-675．

[100] He X. Managing production and procurement through option contracts in supply chains with random yield[J]. International Journal of Production Economics，2010，126：306-313．

[101] Wang Q，Chu B，Wang J，et al. Risk analysis of supply contract with call options for buyers[J]. International Journal of Production Economics，2010．

[102] Liang L，Wang X H，Gao J G. An option contract pricing model of relief material supply chain[J]. Omega，2012，40：594-600．

[103] 赵映雪，孟晓阁．双向期权在供应链协调中的应用[J]．运作管理，2012，24(7)：164-168．

[104] Zhao Y，Ma L，Xie G，et al. Coordination of supply chains with bidirectional option contracts[J]. European Journal of Operational Research，2013，229(2)：375-381．

[105] 田军，葛永玲，侯丛丛．政府主导的基于实物期权契约的应急物资采购模型[J]．系统工程理论与实

践,2014(10):2582-2590.

[106] 李绩才,李昌文,郭金森.随机产出和紧急订购价格下基于期权契约的供应链生产与订购策略[J].工业工程,2015(6):75-82.

[107] 袁旭梅,李堃静,宓翠.基于期权回购契约的物流服务供应链协调研究[J].计算机应用研究,2015(9):2643-2646.

[108] 张文杰,骆建文.随机产出随机需求下的供应链期权契约模型[J].管理工程学报,2016(3):121-128.

[109] Clausen J, Hansen J, Larsen J. Disruption management[J]. OR/MS Today, 2001,28(5):40-43.

[110] Yu G, Arguello M, Song M, et al. A new era for crew recovery at continental airline[J]. Interfaces, 2003,33(l):5-22.

[111] Michael F, Jonathan F, Yu G. An optimization model for aircraft routing in response to grounding and delays[J]. IIE Transaction Operations Engineering, 2001,33(10):937-947.

[112] Golany B, Xia Y, Yang Y, et al. An interactive goal programming procedure for operational recovery problems[J]. Optimization and Engineering, 2002,3(2):109-127.

[113] Thengvall B, Bard J, Yu G. Balancing user preferences for aircraft recovery during airline irregular operations[J]. IIE Transaction Operations Engineering, 2000,32(3):181-193.

[114] Yu G, QI X. Disruption management: framework, models and applications[M]. Singapore: World Science Publishing Co, 2004.

[115] Love M, Sorensen K, Larsen J, et al. Disruption management in the airline industry[R]. Informatics and Mathematical Modeling, Technical University of Denmark, 2001.

[116] Larsen M, Love M, Sorensen J, et al. Disruption management for an airline rescheduling of aircraft [J]. Applications of Evolutionary Computing, 2002,2279:315-324.

[117] 张鲁民,贾焰,周斌,等.一种基于情感符号的在线突发事件检测方法[J].计算机学报,2013(8):1659-1667.

[118] 赵卫东,赵旭东,戴伟辉,等.突发事件的网络情绪传播机制及仿真研究[J].系统工程理论与实践,2015(10):2573-2581.

[119] Dusse F, Júnior P S, Alves A T, et al. Information visualization for emergency management: A systematic mapping study[J]. Expert Systems With Applications,2016,45:76-89.

[120] 雷臻,徐玖平.供应链中突发事件的应急管理探讨[J].项目管理技术,2004(5):26-29.

[121] 丁玲.对供应链突发事件防御的思考[J].北方经贸,2006(5):42-43.

[122] 傅克俊,胡祥培,王旭坪.供应链系统中的应急策略与模型[J].中国软科学,2007(5):119-124.

[123] 朱宝琳,戚亚萍,戢守峰,等.产出和需求不确定下三级供应链契约协调模型[J].控制与决策,2016(12):2211-2218.

[124] 顾波军,张祥.风险中性供应商与损失规避零售商基于收益共享契约的供应链协调[J].系统管理学报,2016(1):67-74.

[125] Chow P, Wang Y, Choi T M, et al. An experimental study on the effects of minimum profit share on supply chains with markdown contract: Risk and profit analysis[J]. Omega-International Journal of Management Science,2015,57(S1):85-97.

[126] Xu M, Qi X, Yu G, et al. The demand disruption management problem for a supply chain system with nonlinear demand functions[J]. Journal of Systems Science and Systems Engineering, 2003,12(1):82-97.

[127] Wang Y. On the value of mix flexibility and dual sourcing in unreliable newsvendor networks[J]. Manufacturing and Service Operations Management, 2005,7(1): 37-57.

[128] 许明辉.供应链中的应急管理[D].武汉:武汉大学,2005.

[129] 黄欣,周永务.基于两种订购方式上的定期补给库存模型[J].合肥工业大学学报,2005,28(8): 839-843.

[130] Xiao T, Yu G, Sheng Z. Coordinating dyadic supply chains when production costs are disrupted [J]. IIE transactions, 2006,38(9): 765-775.

[131] Wu M C, Chang W J. A short-term capacity trading method for semiconductor fabs with partner ship[J]. Expert System with Applications,2007, 33(2): 476-483.

[132] 姜丽宁,崔文田,林军.供应链应对生产能力突发事件的激励策略选择分析[J].系统工程,2011,29 (12): 40-45.

[133] 李新军,季建华,王淑云.供应中断情况下基于双源采购的供应链协调与优化[J].管理工程学报, 2014(3): 141-147.

[134] 吴忠和,陈宏,赵千.不对称信息供应链应对突发事件协调模型[J].系统管理学报,2015(1): 91-97.

[135] 彭静,林杰,林正.双渠道供应链应对突发事件双扰动的调整策略[J].系统工程,2016(5): 60-66.

[136] 崔玉泉,张宪.非对称信息下供应链应急管理和信息价值研究[J].中国管理科学,2016(4): 83-93.

[137] Xu M, Gao C. Supply chain coordination with demand disruptions under convex production cost function[J]. Wuhan University Journal of Natural Science, 2003,10(3): 493-498.

[138] 陈剑.销售商的努力影响需求变化的供应链的合约[J].中国管理科学,2004,12(4): 50-56.

[139] Qi X T, Bard J, Yu G. Supply chain coordination with demand disruptions[J]. Omega, 2004,32 (4): 301-312.

[140] 于辉,陈剑,于刚.协调供应链如何应对突发事件[J].系统工程理论与实践,2005,25(7): 9-6.

[141] 简惠云,许民利.基于 CvaR 的供应链契约及其实验研究[J].管理科学学报,2015(10): 56-68.

[142] 李建斌,余牛,刘志学.两种基于 CvaR 准则的供应链返利与惩罚契约研究[J].系统工程理论与实践,2015(7): 1666-1677.

[143] Hou Y, Wei F, Li S X, et al. Coordination and performance analysis for a three-echelon supply chain with a revenue sharing contract[J]. International Journal of Production Reasearch, 2017, 55(1): 202-207.

[144] 于辉,陈剑,于刚.回购契约下供应链对突发事件的协调应对[J].系统工程理论与实践,2005,25 (8): 38-43.

[145] Xiao T, Yu G, Sheng Z, et al. Coordination of a supply chain with one manufacturer and two retailers under demand promotion and disruption management decisions[J]. Annals of Operations Research, 2005,135: 87-109.

[146] Chen K B, Xiao T J. Supply chain disruption management with multiple competing retailers[J]. Transaction of Nanjing University of Aeronautics and Astronautics, 2008,25(4): 295-302.

[147] 雷东,高修成,李建斌.需求和生产成本同时扰动时的供应链协调[J].系统工程理论与实践,2006 (9): 51-59.

[148] 曹二保,赖明勇.利润共享合约下供应链对突发事件的协调应对[J].武汉:武汉科技大学学报:自然科学版,2007,30(5): 557-560.

[149] 胡劲松,王虹.三级供应链应对突发事件的价格折扣契约研究[J].中国管理科学,2007,15(3):

103-107.

[150] 滕春贤,胡引霞,周艳山.具有随机需求的供应链网络均衡应对突发事件[J].系统工程理论与实践,2009,29(3):16-20.

[151] 王玉燕.回购契约下闭环供应链对突发事件的协调应对[J].运筹与管理,2009,18(6):46-52.

[152] 王玉燕.收益共享契约下闭环供应链应对突发事件的协调分析[J].中国管理科学,2009,17(6):78-83.

[153] 马成,周永务.期权契约下应对突发事件的供应链协调[J].合肥工业大学学报,2009,32(3):430-434.

[154] 李媛,赵道致.考虑公平偏好的低碳化供应链契约协调研究[J].管理工程学报,2015(1):156-161.

[155] Ben J S, Krichen S, Klibi W. Coalition-formation problem for sourcing contract design in supply networks[J]. European Journal of Operational Reasearch,2017,257(2):539-558.

[156] 覃艳华,曹细玉.回馈与惩罚契约下闭环供应链应对突发事件的协调性研究[J].管理工程学报,2012,26(3):97-100.

[157] 孙在东,邹增玲.基于回购契约的三级供应链应对突发事件的协调机制研究[J].青岛科技大学学报,2012,28(2):73-76.

[158] 吴忠和,陈宏,赵千,等.需求和零售商购买成本同时扰动的供应链应急协调[J].中国管理科学,2012,20(6):110-117.

[159] 吴忠和,陈宏,赵千,等.两零售商竞争下多因素同时扰动的供应链协调研究[J].中国管理科学,2012,20(2):62-67.

[160] 覃艳华,曹细玉.供应链应对突发事件的期权契约模型研究[J].预测,2012,31(1):60-64.

[161] 吴忠和,陈宏,赵千.需求和生产成本同时扰动下供应链期权契约应对突发事件[J].中国管理科学,2013,21(4):98-104.

[162] Zhang W, Fu J, Li H, et al. Coordination of supply chain with a revenue-sharing contract under demand disruptions when retailers compete[J]. International Journal of Production Economics, 2012,138(1):68-75.

[163] 刘浪,石岩.回购契约应对非常规突发事件的三级供应链协调[J].系统管理学报,2015(2):296-303.

[164] 肖美丹,陈铭洋.三级供应链应对突发需求的联合契约协调[J].计算机集成制造系统,2016(5):1347-1354.

[165] 刘浪,史文强,石岩.需求和价格同时波动零售商损失厌恶的应急数量弹性契约[J].控制与决策,2016(12):2200-2210.

[166] Ritchken P H, Tapiero C H S. Contingent claims contracting for purchasing decisions in inventory management[J]. Operations Research, 1986,34(6):864-870.

[167] Barnes-Schuster D, Bassok Y, Anupindi R. Coordination and flexibility in supply contracts with options[J]. Manufacturing and Service Operations Management, 2002,4(3):171-207.

[168] Barnes Schuster D, Bassok Y, Anupindi R. Coordination and flexibility in supply contracts with options[R]. Working Paper, J. L. Kellogg Graduate School of Management, Northwestern University,2010.

[169] 尹超,罗鹏,李孝斌,等.基于 Multi-Agent 的机床装备资源优化选择方法[J].计算机集成制造系统,2016(6):1474-1484.

[170] 经渊,陈雅,郑建明.基于 Multi-Agent 建模的图书馆联盟资源引进决策策略仿真研究[J].图书情

报工作,2015(10):41-47.

[171] Chu H, Zhang W. Adaptive consensus tracking for linear multi-agent systems with input saturation[J]. Transaction of the Institute of Measurement and Control, 2016,38(12):1434-1441.

[172] 宁钟,林滨.供应链风险管理中的期权机制[J].系统工程学报,2007,22(2):141-147.

[173] Kumakiri Y, Cao D B. An optimization model for apparel supply contract with option[C]. The 3rd International Conference on Innovative Computing Information and Control, 2008.

[174] Li H T, Ritchken P, Wang Y Z. Option and forward contracting with asymmetric information: valuation issues in supply chains[J]. European Journal of Operational Research, 2009, 197: 134-148.

[175] 倪文豪,滕春贤.现货市场协调供应扰动优化模型研究[J].科技与管理,2012,14(5):46-48.

[176] 田军,张海青,汪应洛.基于能力期权契约的双源应急物资采购模型[J].系统工程理论与实践,2013(9):2212-2219.

[177] 刘英,慕银平.存在期权和现货交易的风险厌恶型供应链最优采购决策[J].系统管理学报,2016(2):262-271.

[178] 潘开灵.管理协同理论及其应用[M].北京:经济管理出版社,2006.

[179] 方忠民.基于契约合作与信息共享的供应链协同研究[D].长沙:中南大学,2013.

[180] Ansoff H L. Implanting Strategic Management[M]. New Jersey: Prentice Hall, 1984: 81.

[181] Imai K, Itami H. Interpenetration of organization and market: Japan's firm and market in comparison with the U S[J]. International Journal of Industrial Organization, 1984,2(4):285-310.

[182] 迈克尔·波特.竞争优势[M].北京:华夏出版社,1997.

[183] 罗飘,陈义国.基于兼并成本和协同效应的横向并购研究[J].工业技术经济,2011(4):107-112.

[184] 何国军.基于协同理论的出版供应链管理研究[D].武汉:武汉大学,2014.

[185] 苏屹,姜雪松,雷家骕,等.区域创新系统协同演进研究[J].中国软科学,2016(3):44-61.

[186] 方忠民.基于契约合作与信息共享的供应链协同研究[D].长沙:中南大学,2013.

[187] 陆杉.基于关系资本和互动学习的供应链协同研究[D].长沙:中南大学,2009.

[188] 唐纳德·鲍尔索克斯,戴维厂克芳斯.物流管理:供应链过程的一体化[M].北京:机械工业出版社,1999.

[189] 魏迎霞.从流通经济学传统研究方法困境看中间组织理论的创新贡献[J].商业经济研究,2015,23:25-26.

[190] 安德鲁·坎贝尔,等.战略协同[M].北京:机械工业出版社,2000.

[191] Porter M E.竞争优势[M].北京:华夏出版社,1997.

[192] 舒成利,胡一飞,江旭.战略联盟中的双元学习、知识获取与创新绩效[J].研究与发展管理,2015(6):97-106.

[193] Patrick A S. Media lessons from the National Capital FreeNet[J]. Communications of the ACM, 1997,40(7):74-80.

[194] 王刚夫,黄清和.从竞争优势到竞争优势群[J].南开管理评论,2001(1):59-61.

[195] 程国平.供应链管理中的协同问题研究[D].天津:天津大学,2004.

[196] 张雷,阳成虎.预售模式下服装产品双渠道供应链网络协同优化[J].计算机集成制造系统,2016(1):220-231.

[197] Bowersox D J. The strategic benefits of logistics alliances[J]. Harvard Business Review, 1990,68(4):36-43.

[198] Bowersox D J, Closs D J, Stank T P. Ten-mega trends that will revolutionize supply chain logistics [J]. Journal of Business Logistics, 2000, 21(2): 43-49.

[199] Mentzer J T, Foggin J H, Golicic S L. Collaboration: the enablers, impediments, and benefits[J]. Supply Chain Management Review, 2000, 4(4): 52-58.

[200] Min S, Roath A S, Daugherty P J, et al. Supply chain collaboration: What's happening[J]. International Journal of Logistics Management, 2005, 16(2): 237-256.

[201] 吴义生,白少布.面向网购的低碳供应链设计模型及其应用分析[J].控制与决策,2015(4): 655-662.

[202] Hewitt C. Viewing control structures as patterns of passing messages[J]. Artificial Intelligence, 1977, 8(3): 323-364.

[203] Wooldridge M, Jennings N. Intelligent Agents: theory and practice[J]. Knowledge Engineering Review, 1995, 10(2): 115-152.

[204] Fornara N, Colombetti M. A commitment-based approach to agent communication[J]. Applied Artificial Intelligence, 2004, 18(9): 853-866.

[205] Deloach S A. Moving multi-agent system from research to practice[J]. International Journal of Agent Oriented Software Engineering, 2009, 3(4): 378-382.

[206] Cutkosky M R, Engelmore R S, Fikes R, et al. PACT: An experiment in integrating concurrent engineering systems[J]. IEEE Computer, 1993, 26(1): 28-37.

[207] Kuokka D R, Meguire J G, Pelavin R N, et al. SHADE: Technology for knowledge-based collaborative engineering[J]. Journal of Concurrent Engineering: Application and Research, 1993 (3): 33-45.

[208] Baker A D. A survey of factory control algorithms which can be implemented in a multi-agent hiberarchy: Dispatching, seheduling, and pull[J]. Journal of Manufacturing Systems, 1998, 17 (4): 297-320.

[209] Shen W, Barthes J P. An experimental multi-agent environment for engineering design [J]. International Journal of Cooperative Information Systems, 1996, 5(2): 131-151.

[210] Norrie D H, Gaines B R. Distributed agents systems for intelligent manufacturing[J]. Canadian Artifieial Intelligence, 1996, 40: 31-33.

[211] Wiederhold G. Mediators in the architecture of future information Systems[J]. IEEE Computer, 1992, 25(3): 38-49.

[212] 尹桥宣,段斌,康灿平,等.基于 HLA/Agent 的能源系统与信息通信系统联合仿真设计[J].电力系统自动化,2016,17: 22-29.

[213] Yannis L, Tim F, Yun P. Agent communication languages: the current land scape[J]. IEEE Intelligent Systems, 1999, 14(2): 45-52.

[214] 段永强,张申生,高国军.基于代理的敏捷供应链系统[J].计算机科学,1999(10): 41-43、36.

[215] 毛新军,王怀民,齐治昌. Agent 技术及其标准化[J].计算机科学,2001(4): 1-4.

[216] Mihai B, Fox M S. COOL: A language for describing coordination in multi agent systems[C]// Proceedings of the First International Conference on Multi-Agent Systems. SanFrancisco, CA: MIT Press, 1995: 17-25.

[217] Cohen P R, Levesque H J. Communicative actions of artificial agents[C]// Proceedings of the First International Conefrence on Multi-Agent Systems. SanFrancisco, CA: MIT Press, 1995: 36-43.

[218] Labrou Y, Finin T, Peng Y. Agent communication languages: The current landscape[J]. IEEE Intelligent Systems, 1999, 14(2): 45-52.

[219] Lbarou Y, Finin T. Semantics and conversations for an agent communication language[C]// Proceedings of the Fifteenth International Joint Conference on Artificial Intelligence. Palo Alto, CA: AAAI Press, 1997: 78-85.

[220] 黄伟建. 多 Agent 技术在供应链管理中的应用研究[D]. 天津: 天津大学, 2004.

[221] 唐金环, 戢守峰, 姜力文, 等. 顾客有限"碳行为"偏好对选址-路径-库存联合优化的影响[J]. 中国管理科学, 2016(7): 110-119.

[222] Abhay K A, Neelendra B. A novel approach for intelligent distribution of data warehouses[J]. Egyptian Informatics, 2016, 17(2): 147-159.

[223] 任春华, 廖雪花, 唐思婉, 等. 基于 Hive 和 Impala 的物流运力供应链数据仓库研究[J]. 物流技术, 2016(1): 124-126.

[224] 贺超, 宋学锋, 冯春花. 基于多 Agent 的闭环供应链回收竞争模型[J]. 系统管理学报, 2015(2): 224-229、236.

[225] 孟秀丽, 王海燕, 唐润, 等. 基于协商视角的食品质量链冲突消解策略[J]. 系统工程理论与实践, 2014(12): 3130-3137.

[226] He X, Wang Q. Distributed finite-time leaderless consensus control for double-integrator multi-agent systems with external disturbances[J]. Applied Mathematics and Computation, 2017, 295: 65-76.

[227] 范英. 基于 MAS 的汽车供应链信息共享协同模式仿真研究[D]. 沈阳: 东北林业大学, 2013.

[228] 吴义爽, 盛亚, 蔡宁. 基于互联网+的大规模智能定制研究—青岛红领服饰与佛山维尚家具案例[J]. 中国工业经济, 2016(4): 127-143.

[229] 刘昕露. 基于分布式多 Agent 的供应链协调仿真模型研究[D]. 大连: 大连理工大学, 2006.

[230] 蔡洪文. 零售商主导的供应链期权契约研究[D]. 成都: 西南交通大学, 2011.

[231] 马成, 周永务. 期权契约下应对突发事件的供应链协调[J]. 合肥工业大学学报: 自然科学版, 2009, 32(3): 430-434.

[232] Ross S M. Stochastic processes[M]. Hoboken: John Wiley & Sons, 1996: 56-78.

[233] 李忱, 李宏宽. 模糊需求下零售商主导型多对一供应链收益共享契约协同机制研究[J]. 北京信息科技大学学报: 自然科学版, 2014, 29(2): 30-35.

[234] Wang X, Liu L. Coordination by option contract in a retailer-led supply chain with demand update[J]. Tsinghua Science and Technology, 2008, 13(4): 570-580.

[235] Wang X, Liu L. Coordination in a retailer-led supply chain through option contract[J]. International Journal of Production Economics, 2007, 110: 115-127.

[236] 王小龙, 刘丽文. 下游零售商强势背景下的多对一供应链协调模型[J]. 中国管理科学, 2008, 16(5): 96-109.